2021年国家社科基金重点项目
"'一带一路'中国跨国企业与海外华商双向互动赋能机理及政策机制创新路径研究"项目（编号：21AGL005）
研究成果

管理与案例研究方法系列

华商管理案例研究

衣长军 ◎ 主　编
刘闲月　李义斌 ◎ 副主编

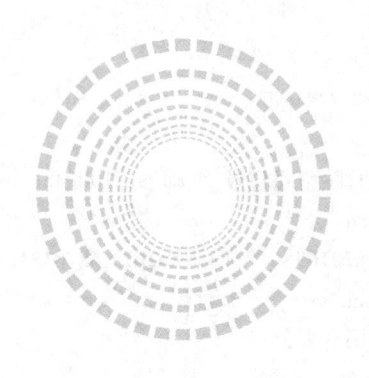

企业管理出版社
ENTERPRISE MANAGEMENT PUBLISHING HOUSE

图书在版编目（CIP）数据

华商管理案例研究 / 衣长军主编. —北京：企业管理出版社，2021.10
ISBN 978-7-5164-2441-4

Ⅰ.①华… Ⅱ.①衣… Ⅲ.①企业管理—案例—中国 Ⅳ.①F279.23

中国版本图书馆CIP数据核字（2021）第154983号

书　　名：	华商管理案例研究
主　　编：	衣长军
副 主 编：	刘闲月　李义斌
责任编辑：	尤　颖　宋可力
书　　号：	ISBN 978-7-5164-2441-4
出版发行：	企业管理出版社
地　　址：	北京市海淀区紫竹院南路17号　　邮编：100048
网　　址：	http://www.emph.cn
电　　话：	编辑部（010）68701638　发行部（010）68701816
电子信箱：	emph001@163.com
印　　刷：	河北宝昌佳彩印刷有限公司
经　　销：	新华书店
规　　格：	710毫米×1000毫米　　16开本　13.75印张　245千字
版　　次：	2021年10月第1版　2021年10月第1次印刷
定　　价：	58.00元

版权所有　翻印必究　·　印装有误　负责调换

编 委 会

主　编： 衣长军
副主编： 刘闲月　李义斌
编委会成员：（按姓氏汉语拼音首字母排序）
　　　　　　陈初昇　郭惠玲　林春培　马占杰
　　　　　　裴学亮　孙　锐　万文海　谢　剑
　　　　　　杨树青　曾繁英

序一 PREFACE

在管理思想的演进过程中，学派林立、百家争鸣、各有体系、自成一统；研究范式也在与时俱进、持续改变。改革开放后，我国的经济取得了举世瞩目的成就，丰富了产业发展实践和案例，形成了具有中国特色的管理经验和思想内涵。相对于中国工商界实践的成就而言，尽管诞生了海尔"人单合一"、华为基本法、格力模式等著名的管理实践，但没有形成系统的、广为认可的管理理论。这需要中国学者响应习近平总书记"把论文写在祖国的大地上"的号召，扎根中国实践，谱写中国文章。

泉州是我国著名的侨乡，祖籍泉州的华侨、华人达750多万，港澳同胞达76万，分布在世界各地129个国家和地区。归侨、侨眷有250多万。在中国台湾，有44.8%汉族人（约900万）的祖籍是泉州。改革开放后，通过"三来一补"（来料加工、来样加工、来件装配和补偿贸易）、侨胞资源形成了著名的泉州模式。习近平总书记在福建工作期间，曾6年内7次到晋江（原来的泉州市政府叫晋江地区行政公署）考察调研。2002年6月，时任福建省省长的习近平同志在此地总结并提出了"晋江经验"。华侨大学工商管理学院根植中国侨乡，学院的教师们深入企业实践，继续深挖华商故事、编写本土案例，在传播中国文化、华商管理智慧方面做了很多努力，成绩斐然。本书是在2016年后出版的《华商管理智慧案例集》的基础上，又精选了十二篇案例，集结成册，为传播新时代的"晋江经验"、华商的管理实践与智慧再增添了一份力著华章。

此书中的案例最大程度上还原了事情原有的情境，具有较强的情境代入感。案例企业的故事、方案能够为当前我国企业如何面对VUCA（易变性、不确定性、复杂性与模糊性）的挑战、如何打造核心竞争力、获取持续竞争优势等提供了可借鉴、可推广的素材。

华侨大学工商管理学院院长　郭克莎教授

序二 PREFACE

秉承华商精神，挖掘华商智慧。闽商作为华商群体中的典型代表，其闯荡全球最早可追溯至唐宋时期。自东晋至唐宋五代以来，中国战乱不止，加上黄河地区气候和生存条件恶劣，致使许多北人南迁，这一时期闽粤人口激增，形成人口相对过剩的局面。同时，闽南地处山区，土地贫瘠，"漳泉诸府，负山环海，田少民多，出米不敷民食"。没有土地是时人移民的主要原因，当时当地之民出洋谋生，寻求生路，实为迫不得已之举。至唐宋时期，迁徙的闽人为了谋生从家乡带着丝绸、药物、糖、纸、手工艺品等特产搭上商船从泉州出发，顺着"海上丝绸之路"漂洋过海，将这些商品销往世界各国。如此周而复始，至元代，闽人已经逐步形成固定的商业意识。几百年来活跃于中国和世界商界的闽商与闽商企业，通过丝绸之路，创造了东渡日本、北达欧亚、西至南北美洲、南抵东南亚各国的辉煌历史。

追溯闽商和闽商企业由自然出现到发展壮大的悠远历程，在感叹闽商创业的艰辛与不易之时，也时刻为闽商先辈们的果敢与智慧所折服。当历史的车轮转至21世纪的20年代，每一个闽商企业和闽商个体都是当代中国经济发展中不可或缺的中坚力量。而如何更好地让当代闽商的故事为世人了解，如何让更多闽商企业的优秀经验与智慧让世人知悉，如何让闽商和闽商企业相关的经典案例得以在商界和学界更广泛地传播？从案例素材的选择、案例对象的筛选及案例资料的调研与整理，同时进行系统性的案例编撰工作，是尝试对上述问题给出答案的关键。

华侨大学工商管理学院所组建的案例团队，多年来一直扎根福建、关注闽商，专注于从闽商和闽商企业身上挖掘与工商管理相关的优秀案例素材与故事。目前，采集、整理和撰写完成的十二篇案例，分别关注闽商和闽商企业的运营、战略、财务等不同的管理方向和议题，较为全面地覆盖了当代闽商创业和企业经营的各个方面。

"自知者明，自省者智"，所谓"智慧"，盖皆为"知己而自省"之故。众多已出现并得以传承与发展的闽商和闽商企业的经历与经验，无一不在向世人反复陈述着这一观点。华侨大学的闽商案例团队也将在此精神的指引下，力争打造闽商与闽商企业的系列案例集，将闽商和华商的智慧完整地展示给世人。

福建省社科院副院长　李鸿阶研究员

目录 CONTENTS

第一篇　战略与商业模式／001

从"零"到有，厦门街头惊现的"大白鲨"／002

固本守正、以变应变：日春茶业的战略突围／017

见福蛙跳三部曲：小便利，大智慧／035

传统企业转型升级之路——以派顿集团为例／051

功夫动漫——"笨"向"不可能"的超级 IP 新时代／075

第二篇　创新与创业／093

一家只贩卖"笨"故事的动漫主题餐厅——笨店的创业叙事逻辑／094

好房子养好猪："闽农好猪"的养猪故事／105

创业者如何完成华丽转身——慧友云商创始人的创业历程／128

以点带链，全面升级——闽发铝业的二次创业／141

第三篇　财务与绩效／167

JX 公司房产剥离业务的纳税筹划／168

路在何方：JQD 的绩效管理变革缘何困难重重／176

科研地产证券化融资之"技"／199

第一篇　战略与商业模式

从"零"到有，厦门街头惊现的"大白鲨"

衣长军　黄清滨　刘文智　杨春华

摘要：案例以滔策文化传播公司的"兴起—瓶颈—蛰伏转型"三个阶段为主线，前半部分讲述了公司从一无所有到成功举办多场娱乐性主题展的故事，最高票房达到1720万元，一举成为国内知名的娱乐性主题展承办方。公司整合多方资源，在不断试错中成长，试图探索最适合企业实际情况的商业模式。然而，主题展行业属于文化类的新兴产业，市场需求存在诸多不确定性，尤其近年来竞争者的不断涌现和创意主题的良莠不齐，增加了经营压力，迫使滔策文化传播公司进入蛰伏期。后半部分讲述了公司开始试图针对不足之处调整商业发展模式。通过访谈滔策文化传播公司负责人创办企业的心路历程，并结合魏朱商业模式的六个要素，本案例从定位、业务系统和盈利模式等角度阐明滔策文化传播公司的发展现状和商业模式转型计划，分析了国内主题展行业发展现状并借此预测未来文化行业的发展趋势，为文化类企业的成长提供一定借鉴。

关键词：主题展行业；魏朱商业模式；定位；业务系统；盈利模式

一、引言

文化类主题展的兴起以我国国民收入和消费水平的不断提高为基础，受人们对新鲜娱乐文化生活的需求驱动。综观传统国内展会行业，存在展品单一、形式单一、缺乏创意和新意等特点，已逐渐不能满足人们快速增长的娱乐文化生活需求。而娱乐性主题展是以特定主题引领内容，具有一定观赏性的娱乐巡回展，其内容形式多样，具有较强的互动性和趣味性，填补了人们娱乐文化生活的空缺主题展作为新兴的娱乐文化行业，2008 年逐渐被人们接受，2013 年已完全打开国内市场。在此契机下，滔策文化传播公司（以下简称滔策公司）成功策划并筹办了 2013—2014 年"奇幻·不思议"3D 艺术展，在厦门、南京、苏州等多地巡回展览，最终取得了总票房 1720 万元的惊人成绩，3D 艺术展的运作经验对滔策公司后期的各类主题展承办具有重要的借鉴意义。滔策公司借助 3D 主题展一炮打响在业界的声誉，自此开始在多个城市主办各类娱乐性主题巡展，获得了不错的票房收入。但主题展受其所选择的城市、创意主题、受众群体等多方面因素影响，前期较难预测市场效果，因而各主题展票房变动幅度较大。近年来，滔策公司主办的各类主题展如表 1 所示。

表 1　滔策公司主办的各类主题展

年份	展览名称	主题及内容	地点	票房（万元）
2013—2014	"奇幻·不思议"艺术展	3D 幻视艺术画展	厦门 南京 苏州等	1720
2014—2015	错觉艺术展	错觉艺术 互动场景	上海 北京	950
2015	"任意门の彼岸"回忆动漫展	80 后怀旧场景 动漫主题场景	厦门	135
2015	魔法の星空馆	灯光艺术 星空主题	深圳 广州	530
2017	魔法美术馆	光影魔法场景 互动式多媒体艺术	厦门 上海 天津等	781

二、公司初创

讲到为何想到从事主题展行业，滔策公司的创始人黄总兴奋地带我们回顾了第一次看到国外 3D 立体街头地画的新闻，这种颇具娱乐和诙谐效果的新颖画作形式吸引了他的关注，并由此萌生了将这种有趣的画展引入国内市场的想法。主题展具有内容新颖、形式多样等特点，因此从 2008 年起陆续有小规模的主题展出现在北上广一线城市，虽然都没有引起较多的关注，但为国内主题展行业积累了一定观众群。

2012年，黄总在华侨大学工商管理学院攻读MBA期间，恰好接触到很多志同道合的创业朋友，其中就包括后期滔策公司的负责人之一刘副总。他将酝酿已久的想法与大家分享，得到了一致的赞同，经过几度交流和协商后他们决定开始筹办公司，正式开始主题展行业的从业生涯。滔策公司于2013年5月正式成立，组建团队并整合各方资源开始筹备第一个项目"奇幻·不思议"3D艺术展。幸运的是，此次项目获得了1720万元的票房成绩，自此打响了公司在特展界的名号。为了公司的良好发展，黄总和刘副总毅然辞去了原本稳定的工作，专注打理滔策公司的事务，凭借自身的知识、人脉、经验积累，闯出了一片新天地。

三、精准市场定位，切断长尾

"定位"是商业模式的关键环节之一，滔策公司在选择主题展的承办地点和目标群体时下了不少工夫。黄总曾总结多次办展的经验："选择在哪个城市办展，这是最重要的决定性要素，在多次实践中我们发现在一个一线城市办展效果是一个三线城市的十几倍，甚至上百倍。"经过不断的实践，公司团队得出一些选址经验。首先，参考一、二、三线城市划分标准，因为一线城市在居住人口基数、消费水平及对新事物的接受程度等方面有优势，是展会的首选。其次，依据大麦网、永乐票务这类演出类票务网站查看当地城市文化的表演情况，各类演出场次的频繁度反映文化消费的市场容量，大致确定出几个适合展会举办的一线城市。最终，结合自身优势和实地考察，公司团队大致确定了几个合适的巡展城市：厦门、南京、苏州、上海、广州、深圳等。

滔策公司另辟蹊径地将展地多安排于城市中较繁华地段的商圈，专注与商业性商场的场地合作，如"奇幻·不思议"3D艺术展在厦门中南广场举办，便利的交通、良好的商场知名度及方便的娱乐消费环境是主题展成功举办的必要条件。

在谈到为什么主要将公司的展览选择在商场而不是其他文创园区，黄总解释道："公司初创最重要的就是资金问题，能节省一笔是一笔，我们需要以较低价格租下场地，因此那些处于核心商圈却冷门的商场是最佳选择，而且商场的配套环境和明亮的空间适合布展，我们的展览也能为商场带来更多人气，流量互引。"虽然文创园区与主题展的文化主题更相符，且园区有稳定的受众群体，票房优势明显，但一线城市的文创园区一般在城市的郊区，交通不便，主题更偏向文艺方向。因此滔策公司会首先选择商圈为办展地点，其次考虑文创园区或公共体育场所。

在主题展目标群体定位方面，滔策公司走过一次弯路。在筹办"任意门の彼岸"回忆动漫展时，滔策公司主打怀旧情怀，将客户群体定位于70后、80后和动漫迷。这看似没有错误，但公司在专业动漫论坛的多次发帖没有得到关注，回应者也寥寥无几。意识到情况不对，黄总和团队经过实际了解，分析道：动漫主题展缺乏专业性，是一种适合大众的文化快餐，专业的动漫迷对此并不感冒，而70后、80后大多数成家有子，多数精力在孩子身上，就算有兴趣，也没有观展时间。错误的目标群体定位，导致公司20万元的宣传费用打了水漂。后期公司快速调整定位为亲子群体，以父母带孩子回忆童年增强家庭情感为目标，这才扭转了局面。黄总经历了此次失败后，开始意识到定位客户群体的重要性，他说："展览筹备之前要深入了解不同主题展内容的适用群体，要清楚地知道什么人会买票，会来观展。"

动漫展的失败让黄总和团队开始重新思考主题展的市场定位，公司主题展的主要受众群体较为年轻化，主要以35岁以下人群为主。按照人们对主题展的兴趣高低，可以将客户人群细分为儿童、学生、被带动的年轻父母和情侣。目标群体细分切断了原本广泛的长尾，主题展以两个或多个群体为重点发掘新鲜内容，更能集中力量打开细分市场。

最后，关于主题展核心内容的选择，滔策公司会根据目标群体的年龄、偏好、情感、文化背景、地域等方面选择有针对性的主题内容并制订相应的宣传策略和方案，这是精准市场定位的重要措施。

四、从无到有，逆风翻盘

得资源者得机遇，滔策公司第一次承办主题展就能拿下1720万元票房的成绩，与有效集合了人力、财力、物力、信息、渠道等关键资源能力密切相关，黄总说："在我初次涉足娱乐性主题展行业时，我们的团队一没场地，二没画作，没有任何核心资源。比如，我们的首个项目3D画展只有启动资金40万元，最终却可以撬起上百万元的项目，在三个月的时间里实现355万元的营业收入，一年巡展六个城市，实现上千万元的营业额，最关键的是整合了多方资源和通过资源置换的方式节约办展成本。"

1. 合作共赢，成本分摊

由于 3D 画作的购买价格很高，60 幅画作的费用共计 40 万元，对于当时启动资金有限的滔策公司来说购买画作的方式并不现实，不能仅为画作花费如此高额的费用。团队被画作和场地问题困扰了很久，有一天，黄总和团队一起召开会议时，想到可以通过与利益相关方共同分摊成本、降低筹备费用的方式，具体可以通过与画作方合作分成的形式达成要约。

滔策公司找到一家正处于草创阶段的重庆画家团队合作，对方提供场馆的全部作品，公司按 30% 的分成月结与画家团队合作分成。这种捆绑共赢的方式能激励对方更积极配合画展工作，在提供较好的作品的同时做好后期画作的维护工作。"租金＋分工"的方案不仅节约前期成本，也降低了主题展的运营风险。

对于场地同样选择合作的方式。商场的租金不菲，因而在交涉的过程中，滔策公司提出在主题展的前期宣传会加入商场宣传，如在画展门票上印有商场的赞助标志、投放展会广告时强调设展商场名称等。在展会期间也会利用观展人群带动商场的人气，为商场带来附加商业效益，将观展人转化为商场的客户群，以这样互利共赢方式低价拿到了商场场地的使用权。厦门 3D 主题展举办期间共计 10 万人次的参观量，间接为商场带来超过 20 万人流量，为商场业态带来 30% 的销售增幅。

2. 资源置换，互惠互利

第一次的创业有诸多艰难，虽然解决了场地和画作的问题，其他办展条件还未确定，黄总及团队用坚持和信念击溃了一次又一次的挫折。为了得到宣传方的支持、扩大宣传力度，公司团队想出了用自身闲置资源换取他人所需的方法。

在 3D 主题展的筹备阶段，为了寻找合适的赞助商分摊活动成本、提前回笼资金，滔策公司将目标锁定在房地产公司、银行和汽车类企业这三大类企业。这三类企业对文化项目很感兴趣，一方面赞助主题展能起到树立企业文化形象的作用，另一方面可以将展览门票或优惠券作为员工的内部福利和客户回馈礼，既丰富了企业文娱生活，也巩固了客户关系。

为了让主题展有良好的社会声誉，黄总和刘副总借助MBA读书期间积累的人脉资源，顺利与华侨大学积石山支教团合作。公司以活动主办方的名义为其捐款捐物，并在主题展开幕式现场设置捐助点。许多记者对此事进行了采访报道，为此次主题展和滔策公司赢得了公众好感和正面形象。

在3D主题展的前期宣传阶段，滔策公司用主题展门票抵扣部分广告宣传费和置换广告位，如微博大号头条、商场内灯箱广告，在合作商家前台放置宣传展架等。门票置换所得的商家消费券、优惠券会作为礼物或奖品送给观展人群。利用资源置换的方式既节省了主题展的宣传和物资成本，也为主题展和合作商家营造了宣传声势，用互通有无的方式达到1+1大于2的效果。

3. 发挥新媒体的力量

活动宣传作为业务系统的一部分，是滔策公司盈利的重要环节，宣传做得好不好，有多少宣传知名度，收益见分晓。当今互联网发展促使一大批网络"大V"、自媒体人涌现，网络平台的力量不可忽视，但传统媒体的公信力不可替代。考虑到这些方面，滔策公司决定采取线上与线下相结合的宣传方式。

（1）吸引流量的前期宣传

最让黄总引以为傲的一次营销创意是为厦门3D主题展营造声势时，特意策划的一次快闪活动，当时滔策公司邀请3D画家在厦门中山路街头现场做3D画作"大白鲨"，在画作中加入主题"奇幻·不思议"和地点"南中大地广场"等关键词，这种新颖的营销方法吸引了不少眼球。为了扩大效应，滔策公司还邀请厦门报纸、网站、广播电台、电视台等主流媒体的记者至现场进行采访报道。

在主题展开幕前，线下的传统官方媒体（报纸、电视台）和商业广告宣传主要集中于主题展的前期宣传阶段和开幕前期，商业广告铺放与公交车载视频宣传、商场LED等，传统官方媒体在事件营销中起到了不可忽视的作用。

而线上宣传的方式贯穿了3D主题展运作的始末。黄总分析道："线上平台的热度决定了宣传效率，如今互联网形式变化快，曾经线上宣传主要看微信公众号的运营，如今各种网络'大V'的粉丝影响力不可忽视！"前期的宣传主要借助三种网络媒体，即传统网络媒体、搜索引擎和自媒体。传统网络媒体主要是将广告投放于新浪、腾讯、搜狐等门户网站，同时与爱奇艺、优酷、土豆等视频合作推送3D画展广告于视频片头片尾，特别锁定于厦门地区观看动漫、偶像剧的客户端。刘副总也说："自媒体的微信和微博大号是主题展最重要的宣传渠道，特别是其浏览人群集中在 85 后、90 后、00 后很符合主题展的宣传目标群体，也是最有效的信息传播途径，不可替代。"微信宣传发布于厦门大城小事、厦门街头巷尾、微泉州等城市大号，以集赞的方式转发朋友圈抽门票。微博也主要找当地有影响力的"大 V"合作，将厦门 3D 展览的活动宣传推文置顶，并在推文中加入关注、转发即可抽奖得门票的宣传信息，将他们的粉丝间接导流至主题展官方微博。

（2）现场推广的连锁效应

在 3D 主题展的现场内，每个画作场景旁都有教观众如何与该场景互动拍照的示意图，并且下方附有官方微博和微信的公众号二维码，扫描关注可参加线上抽奖活动。同时，在出口处张贴说明，只要分享三张场馆内的照片至朋友圈就有机会参加现场抽奖活动，得奖率为 100%。因为画展本身新颖、有趣，这种朋友圈的信息传播方式更为画展吸引了不少观众。利用在奖品上印展会的相关信息并增添门票、奖品、伴手礼等展会周边产品的趣味性，如将门票和扇子做成半张脸的形象供大家拍照互动，最终自然而然地形成发酵效应。在 3D 画展出口处设立了纪念品销售区，销售 3D 拼图、DIY 油画、自制个性杯子和 T 恤等创意产品。观众在观展后对周边产品的购买欲也是非常高的，周边品的创收能力更高。

主题展经过前期确定主题内容，团队准备集合资源，到中期场馆筹备和营销策划，在展览期间也需要保持持续的话题性，保持热度。黄总总结说："根据公司多次主题展的举办经验，引发最好效果的是'携伴而行，女生免费'的噱头，最为展会积累人气。"滔策公司也善于造势，如厦门 3D 展时联合某公众号举办"最佳合影达人""最酷 3D 照比赛"赢 iPad 活动。图 1 为 3D 主题展不同阶段的宣传方式。

滔策公司在后期宣传中不仅注重现场地推，在线上引导方面也想了不少好主意。他们在美团、大众点评、糯米等购票平台上做好口碑宣传，将好评和优质评论做置顶引导，特意放置几条外为差评、实则好评的内容，注重口碑维护；并且选择在场馆周围人气较高的"永蛙田鸡""菜根谭"等餐厅的团购页面放置引导性评价。黄总兴奋地说："这种朋友圈照片的互动效应和后期口碑传播带来的观众数量要远高于前期广告投入效果。"

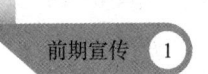

① 前期宣传
- 线上：传统网络媒体（门户网站、网络视频广告等）、搜索引擎和与自媒体合作（微博"大V"、微信公众号）
- 线下：商场灯箱广告、宣传展架、传统官方媒体（报纸和电视）、车载视频

② 开幕前宣传
- 线上：微信和微博平台的持续热度（转发、抽奖）
- 线下："大白鲨"事件、传统宣传媒体

③ 主题展期间
- 线下：话题性噱头活动、特色门票和纪念品、现场抽奖
- 线上：朋友圈传播和分享、二维码线上抽奖

④ 主题展后期
- 线上：购票平台的评论引导
- 线下：口碑效应

图 1　3D 主题展不同阶段的宣传方式

4. "互联网+"时代的售票模式

黄总以 3D 主题展为例，介绍了滔策公司的票务定价方式：一般按照观展对象的不同将门票分为普通票、优惠票（对教师、军人、老人、残障人士等）、学生票、团购票和儿童票，并制订合理票价。为吸引抱团消费，针对特定群体推出情侣票价、亲子票价、家庭套票等。与线上的购物网站合作推出"1 元票"的限量抢购活动，通过商品降价吸引顾客。在办展期间，团队人员发现在下午 4 点后观展人数会开始逐渐减少，为了带动晚间客流量，滔策公司在票务网站推出晚间折扣票和周末优惠票。

目前的消费者习惯决定了主要销售量来源于线上平台，线上票务销售渠道有团购和网络平台，依据 3D 画展的售票情况，近 60% 的票券是在团购平台上成交的，如美团、大众点评、百度糯米等，而每个团购平台在不同城市的不同市场占有率是提高销量的关键。针对目标群体的消费习惯分为四类合作平台：喜欢看演出和展览类的消费群体聚集于大麦网、永乐票务、微票网等票务类网站；喜欢新鲜活动资讯的人活跃于周末去哪儿、天生玩家等活动类平台；为了吸引大批的游客群体在携程、去哪儿、马蜂窝、途牛等旅游类网站投放票券；亲子平台有一定地域性，如厦门地区主要为麦淘、袋鼠网等。

但由于线下渠道与展会目标群体更具匹配性，可作为团体票的主要销售渠道，主要为校园代理、导游旅行社代理。校园代理以学生社团为主，他们的影响力不可忽视，如南京圣诞展的校园代理销售了近两万张门票；与旅行社合作是商家的常见模式，如厦门 3D 展位于中山路，本身是厦门著名的旅游景点之一，旅行社正好将画展作为一条夜游路线推荐给游客，获得了不少游客的好评。

五、安全防范，尽善尽美

"在场馆安全方面我们也吃过亏，"黄总遗憾地说，"各类突发情况确实让人头疼，但有时也难以避免，因此安全防范措施要做好，但遇到敲诈碰瓷的事也不能委曲求全，通过正规法律渠道才是解决问题的有效方法。"在厦门 3D 展时，曾发生小孩调皮玩耍，猛冲磕到椅子而划伤手臂的事件；举办回忆动漫展时，也出现过星空场景的灯线被小孩拉拽导致灯泡砸伤的情况。为尽量避免以上不可预见的安全问题，团队在场馆布置时张贴警示性标语，还准备了医疗箱和应急方案，以确保展会期间的安全。

场馆内配备的道具和技术设备增加了主题展的安全隐患。滔策公司总结了安全防范经验：第一，需要安全治安报备，在展会开始前需要根据国家规定到公安机关进行治安报备，以防人群聚集发生的安全和恐怖活动。第二，注意消防安全，现场需要有安全逃生路线指示，每隔一段距离配备灭火器，工作人员需要具备消防知识等，严格按照消防局的要求执行，避免整顿风险。第三，注意展馆布置的安全性，处理事件时冷静、诚恳，一旦遇到敲诈及时与民警联系。

六、蛰伏阶段，转变模式

2013 年，3D 展和草间弥生展大热后行业内开始出现了一些巨头公司，主题展遍地开花时代的到来，为国内文化娱乐市场增添了新鲜空气。但随着市场的不断扩大，竞争趋势越加明显。

2015—2017 年，滔策公司主办项目的展览票房数骤减，远不及 2013—2015 年的票房总量。主题展已不是新鲜"菜肴"，大众兴趣减退促使主题展行业需要寻找更新颖的创意和有吸引力的"IP"。滔策公司开始紧跟市场需求，寻找具有吸引力的展览主题，黄总讲述了一次展览经历："2017 年，企业结合当时风靡的 AR 科技（现实增强技术），筹备了'魔法美术馆'主题展，场景布置运用了多媒体互动技术，由于设备费用和创意引进成本抬高了展会的费用，虽然主题展票房不错，但最终我们获利微薄。"

有的项目虽然好,但缺乏原创性,高额的专利费用使滔策公司望而却步,因此企业面临的主要瓶颈是缺乏能满足市场需求的原创性"好IP"。滔策公司面临着激烈的竞争和市场的疲倦,不仅需要寻找合适的IP主题,也需要转变商业模式,改变以门票为主的获利渠道,积极拓展主题展周边业务,开辟新的企业发展道路。

1. 转变思维,打开市场

在行业竞争和企业发展受限的现实压力下,滔策公司的两位负责人经过深思熟虑调整了公司的经营战略,他们打算从三个方面打开市场。

第一个方面是主题内容创新。一个特别的创意是盈利的关键,对内容创新有以下几点思考:首先,可以代理海外主题,引进国外发展较成熟的主题。滔策公司应积极与海外版权机构联络,利用公司已有的海外合作方,如《台湾联合报》活动部和时艺多媒体,发掘适合国内文化市场的主题。其次,"新技术+经典文化"也是很好的思路,可以与技术性公司合作开发主题。滔策公司已经开始计划与中国台湾的Topshow公司合作,利用VR(虚拟现实)技术策划能呈现爱丽丝梦境的故事。再次,公司团队需要深度挖掘传统文化,发挥传统文化题材的优势,试图与各地博物馆联系,挖掘出有创意的历史题材。最后,培养团队,开发独立主题。滔策公司前期主题展是以设计师分成的方式共同合作,但为了长远发展,公司需要开始储备和培养相关设计人才,形成独立设计团队。不仅需要注重主题内容的产权保护,也需要"火眼金睛"发掘合适的IP版权。

第二个方面是市场空间拓展。滔策公司试图采取"小步快跑,勇于试错,迅速铺开"的策略。例如,一旦开发出某个主题,可以小规模投放在局部市场,测试市场接受度,为防止受国内同行竞争和模仿,若效果良好就要在最短时间内向全国铺开。由点到线,由线到面,在推广中逐渐丰富内容。

第三个方面是客户拓展。滔策公司在挖掘小众客户兴趣的同时需要重点拓展企业客户。3D主题展属于大众化主题,虽然受众群体较广,却很难寻找,因此公司需要发掘小众群体的兴趣爱好。例如,针对美剧粉丝开发剧情式主题展,针对清宫文化粉丝群开发清宫主题展。只要主题新颖,能引起观众的兴趣,就不愁没有关注。滔策公司打算积极拓展商家、企业、政府型客户,这类客户更具稳定性和可延续性。许多商家可以通过展览的方式输出企业文化、传递品牌内涵,企业可以通过展览宣传各类项目,政府也可以通过展览普及方针政策。

2. 资源卷入式的"新"型商业模式

滔策公司计划从筹资模式、盈利模式、衍生品开发、营销推广四个方面改变企业面临的不利情况。

其中，营销推广方式在互联网的影响下已经悄然发生了转变，对此，黄总和团队深有感触："主题展的宣传如果不能很好地利用线上平台，就无法营造声势，酒再香也怕巷子深……"近年来，线上平台的更迭频率加快，可能几个月前非常受欢迎的APP，过段时间就会被其他平台取代，因此，滔策公司应准确掌握"流行趋势"，将有限的宣传费发挥出最大的效用。

盈利模式是商业模式创新的关键，滔策公司主要靠门票和搭售商家赞助的衍生品盈利，门票收入占公司总收入的90%，盈利渠道单一。这就表明，滔策公司一旦做出不符合市场口味的主题展，就会赔得血本无归。为了转变现在单一的盈利模式，黄总和团队在翻阅了大量企业管理书籍和文章后，最终找到了两种比较适合企业的盈利思路——第三方付费和转嫁成本，计划将公司的核心产品（主题展）变为免费服务，通过其他增值业务持续地盈利，从而形成用户生态链。

增值业务的拓展有以下几方面设想：第一，可以利用业内声誉和办展经验吸引赞助，与赞助方共同分摊活动成本；第二，利用每次办展的主题开办餐厅，以独特的用餐环境和菜品吸引客户；第三，注重主题内容的版权保护，借此对外授权代理；第四，积累粉丝群体，依靠在公司官方微信和微博平台上聚集的大量粉丝，增加公众平台的附加价值，可以承接商业活动宣传，赚取广告费；第五，致力于加强异业合作，如商贸业、制造业、旅游业等，不仅能分摊运营压力，也能实现客户转化、消费带动的良态。

滔策公司已开始尝试异业合作，因为有共同的客户群体，这种合作模式就更容易达成。2017年的魔法美术馆项目是滔策公司与厦门某儿童教育培养机构合作，在场馆内设立了一些儿童教育产品的宣传点，促成了不少签单。有了这次成功的尝试，滔策公司打算进一步将转型的重点放在主题展与商业综合体的融合，为商业体做主题宣传，推广公司的宣传业务。由于两者有相似的消费群体，在互相转化的同时也能实现消费升级。

当问起滔策公司目前最关键的资源是什么，黄总毫不犹豫地回答："关键在于找到优质IP，目前我们的内部创意有限，需要不断注入新鲜空气。"在寻找IP的过程中，黄总发现全球主题展市场上有许多好的展会项目等待开发，他们势单力薄，没有展现自身能力的平台，只能默默地等待被伯乐发现。受电影筹资模式的启发，黄总和团队想到作为主题展承办方，可以集合IP方（版权方）和投资方，采用对赌、买断或分成的方式促成三方合作。IP方贡献新颖创意，投资方提供资金支持，公司作为实施者将创意落地，集三家之大成促成平台型生态系统。

关于衍生品、周边产品的开发，黄总表示，虽然现阶段滔策公司的核心业务依然是主题展，但衍生品带来的营收也不能忽视。由于主题展衍生品存在开发周期和销售周期短的特点，某主题展只能售卖与该主题匹配的周边产品，因此，为了降低风险，滔策公司打算采取外包的模式转嫁生产成本，不单独围绕某个展览生产过多种类的周边产品。图2为滔策公司新型商业模式构念。

筹资模式
版权方、投资方、承办方的三方合作
目的：平台型生态系统

盈利模式
思路：第三方付费和转嫁成本

核心：优质IP

营销推广
线上线下结合，以线上为主

衍生品、周边产品的开发
以设计为主，生产外包

图2 滔策公司新型商业模式构念

七、高屋建瓴：大陆主题展如何走特色发展之路

主题展具有一定商业性，是文化产业的一部分，一场具有创意的展览能够烘托活动氛围，让活动更具吸引力。亚洲市场内日本与中国台湾的主题展行业起步较早，发展也相对成熟，他们依托良好的动漫产业基础和文化创意氛围，成为亚洲知名的文化产业之地。大陆主题展行业的发展可以借鉴，但不能照搬，我们需要找到适合自身特色的文化发展之路。

1. Topshow 公司的成功

中国台湾多年来受日本各类IP影响，受众群体对主题展的接受程度较高，主题展行业在台湾有良好的市场环境。但各类主题展览繁多，观众对主题展的要求越来越高，想在众多竞争者中脱颖而出需要具备独特的创意和不可复制的优势。

Topshow 公司就是一个成功的例子，自 2010 年成立，其结合 VR 技术的优势，首创 Wondershow 玩秀网。网站集合了中国台湾各主题展的资讯和观展攻略，运用 VR 720 度真切地还原了各个主题环境，让浏览者足不出户就可了解近期各展览的情况，更方便地选择他们感兴趣的主题展。在线下，Topshow 承办了"哆啦A梦"等众多 IP 系列实体展，其中，"颠倒屋"很受欢迎，不同地区用不同风格建成，如台北以田园风为主，高雄以海港风为主。

2016 年，Topshow 扩展业务区域，向大陆伸出橄榄枝，进军重庆。经过一段磨合，2017 年 1 月缤纷抢眼的"颠倒屋"出现于山城，在开业当天门前等待入场的队伍就已经排了几十米，非常受欢迎。同时，Topshow 公司也打算借势在大陆立足，为各类展览提供专业的品牌在线解决方案、网络营销方案、网络媒介策划等相关服务。

2. 台湾的主题式创意轻生活

中国台湾属于亚洲创意展览行业发展较早的地区，培育了众多受欢迎的 IP 形象。目前，台湾艺术表演、跨界美食、生活美学零售、主题咖啡馆、复合书店、动漫卡通、文创产业园等多个品类都与文创密切合作，文化气息在各行各业中流淌。卡通动漫这类元素是台湾文创必不可少的组成部分，他们重视对 IP 版权的保护，积极发掘 IP 的商业潜质，开发动漫周边和衍生品，聚集粉丝效应。

特色园区以华山文创和松烟文创园为代表，其是以工厂为原型改造而成，随着后期园区内集台湾多种文创业态为一体，咖啡馆、主题展览、餐厅、创意品店铺等以商业形式的进入，成为台湾文创的特色。

漫画形象的主题式公园成为台湾旅游的代表性景点，如以吉米为主题的驳二艺术特区和头城火车站旁的吉米公园，可以看到吉米式有情怀、充满感悟的场景作品，那种发自内心的情感共鸣油然而生，激起大批游客的兴趣，不仅带动了旅游产业，也为台湾增添了亲和力。

台北故宫博物院是台湾知名的旅游景点，博物馆不仅存放历史展品，更加入了科技的互动性体验，人文与科技的结合、历史与现代的冲撞，让故宫博物院充满新奇感。台北故宫与文创设计师合作不断开发以故宫为主题的创意商品，不仅深受游客喜爱，也成为台北故宫的一大宣传特色，是文创和经济结合的良好代表。

中国台湾的文创已经形成了产业聚集效应，创意主题展不是独立发展的个体，而是文化与商业的产业联动，它已融合于文娱生活的方方面面。

3. 大陆主题展行业显现破竹之势

各类主题展自 2013 年后如雨后春笋般出现在国内各个一线城市，想在行业中保持竞争力越来越难。好的 IP 创意容易被复制，新颖的创意也难寻，国内主题展公司大多如滔策公司一样陷入了困境。

但国内展览行业总体呈现一片大好之势，北京 798 艺术园区、厦门艺术西区和上海 M50 创意园都是由旧厂房和设备房改造形成，不仅聚集了设计室、动漫工作室、画廊、展会、创意品店铺、咖啡馆，而且会经常承办各类展会和文艺演出。文创园区融合了现代各类文化艺术特色，成为文艺青年的聚众地、旅游的小众景区，各地艺术园区有不同主题特色，它们正在不断成长。

主题式旅游景区以宋城仿古建筑主题公园为代表，古朴的建筑和场景结合重现宋朝时代的民俗风情生活，让宋城成为浙江的特色旅游景点。而景区内的场景布置也结合了科技元素，通过科技手段把《清明上河图》活化起来，使宋朝的盛世生活跃然于近 200 平方米的幕布上。还有依照宋高宗赵构的梦境而建的怪街、斜屋、倒屋、横屋、隐身屋，街内每一间房子都有不同的怪异现象，妙趣横生。

国内热门 IP 自带粉丝和话题，目前大量 UCG（实用技术）的催生，其精准锁定目标客户群和迅速拉动客流量的能力被商业购物中心看中，主题展正在与商业购物中心融合，形成产业聚集效应。如上海以艺术为主题的 K11 购物中心利用艺术品牌、创意设计品、特色主题展，形成文化零售产业聚集。2014 年，K11 成功举办"印象派大师·莫奈特展"，期间营业额增长近 20%，主题展的消费者带动效应尽显。主题展行业正逐渐成为商业购物中心的新宠，但随着主题展市场的快速发展，各类展览质量参差不齐，部分展览的影响力及吸引客户的能力正在下降。

北京故宫博物院在保持原藏品收藏和展示业务外，在各宫殿内开设了展厅，殿内的古文化主题丰富了游客的旅游体验。近年来，北京故宫博物院不断拓展线上业务，不仅在官方网站为旅客提供虚拟导览和售票业务，而且在"天猫"平台注册了故宫博物院的旗舰店售卖宫廷主题的周边品，不仅包括故宫出版的书籍，还包括各类文创礼品。文创产品种类丰富，包括文房雅玩、美妆服饰、家居陈设和高端仿制品等，产品样式多以古画作、古典图案、诗词为主，设计精美。

　　国内的主题展行业正在蓬勃发展，属于亚洲地区的后起之秀，借鉴了欧美、日本等地区的文化产业发展经验，凭借广阔的消费市场逐渐走入大众视野。而伴随大数据平台的成长，大陆地区需要拥有适合自己市场环境的主题式文化生活。大陆地区主题展行业今后该何去何从？在大环境下如何才能实现长足发展？我们的文化产业怎样才能屹立于世界文化之林？……这一切的疑问都需要实践的摸索和时间的沉淀，让我们满怀希望地走入文化创新的新时代。

固本守正、以变应变：日春茶业的战略突围[①]

刘闲月　万文海　陈建春　刘彩霞

摘要：本案例描述了日春茶业从县市级区域品牌到业务覆盖19个省，拥有310多家全国直营店的成长历程。在此过程中，日春茶业根据市场和竞争变动情况，发挥核心资源和能力的协同优势，在战略上主动求变、应变，经历了从单一业务起步向"多品类、多品牌"的成功转型；从以终端连锁销售为主向全产业链型企业演变，绘出了独具优势的共同经营主线，成为国内亿元以上规模茶企中唯一一家坚持100%直营连锁专卖的公司。在持续的动态演变过程中，日春始终坚持"产销中国好茶"的愿景和"真品质，不二价"的经营理念不动摇，通过自建的"三标"体系严格控制原材料质量、产品价格和服务标准。在以变应变中坚持固本守正，一动一静的协同演变获取了持续的竞争优势。

关键词：多元化；后向一体化；日春茶业

一、引言

2018年4月27日上午，福建省庆祝"五一"国际劳动节暨表彰福建省劳动模范和先进工作者大会在福州隆重召开，会上，日春股份公司（以下简称日春）总裁王启联先生被授予"福建省劳动模范"荣誉称号。王启联说："很荣幸能够获得这个奖项，日春会再接再厉，深耕连锁标准化，继续产销中国好茶！"

但是此刻王启联的心情并不轻松，作为公司的总裁，王启联心中有着莫名的

---

① 本案例已被中国管理案例共享中心收录，并得到授权引用。

压力。同行中一些有影响力的公司经过多年的发展，已经形成了完善的销售网络，覆盖面也很全，在消费者心目中不仅有较高的知名度，而且还能提供优良的购物体验。集茶园基地、生产加工、连锁、出口为一体的八马茶业2015年正式在中小板挂牌上市，成为国内铁观音茶企踏入新三板的第一股。

日春又该何去何从……

作为一家经营茶叶有关产品，致力于推广中国茶文化的直营连锁企业，日春一直秉承着"真品质，不二价"的经营理念，坚持"直营保品质"，为顾客提供优质产品和标准化服务。1993年，第一家"日香"（初创时名称）起步于福建区域性市场，到2019年，日春在广东省、北京市、上海市、浙江省、江苏省、四川省、重庆市等地成立了310多家直营连锁专卖店，销售收入在全国同行业中排名前列，福建名列榜首。这个从安溪小县城成长起来的品牌，已成功奠定了做"中国茶文化领军企业"的市场基础。那么，日春在其成长过程中面临了哪些困境，又是如何逐个击破的？其又该以怎样的姿态面对现有的挑战呢？

二、"万丈红尘三杯酒，千秋大业一壶茶"

《饶阳王氏长房族谱》中记载，清乾隆元年（1736年）春，王氏先祖王仕让告假回家，筑书房于南山之麓，题名为"南轩"。一日，王仕让游走于南轩荒园，无意间发现园中有株茶树韵香芬芳、与众不同，遂朝夕呵护，悉心培育。历经数年繁殖，茶树枝叶茂盛，圆叶红心，采制成品，乌润肥壮，泡饮之后，香馥味醇，沁人肺腑。乾隆六年，王仕让获任湖广黄州府蕲州通判，奉诏入京，谒见礼部侍郎方望溪。为表敬意，献上亲制南轩茶圃"佳茗"，方望溪品后深感韵味非凡，便呈上内廷。乾隆饮后大加赞誉，垂问仕让。乾隆有感此茶乌润结实、沉重似铁、味香形美，犹如"观音"，遂赐名"铁观音"。由此，铁观音跻身中国名茶之列，传播四海。此后，闽南王氏后人秉承"谦礼理真"的家族祖训，世代承袭铁观音制茶技艺。

1993年，铁观音发现者王仕让的第9代传人王启联和兄弟开起了自己的茶叶店——"日香茶业公司"，取"日日香"的好彩头，自产自销铁观音。

随着全国经济的不断发展、人们消费能力的提升，茶文化逐渐普及。从柴米油盐酱醋茶到琴棋书画诗歌茶，人们对茶叶的认知在逐渐改观，慢慢知道了味道的难能可贵之处，渴望喝到好茶，"日香"凭借独特技艺制作出的高品质铁观音吸引了越来越多的消费者。

三、有情有义，真不二价

20世纪80年代，还是国企、国有食品店、供销社在售卖茶叶，整个茶行业完全没有品牌的影子；到20世纪90年代，国营茶叶的零售渠道逐步萎缩，私人茶叶店慢慢增多，行商变为坐商，字号、招牌、店招概念逐步树立，品牌还处于朦朦胧胧的状态中；一直到21世纪初，日春旗下的门店一家一家地增多，有了连锁经营的雏形，这时日春的股东们才有了统一品牌的迫切需求，那时使用的是"日香"商标（未注册）。当他们去工商局注册时，被告知已经有人注册了。

无奈之下，王启联只好注册了"日春"商标。出现商标问题后，王启联认识到现代企业经营的不易，于是他开始了解国内外知名企业的经营模式，慢慢体悟茶中商道。关于茶叶的品质问题，1995年，日春为确保产品和服务质量，提出了"直营保品质"的发展方针；1996年，日春组建了由五位国家级评茶师组成的"五人茶叶品质审评团"。

在这20多年的从商经历中，除了商标之事外，另一件事也令王启联记忆深刻、感悟颇深。那就是日春有名的"真品质，不二价"之理念的来历。

闽南是中国传统文化保存较好的地区，闽南人如果和朋友、熟人做买卖，就应该给个让利价或人情价，这样做才叫有情有义。日春早期，有一款叫818的茶叶售价是150元一斤，公司给朋友、熟人的让利价是145元。然而，茶叶店是一个交流平台，新顾客很快就成为老朋友，朋友介绍的顾客也成为朋友，这样，这款产品的让利价就成了140元、130元，乃至120元。由于售价一再降低，产品的成本被迫削减，品质受到影响，一些顾客慢慢地也就不再认同这款产品了。

痛定思痛后，王启联认识到讲"人情味"，首先要有稳定的品质，只有长期坚持价格与品质对等，才是真正的有情有义。尽管当时那款818茶叶销量还不错，公司还是撤销了这款产品，并一致决定：把茶价格透明化，不再有友情价，而是统一标准、合理让利。

于是，日春率先以"数字"对产品进行命名，将售价直接用数字命名（"8"开头），使产品价格一目了然，顾客购买方便、易记，如815即1500元/斤，805

即500元/斤。这对于多年来一直讲人情价的闽南人来说，刚开始都是难以接受的。"刚开始其实蛮辛苦的，就是很多人会有意见。但是经过我们这么久的坚持之后，特别是到了后期，认可我们'真品质，不二价'的人特别多。而我们的数字茶系列创造性地成了市场的送茶首选，因为日春一看就知道价格，送日春的产品等于送价值和送真诚。"

"真品质，不二价"的理念从1997年至今，经历时间的历练，如今已成为行业的一个标杆，被市场广泛认可，也成了竞争优势的重要来源。

20多年前，泉州就有很多老品牌茶叶店，但到现在再看还存在的已经很少了。茶企想要存活、发展，就必须寻求创新。

从商标注册事件到"真品质，不二价"的提出，日春的经营理念不断完善，凭着产销中国好茶的愿景一路走来。现如今，日春发展规模壮大，但是王启联丝毫没有放松，他还在继续探索创新。

2008年，日春股份有限公司正式成立，"日"即太阳，正是由于阳光的普照，才使大地富有生气；惠风和畅，江水奔流，花开果熟，万物生生不息。"春"代表活力和希望，"芽菜、播种、燕飞舞"描绘的正是一幅春晖甘露图。以"日春"为品牌名称，赋予了公司旭日初升、春满人间的蓬勃朝气。

同年，王启联提出三标：标准生产、标准品质、标准价格。

四、发展之中，突遇挫折

1. 区域限制 + 铁观音市场饱和

中国茶叶的"名牌"屈指可数。若以销售额"论英雄"，在我国年销售额最大的茶叶企业中茶股份也不过15亿元。享誉世界的全球茶叶第一品牌立顿，年销售额已达到200多亿元。而制作立顿袋泡茶所用的茶叶只不过是普通的红茶、绿茶，品质上与中国的名茶相去甚远，个中缘由令人深思。

我国农产品的生产和消费历来都有明显的区域特色，行业特点导致了我国的茶叶品牌多是区域性品牌。不同地区的人喝茶嗜好不同，喜爱的茶的品种也不同，如上海人喜欢喝绿茶，云南人喜欢喝普洱茶，北京人喜欢喝花茶，四川人爱喝竹叶青，福建人则喜欢喝乌龙茶。当时各地政府都扶持本地的茶产业，涌现出很多的地方品牌。如何打破区域限制，走向全国甚至打造国际化品牌是中国茶叶企业面临的一大难题。

刚开始经营茶叶时，日春很自然地就做具有祖传独特工艺的铁观音茶叶，但随着门店规模越来越大，铁观音的市场逐步趋于饱和，客户的口味越来越多元化。此时，王启联意识到仅仅卖铁观音已经难以满足各种各样的客户需求，也不再适应逐渐发展壮大的公司。

2. 变——品类扩充，一类一牌

2006年始，王启联加大对新产品的开发力度，很自然地开始推出全国产量最大的绿茶，如龙井、毛尖，还有红茶，以及闽北乌龙茶。即实行了以铁观音为主，同时发展红茶、岩茶、绿茶等品类的"多品牌、多品类"策略。

"那时我对品牌并没有统一规划，只是认为公司增加一个品类茶叶就相应注册一个商标，针对绿茶注册了'江南美人'商标，针对岩茶和红茶注册了'红方'商标。"王启联说。

为保证原茶的纯正地道，2011年，日春收购了"武夷红方"，并导入了日春标准化产销体系，到2013年12月，"武夷红方"就已经成为岩茶产地武夷山市纳税上千万元的三个品牌之一。

中国茶的特点是品类多，日春正是基于茶品类的"一类一牌"，即一个品类茶叶使用一个品牌，日春既是公司品牌，又是铁观音产品品牌，一个品类一个品牌，辨识清晰。

2010年后，茶叶连锁企业大都开始了茶叶周边产品的产销。"武夷红方"的成功证明了日春铁观音建立的标准化产销体系是可以植入其他茶类经营管理的。由此，日春开始构筑"产销中国好茶"的愿景。日春陆续收购了"福鼎如意祥"白茶，创立了"恒也"沉香、茶艺品，以及"民间艺人"茶点等产品，开始把茶点、茶食品、茶具、茶盘、香道等与茶相关的产品纳入自己的经营范围，且打造了以茶文化为主题的日春茶道酒店，并开始在中秋节销售月饼，与茶叶配套，收到了意想不到的效果。日春也为茶艺术品和茶食品分别注册了商标。

目前，日春旗下主要有六个品牌，如图1所示。

| 铁观音 | 武夷茶 | 普洱茶 | 花茶、绿茶 | 白茶 | 茶点 | 沉香、艺术品 |

图 1　日春旗下品牌

"日春是全国唯一一家亿元以上规模 100% 直营的茶叶企业，我们的愿景是'做中国茶文化领军企业'，要做中国各大名茶专卖商。这样一类一牌，一方面比较方便客户辨识产品品类，还可以形成一道防御墙，减少各品牌之间的相互影响，同时在市场上形成多点竞争；另一方面，通过下属的 300 多家品牌连锁店销售，100% 直营店，这种经营模式可以保证我们服务的标准化和价格的统一性。当然，我们'真品质，不二价'的理念永远不会改变！"王启联解释道。

"我们的特色连锁标准化模式或许能够迅速、有效地复制和推广，但是顾客在日春全国各直营门店能享受到统一的产品质量、产品价格和销售服务，日春西施卡更是可以在全国各直营专卖店随时兑换，这些都是我们直营专卖店独一无二的竞争优势，也是其他茶企无法做到的标准和服务！"

"直营连锁专卖"与"真品质，不二价"相辅相成、有机融合，日春的产品也由此像国际大牌一样，成为业界共识的名茶。

3. 开发市场，走出福建

在立足于福建消费市场的同时，自 2005 年开始，日春逐步向全国其他省份开拓新的市场，相继进入广东省、北京市、上海市、浙江省、江苏省、四川省、重庆市等 19 个省市，到 2019 年 5 月已有 300 多家直营连锁专卖店。但是，日春在市场开发过程中并非一帆风顺。

（1）"不专业、不正宗"

在日春多品牌策略向省外市场开拓的过程中，许多消费者经常带着一些疑问，他们质问门店的销售人员，特别是主产区的客人，龙井是不是来自杭州西湖产区，普洱茶是不是来自普洱产区的。这些疑问给顾客带来很多不信任感，降低了他们的购买意愿。由此带来的是，多品牌战略实施后迟迟不能打开省外市场。

在消费者印象中，"日春"只是福建的茶企，主要做乌龙茶的，做普洱茶、绿茶、花茶等都不专业、不正宗。因为日春没有在原产地设厂，所以，所有产品的包装盒上的制造商都是福建日春实业有限公司，许多消费者的认知是：你们的普洱茶、绿茶和花茶等都不是原产地的。

"地方消费者难以接受外地品牌茶企做本地茶，关心产地是否正宗、制作方式是否正宗，甚至关心是否有祖传秘方、家学渊源。"王启联意识到。图2为"红方"武夷茶营业额。

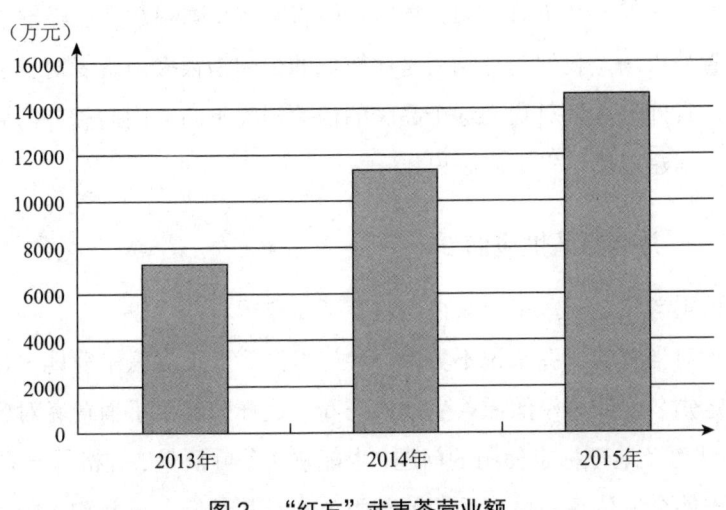

图2 "红方"武夷茶营业额

数据来源：根据公司资料整理。

（2）外来和尚难念经

除了消费者认知度之外，地理标志也是日春面临的一大问题。因为地方品牌保护意识强，市场知名度稍大一些的茶叶品牌，其所在地政府或茶行业协会都申请了地理标志保护产品，禁止外地茶农或茶商使用原产地的地理保护标志，如"武夷红茶、岩茶""西湖龙井""安吉白茶""云南普洱"等诸多茶类。这给地方产品设置了保护门槛，如"西湖龙井"地理标志认定，明确在杭州市西湖区所辖行政区域所产的龙井茶称为"西湖龙井茶"，其他属于龙井茶原产地地域保护的17个县、市生产的称为"龙井茶"，因此，在西湖区所辖行政区域以外的龙井茶，如果加上"西湖龙井"字样或者使用与其注册商标相同或者近似的商标均视为侵权，这给日春开拓新品类市场带来极大的法律和经济风险。据不完全统计，全国共有84种茶叶申请了地理标志保护，使日春要实现"产销中国各类好茶"的目标多了一道门槛。

（3）他乡水土难服

日春在福建省外新开发的市场，效益不一，门店单店产值差别较大，福建省外的门店单点月均产值 10 万元左右，远不及省内门店的一半，因此，日春在省外开设的门店盈利增长缓慢。日春现有门店陈列的产品及品类数量 200 多个，而门店货架实际容量可以达到 300 个，造成货架空间利用率不高，门店单位面积产值也比较低。而日春的竞争对手如天福茗茶门店的产品陈列数量已经超过 300 个。

"在省外市场，我们的影响力是比较低的，因为很多消费者对我们品牌的了解很不足，省外消费者对我们这个品牌的信赖程度不高，因而省外门店的经营难度远远大于福建市场。"王启联说。

4. 变——并购原茶供应商

经过慎重考虑之后，王启联很快就有了新点子。

"并购对当时的日春来说不失为一种好方法。"王启联平静地说，"并购原产地有一定知名度或规模的原茶生产供应商，这样既解决了消费者对各茶叶所谓'正宗'的认可及地理标志使用的问题，也能解决茶叶质量、价格等一系列问题。"但是，又不能全方位覆盖所有经营的茶类，并对其进行上游并购，因为需要的资金是日春无法承担的，而且一旦收购失败将给公司造成极大的损失。

因此，除铁观音以外，王启联选择了销售占比较高的红茶、岩茶和市场消费较高的绿茶、普洱茶等几个品类切入。他到云南省、浙江省、四川省和贵州省等地寻找有一定历史、规模和知名度，且并购金额控制在千万级左右的原茶生产厂。

2011 年，公司收购了"武夷红方"，并导入了日春标准化产销体系；2013 年，日春收购了云南勐海县孟润普洱茶厂；2017 年，日春收购了福鼎如意祥茶叶有限公司（白茶）；2018 年，日春收购了杭州西湖核心产区一家绿茶厂，并更名为杭州龙心大悦茶叶有限公司（绿茶）。

五、一波未平，一波又起

1. "铁观音伤胃？"+ 毛茶成本上升

从 2012 年开始，随着安溪铁观音的大面积种植，许多茶农为了追求短期的经济效益，加上消费者盲目跟风，开始追求一种"清汤绿水"才是好茶等一些错误的产品观念，导致这些茶农大量生产"二遍摇青"的铁观音茶叶。

当时在大众媒体的传播中，消费者大都认为长期饮用铁观音会导致肠胃受到严重伤害，为此消费者纷纷转而选择其他品种的茶叶或饮料来替代。这对于清香型铁观音销售占主营收入的日春来说，无疑是晴天霹雳。

从2013年开始，日春在铁观音市场上的销量和销售额增长十分缓慢，与以往形成鲜明对比，如图3所示。如何提升茶叶成品的质量此时成了困扰王启联的一个问题。

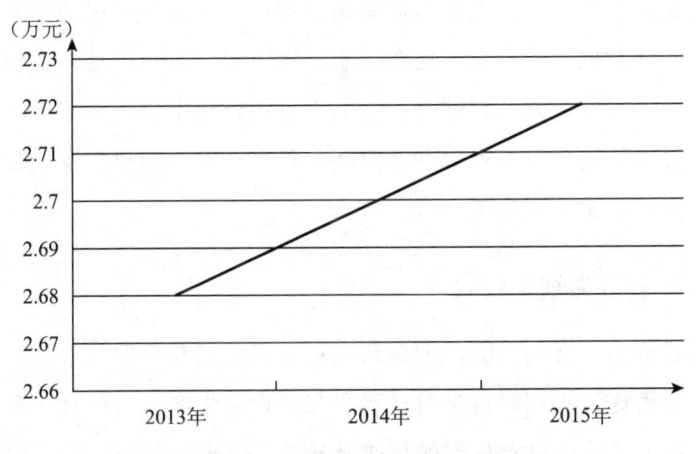

图3 2013—2015年日春铁观音营业额

虽说公司整体销售额还是在逐年增长，但是毛利率不断下滑，除了房租和人工成本略有上涨以外，毛茶采购价格上涨最多，占上升总成本的60%，不断挤压企业的利润空间。

此时，毛茶的成本上涨问题已经对日春的生存和发展造成了一定影响。

2013年6月末，日春中层管理人员召开重大会议，讨论公司存在的主要问题。

"一直以来，我们在自有茶园基地和合作基地都是采用传统重摇青制作工艺，生产出来的也是高质量茶叶。但是自有茶园和合作基地的供给量占比太少，只有10%左右，剩余90%只能靠从茶农那边采购，导致我们对茶农过度依赖。"营销经理首先打破沉默。

"是啊，我们从茶农采购同等标准的毛茶整体价格已经高于自有茶园基地或者合作基地的20%～30%，并且还在逐年上涨。随着红茶、岩茶和绿茶等市场需求的不断上升，茶价也跟着'水涨船高'，茶农不断提高批发价格和收购价，导致我们企业的毛利率一直下降。"财务总监接着说道。

还有人说："铁观音之外的其他茶类还没有建立自己的茶园基地或加工厂，主要是找武夷山、杭州等地的茶农采购。而一般茶农或农户合作社的规模不是很大，不具备标准的种植和加工技术等生产条件，导致茶叶质量参差不齐。有一定规模的原茶生产商要么有自己的茶叶品牌，要么被其他销售商采购，能出售的茶叶也就比较有限，这对毛茶采购数量与品质把控造成极大影响。"

……

王启联认真地听了大家的发言后坚定地说："在座各位说的都有道理，近期业务的下滑更让我们认识到公司还存在着许多不足之处，但是，我们一直实行的是'真品质，不二价'的经营理念，产品不打折，也不会随意涨价。我们也绝不能以牺牲产品质量为代价来换取利润空间！任何一家公司要想发展壮大，就必须不断进行升级，探索转型之路。"

2. 变——建立发展新模式

面对毛茶成本上升的局面，王启联究竟打算如何布局呢？

经过慎重考虑，王启联决定对日春采取"自主生产+合作社（散户合作、统一管理）+农民（使用日春指定的化肥及技术）+市场收购（日春做品测）"的发展模式。即合作社按照日春的各项要求统一管理农户的茶园基地，包括种植、除草、肥料、农药、采摘和加工工艺等，所生产出来的茶叶，公司按照市场价全部收购。

一是茶源。为保证茶叶的质量和品质，日春控制茶叶的来源。在现有感德、祥华片区一万多亩茶园的基础上，日春在安溪县城积极推进铁观音自有茶园基地建设。在已有三个自有茶园基地（分别在虎邱、西坪和祥华），茶园面积约两万亩的基础上，日春依靠资金优势、人才资源和自身在铁观音种植、加工和制作的技术资源，继续扩大其种植面积和生产加工设施。

另外，在安溪县的感德、剑斗、蓬莱、蓝田、大坪和龙涓等茶叶种植面积较大的乡镇，建立了茶叶初制加工生产基地，将铁观音毛茶自给供应量提高到一定程度，如图4所示。

图 4 茶叶基地

虽然有员工认为企业投入的资金可能较多，但是王启联坚持认为加强铁观音上游产业链即茶园生产基地建设，不仅能从很大程度上解决日春中高端质量铁观音的供给问题，保证广大消费者喝到传统、健康的好茶，也能保证其中高端毛茶价格不受市场波动的影响，避免增加企业原茶采购成本。

二是加工。日春建有初制场五处，并在泉州台商投资区建设占地120余亩的精制厂一处，还拥有办公大楼、产品实验室及符合食品卫生安全管控标准的现代化生产车间等硬件设施。

三是品管。日春拥有专业、先进的检测实验室，配设参观通道。通过与厂家共同承担肥料责任，选择高品质的有机肥料，建立国家级茶叶质量检测中心（第三方公正独立专职检测机构），定期检测土壤，全方位把控产品品质。

四是科研。除虎邱镇、蓬莱市各建有一个绿色实验基地外，日春还携手北京大学共建"铁观音研究基地"，与武夷学院共建"武夷岩茶与红茶研究基地"。依托科研基地，日春进行了茶树种、土壤结构分析、环境气候分析、施肥实验、除虫实验、养护实验等研究，对不同气候环境下生产的茶青，尝试用差异化工艺制作，提取形成了大数据库，基本摆脱了以往靠天、靠人、靠运气才能制好茶的历史。截至目前，大数据库拥有近万份样本数据，用以对各个茶园的基地建设和制茶工艺进行指导，茶叶品质显著提升；并通过定期举办茶王赛活动，宣传与激励茶农做"传统四遍重摇青"的铁观音，既带动茶农增收，又降低了茶友喝好茶的成本。

随着茶叶产业链的不断升级，从当初的街头叫卖，到现在标准化稳健的生产，日春逐步构建起茶叶产业发展的新模式。

六、乘风破浪，所向披靡

一直以来，做茶叶的传统是靠天吃饭，天地人和，才能做好茶叶。但是随着时代的进步、科技的发展和营销模式的转变，传统的靠天吃饭已经不适用于现代化的茶叶产业，王启联在思考更加科学化的产业发展方式。

与股东们讨论之后，王启联决定制订一个标准，把每一次制作的茶叶标准记录下来，特别是结构成分、卖了多少钱、这个茶叶好不好，构建一个标准化的产业链。在王启联看来，通过标准化生产制作出来的茶叶，相对于传统做法来说，成品率会更高。利用大数据库的建立和处理，可以提高茶叶产量，拉升整个产值。

这一新理念的提出，得到董事兼技术研发负责人林阳顺的大力支持，20 多年对日春茶业的技术研发经验给了他们新的启示。林阳顺认为，标准化的制作模式，最根本的还是要从茶叶的基础予以配合。从茶叶的土壤成分、朝向、施肥情况等茶叶种植的生产环境开始，到对茶叶的内在心灵感应，他有自己独到的见解。

一方面是老祖宗留下来的传统经验，另一方面还有王启联大数据的现代化生产理念。林阳顺要努力做到两者的有机结合。从原料上看，茶青什么时候采摘，采摘的标准如何，嫩度如何，茶苗的品种如何，这些都是出品好茶叶的基础。

为此，日春建立了绿色实验基地，通过标准化的茶园管理，以及对原茶种植产地的高品质要求，实现了原茶来料的最佳，接下来，至关重要的就是制茶工艺了。

"我们现在已经有很多制茶的工艺，但是我们应该如何才能在吸取这种传统工艺精髓的基础上，再进行一个突破，不断地去创新呢？"

通过走访安溪的老茶师，查阅古籍和当前科技文献资料等方法不停地改进工艺，林阳顺独创了以"四遍重摇青"为特点的铁观音初制新工艺。

林阳顺利用流水不腐的原理规定日春的茶叶都要经过四遍甚至五遍的摇青，通过不断地走水，将茶梗里面的精髓带到叶子里面去，滚筒里面摇青的量尽量少，以保证每片叶子摇得均匀。

"四遍重摇青"操作方式使茶叶中的芳香物质更丰富，微量元素经多次重摇青后更容易被人体吸收，对身体温和、不生硬，氨基酸也更加丰富，多饮也不会伤害身体。

王启联始终记得父亲说的，尽管现在做的规模比较大，但不管哪一个环节，依然要很细致，不能出毛病，哪怕一个环节出毛病也不行。

"现在的日春对我们来说是一种鞭策，要我们不断进步，不断改变。"王启联说。

七、尾声——任重道远，继往开来

近年来，日春的社会影响不断扩大，先后获得"中国百强茶企""中国市场十大品牌"" '乐善好施，扶贫济困' 企业"等荣誉，并列入福建省上市后备企业。20多年的执着与专注，使日春构建了"标准茶园、标准生产、标准销售"三位一体的"铁观音标准化产销体系"，诞生出"可清心""醉西施"等明星铁观音。

"人才乃企业之本"，"日春"历来重视对人才的培养和员工福利的改善。在"谦、礼、理、真"价值观的影响下，营造相互尊重、相互信任的良好工作氛围；逐步完善员工的工作环境，除标配食宿外，大部分员工已享受五险一金待遇。目前，日春有员工近2000人，聘请国家级技师和专业管理人才200余人。

"我们要做到的是每个员工都靠自己培养，不接受'空降兵'。"

"对茶叶市场来讲，日春已经成为行业标杆。"王启联自豪地说。但是，随之带来的人才流失是王启联没有预料到的。自2017年以来，日春的店长几乎被同行挖走了一半，店长流动率是平时的5倍，日春如同失去了半壁江山。

行业变革加速，消费在持续升级，茶行业将进入竞争白热化阶段……

高粱酒"江小白"以其独特的营销方式吸引了众多的年轻消费者；

小罐茶以其富有特色的设计和现代化的营销理念，围绕品牌定位重构茶业资源，对接了茶叶消费的高端空位，启发了整个茶产业；

瑞幸咖啡"短、平、快"的飞速发展，让传统咖啡连锁店难以招架；

……

下一步应该向哪走？王启联和公司的高管们一直在思索着。

附录1　日春荣誉

2004 年，获得"绿色食品 A 级产品"称号；

2006 年，荣获"福建省名牌产品"称号；

2006 年，荣获"福建著名商标"称号；

2008 年，荣获"福建乌龙茶十大品牌"称号；

2008 年，荣获"2008 中国茶叶行业百强企业"称号；

2008 年，当选福建茶文化研究会副会长单位；

2008 年，当选福建茶叶协会副会长单位；

2008 年，当选海峡两岸茶叶交流协会副会长单位；

2009 年，荣获"人文中国·茶香世界"中华茶文化宣传贡献奖；

2009 年，荣获"AAA 信用等级信用企业"；

2009 年，荣获"泉州市级农业产业化龙头企业"称号；

2009 年，荣获"国家监督检查产品质量稳定合格知名品牌"；

2009 年，荣获"中国茶叶行业百强企业"；

2009 年，荣获"中国品牌 500 强"称号；

2009 年，荣获"中国市场十大品牌"；

2010 年，荣获"新中国 60 周年茶事功勋"奖；

2010 年，荣膺武夷学院国际茶学中心"武夷岩茶与红茶研究基地"；

2010 年，荣膺北京大学公共经济管理研究中心茶文化经济研究所"铁观音研究基地"；

2010 年，被授予"纳税大户"光荣称号；

2010 年，荣获"市级重点龙头企业"称号；

2011 年，被认定为"中国驰名商标"；

2011 年，荣获"省级重点龙头企业"称号；

2012 年，荣获"食品安全承诺企业"荣誉称号；

2012 年，荣获"铁观音安全质量十佳明星企业"称号；

2012 年，荣获"全国重质量、诚信品牌联盟单位"；

2012 年，荣获"福建名牌农产品"称号；

2012 年，荣获"重点企业"称号；

2013 年，荣获泉州市"纳税信用 A 级纳税人"称号；

2013 年，荣获 2012 年度"纳税超 2000 万元企业"荣誉称号；
2013 年，荣获"泉州市管理创新示范企业"荣誉称号；
2013 年，荣获"诚信经营单位"奖牌；
2013 年，荣获"质量安全信誉"称号；
2013 年，王启灿被列入"市级非遗项目"代表性传承人名录；
2013 年，参与乌龙茶国家标准制定；
2014 年，荣获"首届福建省茶文化推广优秀企业贡献奖"奖牌；
2014 年，高级评茶师林阳顺获"福建省五一劳动奖章"；
2014 年，"王启灿劳模创新工作室"挂牌成立；
2014 年，总裁王启联荣获"第十五届福建省优秀企业家"称号；
2014 年，荣获"2012—2013 年度纳税信用 A 级纳税人"称号；
2014 年，荣获 2014 年度"全国职工教育培训示范点"；
2014 年，荣获 2013 年度"纳税超 2000 万元企业"称号；
2014 年，当选为"福建省生产行业专家库"成员；
2015 年，董事长王启灿荣任"乌龙茶工作组"副组长；
2015 年，荣获 2014 年度"纳税超 2000 万元企业"称号；
2015 年，荣获"绿色食品 A 级产品"荣誉称号。

附录2 日春旗下品牌

附表 1 日春旗下品牌

品牌名称	主要品类	主营产品	命名来源
日春	乌龙茶	铁观音	旭日初升、春满人间
红方	红茶和岩茶	正山小种、金骏眉、银骏眉、肉桂、大红袍和水仙等	通达天下、红遍四方
江南美人	花茶和绿茶	龙井茶、安吉白茶、四川绿茶、玫瑰花茶	自然香，让生活更美好
福之味	茶食品	坚果类、蜜饯类、糕点类	传统工艺，有福之味
恒也	香道、茶具、茶艺术品		真理永恒
两斤茶	电商品牌		让国人一年喝上两斤茶

附录3　日春专利申请

附表2　日春专利一览

序号	证书号	专利名称	备注
1	201110002886.X	清香型铁观音茶的制作方法	发明专利
2	201110311599.7	绵香金韵铁观音的制作工艺	发明专利
3	201310171650.8	一种砖茶制造工艺	发明专利，申请中
4	201210254921.1	一种蜜茶制作方法	发明专利，申请中
5	1933838	自动控温式茶叶烘干机	实用新型
6	1965411	电控匀速进料茶叶烘干机	实用新型
7	1888870	滚筒式茶叶烘干机	实用新型
8	1889758	循环风式茶叶烘干机	实用新型
9	1894586	茶叶筛选机	实用新型
10	1896083	茶叶拣梗机	实用新型
11	1910268	茶叶风选机	实用新型

附录4　各品类的销售占比

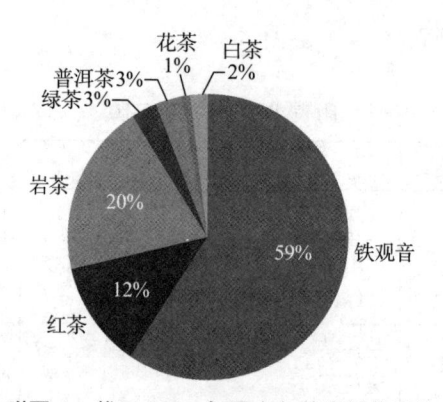

附图1　截至2015年日春各茶类销售占比

- 铁观音 59%
- 岩茶 20%
- 红茶 12%
- 绿茶 3%
- 普洱茶 3%
- 白茶 2%
- 花茶 1%

附录5　开店数量及员工数

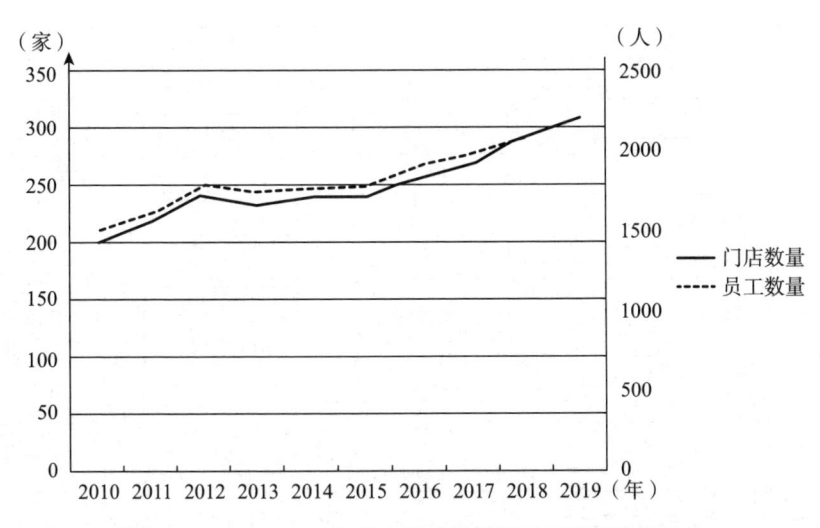

附图2　2010—2019年日春开店数量及员工数量增长趋势

附录6　日春收入变化趋势

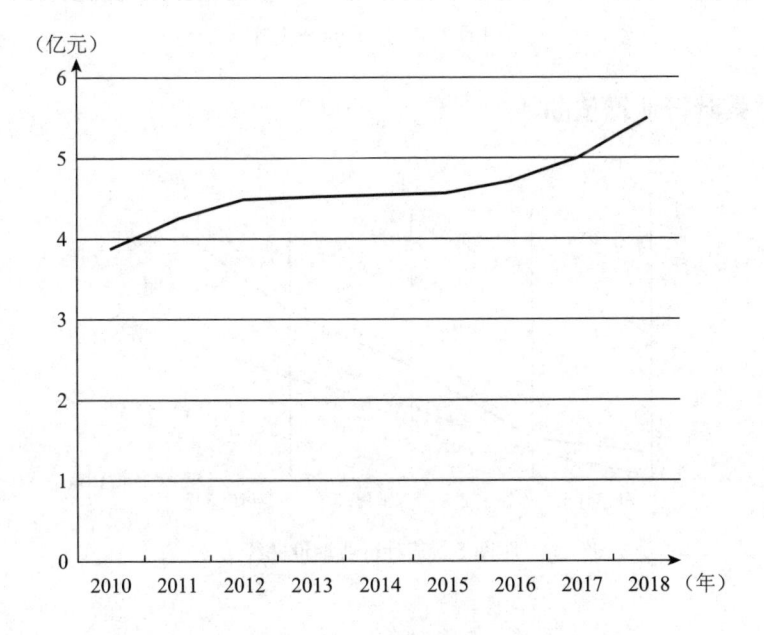

附图3　2010—2018年日春收入变化趋势

附录7　茶产业的产业链

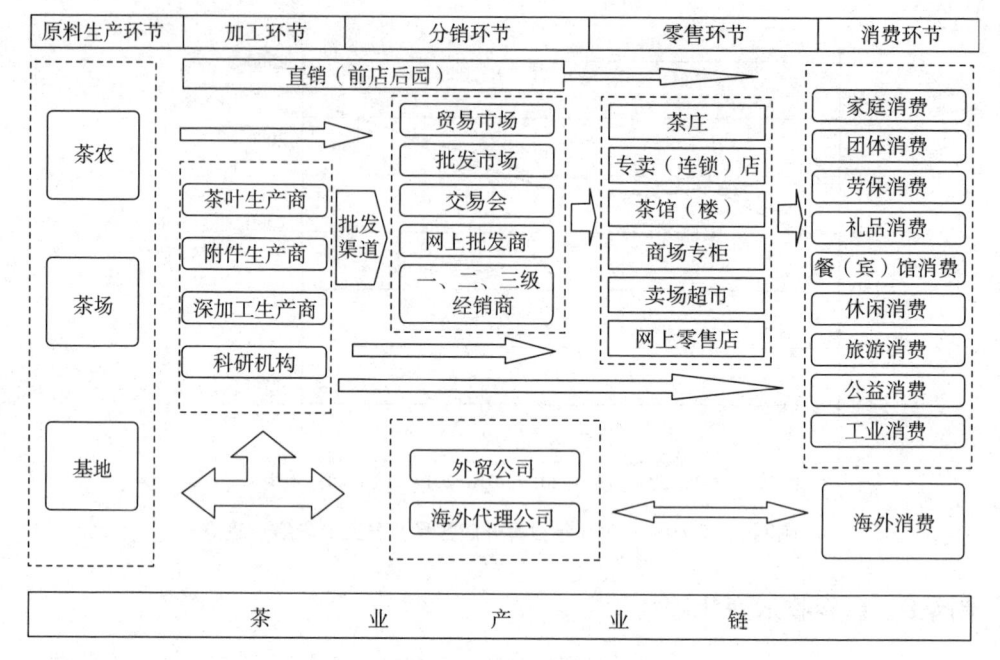

附图4　茶产业的产业链

附录8　茶叶行业增值曲线

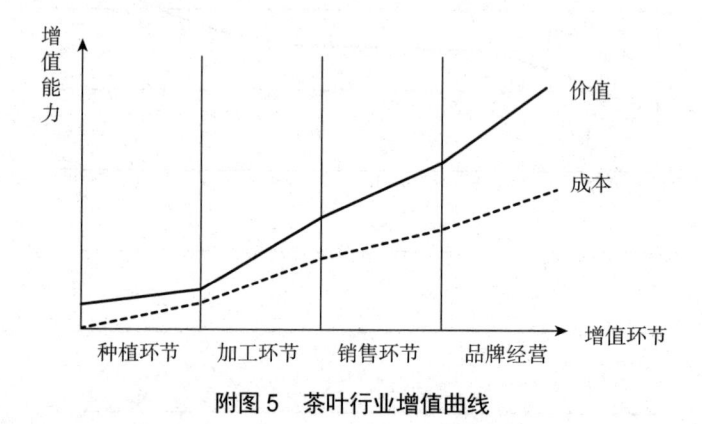

附图5　茶叶行业增值曲线

见福蛙跳三部曲：小便利，大智慧[①]

林春培　陈佳榕　黄金帅　赵利娜

摘要：便利店以便捷、实用的特点在中国零售业中扮演了重要角色。近年来，以京东、苏宁为代表的企业相继进军便利店行业。然而，便利店的发展并非一帆风顺，近几年也存在多家便利店企业相继败北的情形。厦门见福连锁管理有限公司（以下简称见福）作为福建本土便利店，在管理创新方面以商业模式创新等管理方法从一家厦门本土小便利店发展成为福建龙头便利店。本案例描述了见福的发展历程：短短30年间，见福从厦门第一家门店的创立到如今拥有超过1500家的门店，成为福建便利店行业之王，已经开始努力去实现"便利店行业上市第一股"的目标。重点讲述了见福如同其卡通形象——小跳蛙，历经"打破便利店'魔咒'的头七年""跨过死亡线后的扩张之路""智慧零售进阶升级"三部曲的成长过程，本案例将从见福的管理创新、商业模式创新和企业成长等方面入手，展现见福如何在内外部环境变化的前提下依托管理创新和商业模式创新双核驱动企业的成长，开创一条适合自己的便利店企业发展之路。

关键词：见福便利店；管理创新；商业模式创新；企业成长

一、引言

霓虹初上，知了渐鸣，热气稍稍缓和的夏风一阵又一阵地吹着路人。顶着夜色，又是经过一天的"搬砖"后，白领们略显疲惫地从写字楼里鱼贯涌出，向地

[①] 本案例已被中国管理案例共享中心收录，并得到授权引用。

铁口急匆匆地走去……在厦门见福便利店仙岳路店内，店长小王正麻利地为客人包装好商品、结账。

"老板，来碗车仔面！"

"哎，好嘞！怎么这回不吃关东煮了？"

"咦，您怎么知道我之前喜欢吃关东煮？"

"哈哈哈，是它告诉我的！"小王指着客户识别系统摄像头向面前带有疑问的美丽女白领回答道，"您是咱们家的老客户了，经过人脸识别后，客户识别系统会向我们呈现您平时常购买的商品，并且还能进行消费者行为分析，方便我们及时向您推荐您平时所需的商品！"

"哇，这么智能！不错不错。"美女颇为惊讶。随着支付宝特有的硬币掉落的沙沙声响起，"给您转过去了！"这位顾客便端着刚出锅带有三颗鱼蛋丸的车仔面向一旁的熟食体验区走去，细细品尝见福刚推出的特色熟鲜。

坐落在仙岳路上的这家见福便利店，可谓是处在没有硝烟的战场上。一段500多米的狭长地带，道路两旁密集分布着20多家餐馆、9家生鲜店、9家杂货铺、2家烘焙店、2家见福便利店、1家永辉生活便利店、1家无人便利店和1家广物连锁超市。考虑到各家店面的商品存在替代关系，仙岳路上的较量成了一场零和游戏。

2017年，见福就已经与微软共同研发并成功推出了CRM人脸识别系统，经过一年多的稳定运行，为顾客不断带来极致的智慧零售服务。也正因为有这套智能的系统，为仙岳路店的稳定经营提供"锦囊妙计"。这也是见福便利店创始人兼董事长张利决定设计这套系统的初衷，甚至模拟过这样的场景：

当熟客进入门店，系统自动识别，免去了提交手机号码和会员卡的麻烦。

同时，系统提示音响起："先生，您好，您今天是我们前十名的客户，我们将送您一张去马尔代夫的机票。"

便利店看似小生意，却在业内有着不断蜂拥而上的团队、资本，而在这场角逐中，谁又将占据鳌头，谁又能笑到最后？

二、便利店行业大有作为

1. 品类不设限，尽在便利店

"想吃关东煮了？便利店走起！"

"出门下雨忘带伞了？便利店里借一把！"

"要充值 E 卡通？便利店就能充！"

街道上的便利店越来越多，产品种类也在不断丰富，好像无论缺什么，都可以在便利店中找到，那么便利店在我国的发展趋势又如何呢？

便利店属于我国 17 种零售业态之一，凭借其"便利"与"麻雀虽小，五脏俱全"的两大特色，区别于超市及大卖场而崭露头角。便利店一般在距离上靠近人群，同时具备齐全的品类，并且提供便利的服务。除了常用品，便利店还会提供生鲜熟食，如早餐、即溶饮料、西式甜点、中式面食等，甚至推出社会服务，如话费充值、接发快递、代买代取火车票等。

尼尔森在 2019 年年初最新发布的《中国购物者趋势报告——便利店》中显示，中国零售实体行业整体发展速度放缓，便利店行业仍维持稳健增长。我国现代渠道商店数量增长较快，超市（10%）、小型超市（9%）和便利店（14%）的数量在过去的 2015—2017 年保持着强劲的增长势头，而大卖场数量则呈现了负向增长态势（-1%），如图 1 所示。

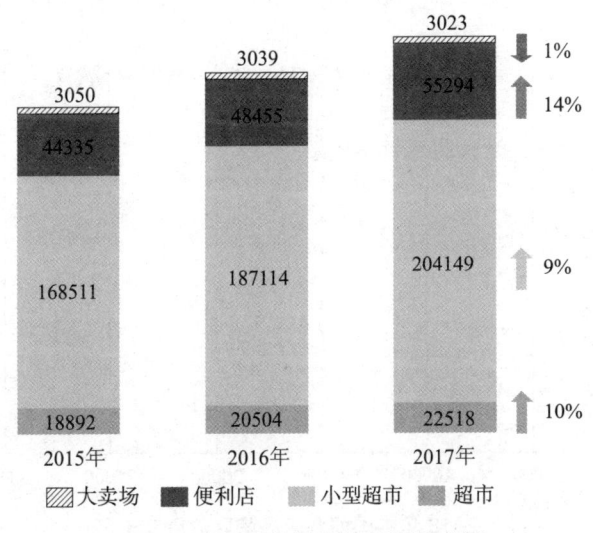

图 1　中国现代渠道商店数量（家）

数据来源：《2019 中国购物者趋势报告——便利店》。

便利店这种"小而美"的业态已经是目前中国零售市场成长最快的业态之一。与发达国家的零售行业相比：从单店日均营业额看，日本便利店的单店日均营业额是 4 万元人民币，中国外资便利店的日均营业额大概是 1 万元左右，内资便利店只有 4000 多元。从便利店在零售行业的占比情况来看，在日本线下百货超市零售实体中，便利店的占比达到 52%，而中国的占比只有 8%。从行业销售额看，2017 年日本便利店行业的销售额达到 117.45 万亿日元（约合 70789.7 亿人民币），占据零售行业销售总额的 82.4%。同年，中国便利店行业销售额达到 1900 亿元人民币。可见，中国便利店未来的提升和增长空间还很大。

2. 巨头汇聚，百舸争流

随着 BATJ（百度、阿里巴巴、腾讯和京东）四大互联网企业的网络科技产品的推陈出新，以及国内人工智能的推广和应用，个性化和定制化服务、无人配送的出现，无人便利店、无人超市给零售市场带来新的机遇，也对传统便利店行业带来了很多新的挑战。

由中国连锁经营协会与波士顿咨询公司联合发布的《2018 中国便利店发展报告》中指出，便利店品牌超过 260 个，国内现有便利市场品牌主要由 7-11、苏果、好德/可的、唐久、快客、全家、红旗连锁、天福、美宜家等构成，在现有市场门店数量中占 59.3%，其他品牌则占到 40.7% 左右，如图 2 所示。

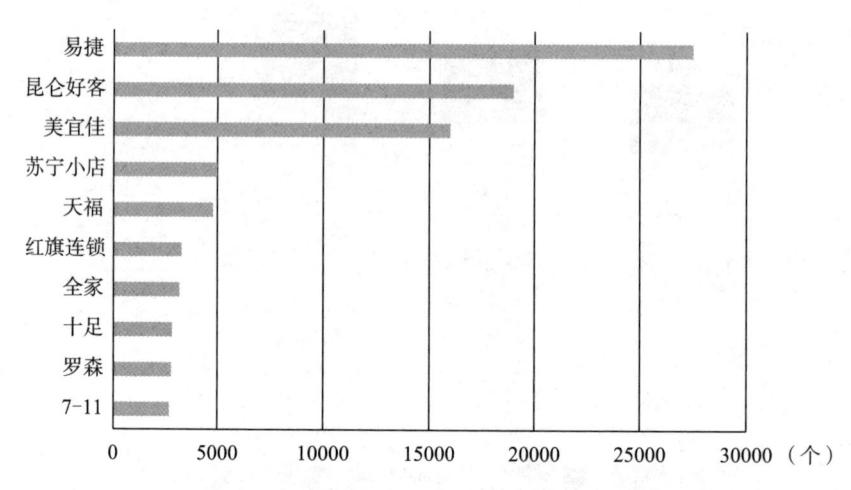

图 2　2018 年中国便利店品牌店数量前十名

数据来源：BCG，中国连锁经营协会。

便利店行业持续稳定的发展、行业政策的支持、消费能力升级、便利店新技术的应用、资本的助推等多方因素，使便利店行业未来持续保有量仍将增长。除了外资便利店、本土连锁便利店、夫妻型便利店，国内便利店行业又迎来了一大批创新型便利店。

以阿里巴巴、京东为代表的电商企业，为推进线上线下全渠道，解决线上获取客户成本高昂的问题，纷纷布局线下便利店；

以家乐福、华润万家为代表的零售企业，借助品牌和供应链的实力，提高零售生态的完整性，也开辟了便利店新战场；

以便利蜂为代表的创业企业，同样看准便利店赛道，以科技和大数据为抓手，试图改变便利店行业的商业模式；

以亚马逊为代表的零售商看重无人便利店未来的发展趋势，用标准化和规模化拓展自有渠道。

由中国连锁经营协会的数据可知，2017年中国便利店门店数量超过10万家，中国便利店需求存在较厚实的基础，未来仍有较大的需求市场，如图3所示。如果将国内便利店分为三大梯队，第一梯队则是日系便利店、本土的美宜佳、石油石化品牌便利店；第二梯队是广东天福、四川红旗连锁、福建见福；第三梯队则是行业内排名20名以后的中小区域性品牌。

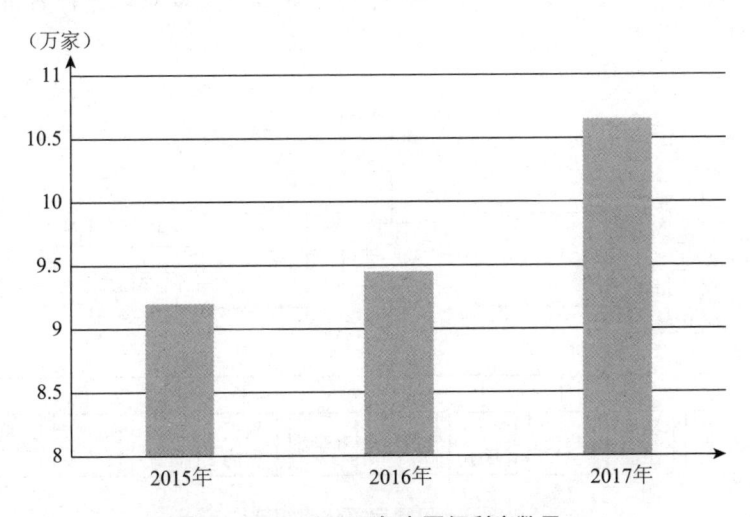

图3 2015—2017年中国便利店数目

资料来源：BCG，中国连锁经营协会。

见福便利店经过十多年的发展，门店数量已超过1500家，已经成为福建地区便利店之王，在全国排名靠前。没有活鱼的池塘将是一塘死水，而养活从小虾到巨鲸的深度生态链则是万顷蓝海。便利店行业持续增长，市场广阔，使各方巨头都纷纷加码便利店行业，现有行业的竞争也将日渐激烈，优胜劣汰过后势必推动行业的长足发展。

三、见福的组织架构

截至 2018 年 12 月,见福有 6000 多名员工(含加盟店员工),支持这么庞大的员工团队运行的背后,是见福别具特色的、强有力的组织架构。2006 年,在企业运行初期,大部分员工身兼数职,组织架构并不健全。与大多数创业初期的企业类似,此时的见福更像是刚学会走路的孩子,如何走稳是关键,而公司制度与组织架构还处于空白阶段。到 2008 年,见福拥有了比较完整的人事、财务、信息和物流部门,随着规模的不断扩大,2010 年终于形成基本完整的组织架构。到 2017 年时,见福的组织架构则是扁平化的,即高层领导直接管理下属的人数较多,但到了中层管理者之后,因不同的部门,其业务内容各不相同,所需要管理的内容也不相同,需要的人手也不一样,因此,对不同的中层管理者的管理能力要求就不同。随着企业规模的扩大,扁平化的组织逐渐力不从心,在管理上会有项目负责人的责任大于权力的弊端出现,容易让员工产生临时观念与短期行为,对工作职能与企业经营目标难以进行有机协调,如图 4 所示。

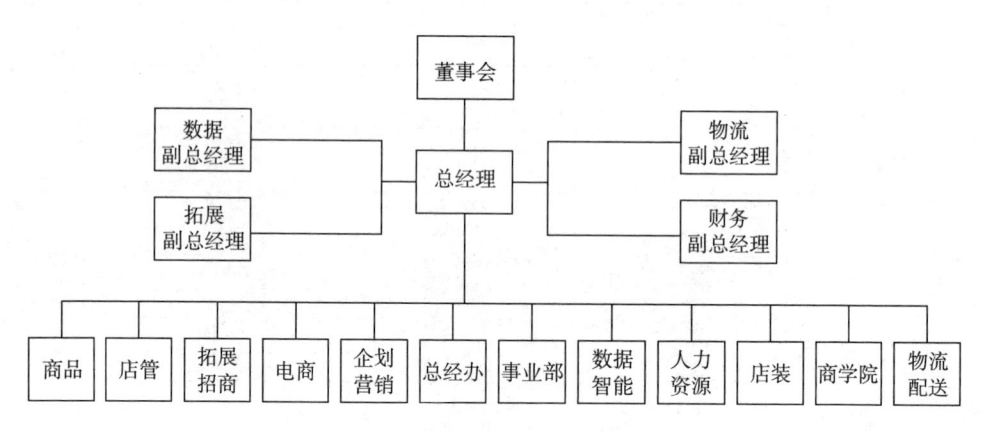

图 4 见福扁平化组织架构

从创业至今,见福在不断完善自身的组织架构。尤其是在 2017 年,迎来了便利店界泰斗、中国台湾 7-11 创始团队成员黄千里先生,其成为见福便利店首席战略顾问后,在原有基础上结合中国台湾便利店的先进管理经验,设计出一套矩阵式组织架构,这也是见福当下所采用的组织结构,如图 5 所示。

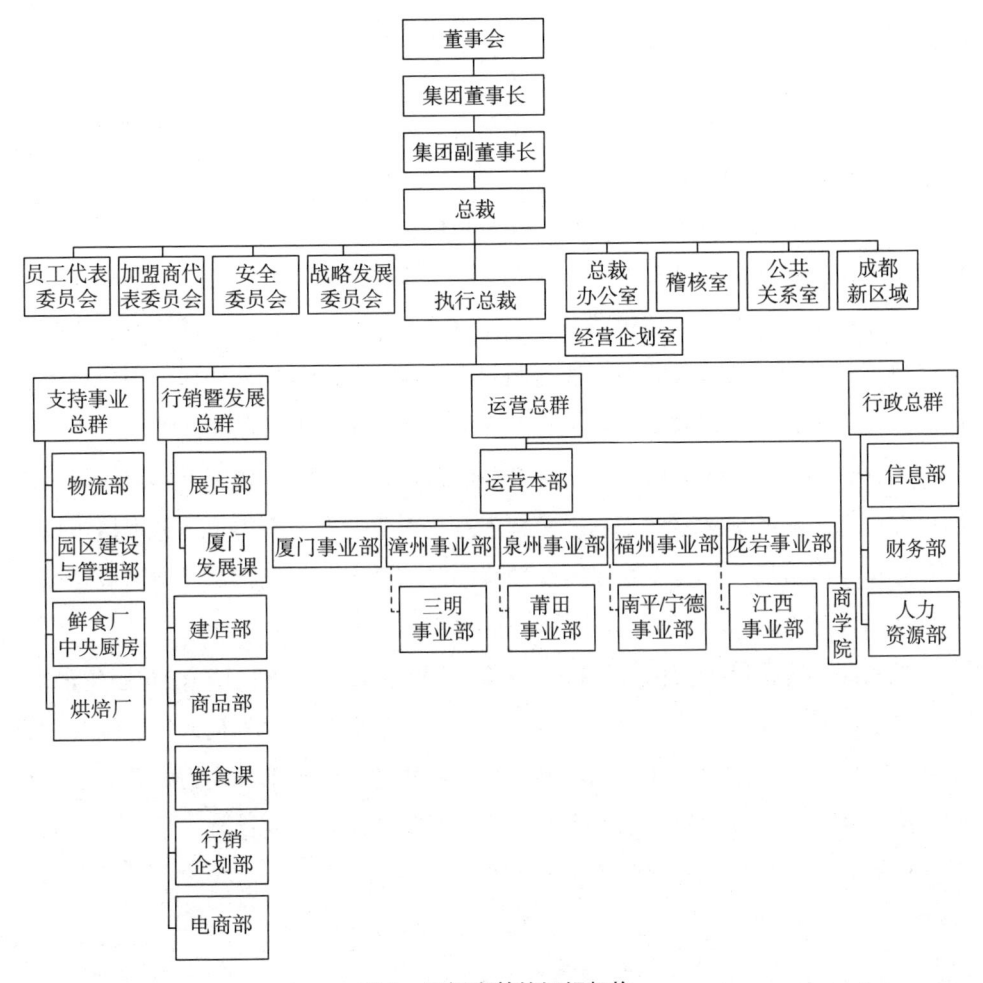

图 5　见福当前的组织架构

董事会下设正副董事长、总裁、执行总裁。总裁统领员工代表委员会、加盟商代表委员会、安全委员会、战略发展委员会四个委员会，执行总裁、总裁办公室、稽核室、公共关系室、成都新区域直接向总裁负责。在执行总裁下面还设置了支持事业总群、行销暨发展总群、运营总群、行政总群四大事业群，同时，还设立了经营企划室对执行总裁负责。经营企划室的主要职能在于负责公司各项流程、制度、规范的落实，对经营管理的重大事项提出意见和建议。经营企划室保障公司内部沟通的快捷、高效，有效推动策略规划流程的执行，并对经营成果做出分析，在优化制度与管理方面可以促进组织运作效益的提升，发挥着不可替代的作用。

支持事业总群是见福运转的"大后方"，为企业在商场上鏖战提供充足的粮草与弹药。下辖的物流部分为常温配送、低温配送、鲜食配送，负责所有商品的"进、出、存"管理，确保商品的流通顺畅，安全无损地及时到店。为了将鲜食发展成自身的特色产品，见福还成立了鲜食厂中央厨房与烘焙厂，可满足日均生产 30000 份鲜食的需求。

　　行销暨发展总群既要面向市场，又要巩固内部发展。在本质上，这一总群主要由市场职能与发展职能构成：市场职能主要由商品部、企划部、电商部完成，负责商品的企划、开发、促销活动、媒体宣传及全周期管理，不断提升见福的商品竞争力与企业销售能力。发展职能则主要由展店部和建店部完成，负责公司门店的扩张与建设，加盟体系的规划与发展，以及公司品牌形象的维护。

　　运营总群主要管理并协助各地区开展经营活动，同时，依托商学院做好员工的内部培训。从各地区事业部看，见福现有五大事业部，全方位占领福建市场，同时开拓江西市场，作为企业在一线冲锋陷阵的各地区门店，是企业达成各项经营目标的关键点。

　　见福商学院协助各部门开展内部授课，不断提高员工的专业技能与服务素质，确保顾客满意的同时也培养出一批批追求"幸福使命"的"见福人"。行政总群所管辖部门主要支撑上述业务部门的运行。财务部、信息部、人力资源部各司其职，给予其他部门关键性信息的支持。这一矩阵型的架构既结合了地区发展与事业部门的职能，又强调各部门的相关协作。

四、蛙跳三部曲

　　综观见福一路走来的风雨历程，董事长张利是最有话语权的，张利始终认为，要有富人的梦想，别过富人的生活方式。也正是按照这一观念，见福始终走在自己特有的发展道路上。见福已经走过了十多年的历程，门店数在 2018 年已经突破了 1500 家。弹指一瞬，总结下来，见福的发展历程以其小青蛙的卡通形象为载体，可以总结为蛙跳三部曲：打破便利店"魔咒"的头七年（第一部曲）、跨过死亡线后的扩张之路（第二部曲）、智慧零售进阶升级（第三部曲），图 6 为见福大事记。

见福大事记

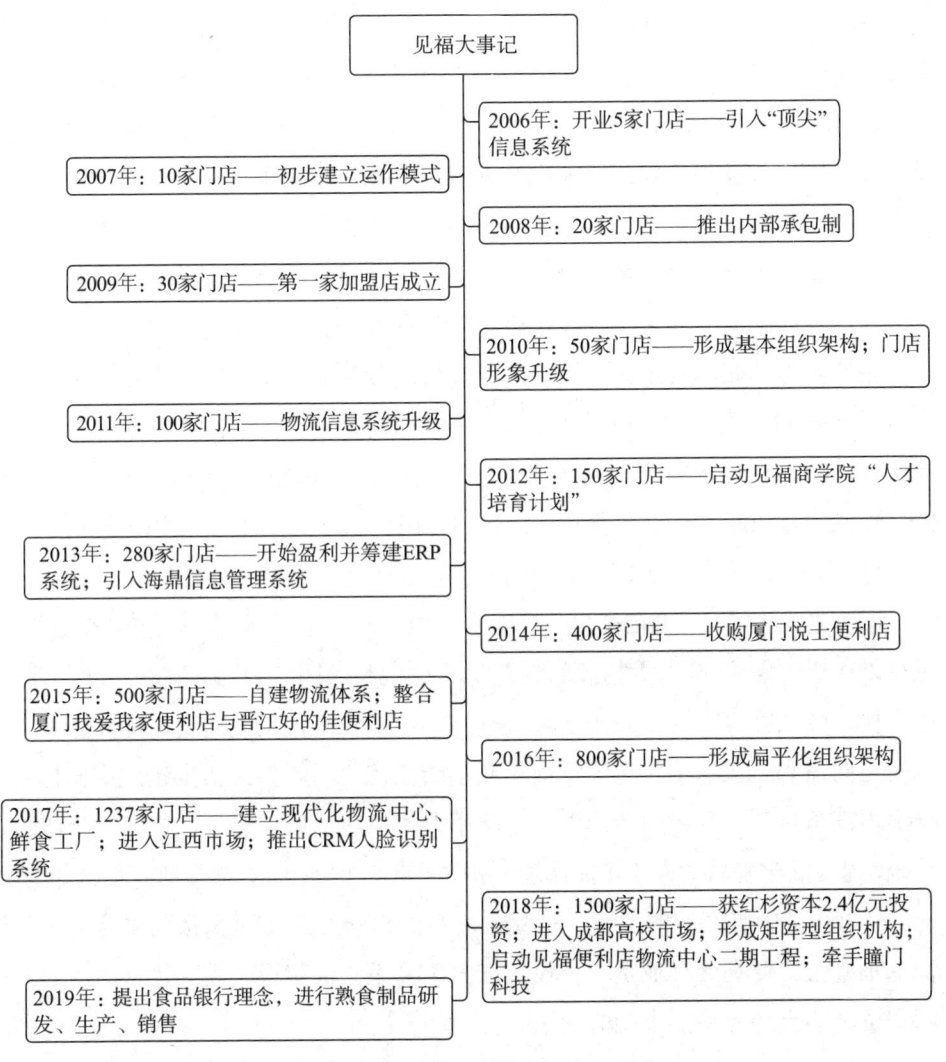

- 2006年：开业5家门店——引入"顶尖"信息系统
- 2007年：10家门店——初步建立运作模式
- 2008年：20家门店——推出内部承包制
- 2009年：30家门店——第一家加盟店成立
- 2010年：50家门店——形成基本组织架构；门店形象升级
- 2011年：100家门店——物流信息系统升级
- 2012年：150家门店——启动见福商学院"人才培育计划"
- 2013年：280家门店——开始盈利并筹建ERP系统；引入海鼎信息管理系统
- 2014年：400家门店——收购厦门悦士便利店
- 2015年：500家门店——自建物流体系；整合厦门我爱我家便利店与晋江好的佳便利店
- 2016年：800家门店——形成扁平化组织架构
- 2017年：1237家门店——建立现代化物流中心、鲜食工厂；进入江西市场；推出CRM人脸识别系统
- 2018年：1500家门店——获红杉资本2.4亿元投资；进入成都高校市场；形成矩阵型组织机构；启动见福便利店物流中心二期工程；牵手瞳门科技
- 2019年：提出食品银行理念，进行熟食制品研发、生产、销售

图 6　见福大事记（截至 2019 年 5 月）

1. 第一部曲：打破便利店"魔咒"的头七年（2006—2012 年）

2006 年，带着从雪津啤酒原始股获得数十倍的收益，拥有亿万身家的张利做起了弯腰捡钢镚的生意——便利店，用自己前半生积累的从生产到零售的全产业链经验，开始在便利店行业开疆扩土。

2006 年 8 月，公司选择在厦门 SM 附近的梅阳花园小区门口，对面是一所中专学校的位置开设第一家便利店。在第一年的经营过程中，店铺的员工经历了敲诈勒索、闹事等，但所有员工齐心协力，经受住了这些考验，到 2006 年 12 月，

见福开出了5家门店。在开见福第一家门店时，盈利达到了十几万元人民币，第二家、第三家仍然保持盈利……直到第五家门店开业运行后不久，见福却不盈利了。

2008年前后，张利当时本想企业"被并购"，这样企业可以减少损失，但是得到的回应都让他失望。"人家嫌弃我（见福）太小了。"企业后续所开店铺还在亏损，每个月的店租、水电费用、人员工资不断上升，直营店投入大量装修费用和购买货架等相关设备的费用，企业更多依靠直营店的商品销售收入，物资供应商给总店的返利非常少，开店容易，盈利难，怎么办呢？

带着疑惑的张利曾经向中国台湾一位资深便利店经营者取经求助。那位老先生告诉他便利店盈利的答案是"七年"和"200家店"。"你需要坚持七年，在此之前，没有任何一家便利店企业是能赚到钱的，而且门店数量需要扩张至200家。注意，是200家！"同便利店行业的开山鼻祖7-11一样，见福也经历了"七年之痒"和"200家店的魔咒"，连续七年的时间，见福一直在赔钱。

听完老先生的话，见福开启了打破魔咒的历程，致力于熬过这七年。在数量上，见福以直营店为基础，加大招商加盟力度，以"蚂蚁兵团"的形式开始在社区、学校、办公楼、商业区等人流密集的区域进行布局，以求从量变到质变，提高影响力，从而走向盈利。在这七年里，见福也在不断修炼"内功"：初步建立运作模式，推出内部承包制，升级门店形象，不断举办"供应商联谊会"，构建并升级物流系统，建立商学院启动人才培训计划。见福一步一个脚印，脚踏实地夯实内部基础。

"200家门店之前的七年，是我最难熬的七年！"董事长张利对这七年的评价毫不夸张。便利店行业是一个投入产出比并不高的赛道，需要足够的耐心、时间和资金的支持等待回报期的到来。

2. 第二部曲：跨过死亡线后的扩张之路（2013—2016年）

2013年，对见福来说是一个新的起点，企业成功度过了"七年魔咒"。门店数量超过了200家，从亏损开始盈利。

便利店开出200家后，经营管理的核心——便利店信息管理系统开始跟不上门店的规模，企业早期引入的"顶尖"商业进销存信息系统随着企业门店规模的快速扩大，出现了员工收银的数据无法和总部系统对接，以及系统卡顿等情况，无法满足当时企业的门店管理需要。见福决定搭建更先进的信息化系统，以此提升标准化的连锁经营能力。经过一系列的寻找、考察，见福最终决定与上海海鼎网络合作，引进零售业态顶级的信息系统，新系统将使门店数据的管控和及时性得到很大提高。但是当公司花了近500万元购置了设备、系统软件，召开会议准备免费给加盟商更换时，却遭到了大多数加盟商的反对，"旧的系统能够用，为什么非要用新的？设备更换了，员工需要适应一段时间才行，不能熟练操作势必会影响顾客的满意度，影响销售；新设备、新系统，如果因为操作出现了错误而亏了钱怎么办？货和款对不上怎么办？我们已经习惯了旧系统，我们不换，说什么也不换！"一时间，会议僵持在了那里，见福的员工也不知道下一步应该怎么办。此时，因为摔伤导致腰椎骨折的董事长张利突然穿着病号服、戴着夹板出现在会场。"系统必须换，设备必须换。如果谁因为系统问题亏了钱，都算在我张利的头上，我全包！谁还有意见？"在张利的坚持和推动下，新的信息管理系统得以更换。在之后的发展过程中，为了进一步践行信息化管理，见福还自主开发了"见福便利店管理系统APP"，主要用于员工管理和商品管理，管理移动化使见福成为行业内信息化、现代化程度极高的便利店企业。

信息化管理能力的提升为企业门店的快速扩张解决了后顾之忧，而经过了七年的蓄力，破茧而出的见福扩张速度惊人，如图7所示。

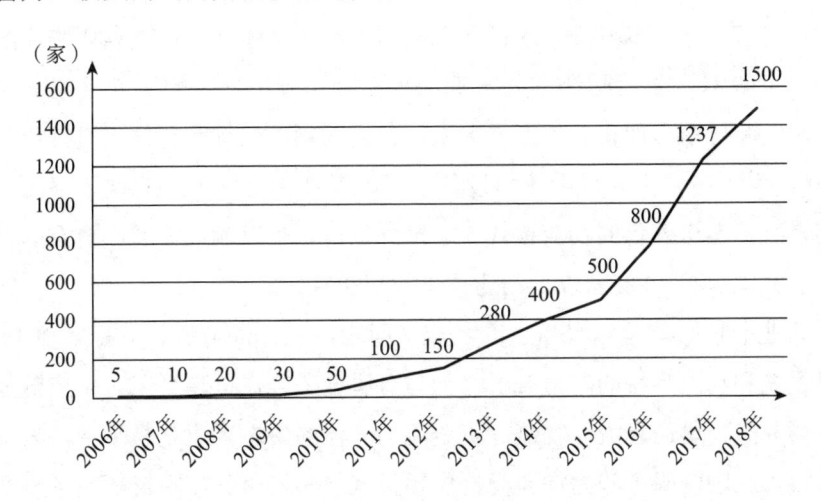

图7　见福门店数量发展

从0门店到50家门店，见福用了四年多的时间，而从2012年的150家到2016年的800家，见福同样用了四年的时间，却增加了650家门店，实现了4.3倍的增长。在这一阶段，由于见福品牌影响力不断扩大，技术、管理逐渐成熟，加盟店成为门店数量增加的主力军。

除了招商加盟，并购是见福在这一阶段的一个有效扩张手段。2014年6月，见福并购了拥有12年历史的台资品牌厦门悦士便利店的70多家门店。2015年6月，见福整合了20多家我爱我家便利店，11月，一举整合了晋江品牌好的佳便利店30多家门店。经过一系列品牌的整合，见福的门店增加了120多家，品牌的影响力也得到了很大的提升。除了门店数量快速增长之外，企业门店覆盖的区域也在快速扩大，在龙岩、漳州、泉州，见福的触角在不断延伸。2016年5月18日，见福正式进入福州，秋龙、嘉兴、玉环三家门店同时开业。正如董事长张利所说："一只蚂蚁并不可怕，一个军团就非常可怕。"如今，见福这支有着强劲生命力的蚂蚁军团已悄然形成。在门店扩张的同时，为了满足人们的网购需求，见福也开通了网上订购服务，用户使用APP选择所需的产品，见福可为用户送货上门，同时还与美团外卖、饿了么等平台合作销售便利店的相关产品。

门店是便利店体系的基础，物流中心是便利店体系的核心，企业要进行物流和仓储管理，以确保门店的货物配送。做零售的人都知道物流的重要性，见福也从未放松对物流配送能力的提升。到了2015年，见福的门店数量超过了500家，在门店数量不断上升的情况下，原本租赁物流系统的见福决定打造自己的物流系统，2015年7月，见福投资2.5亿元在厦门海沧东孚建立见福便利店物流配送中心。2016年9月，物流配送中心一期工程在合作方中外运的协助下完工并正式投入使用，配送中心面积有1万平方米，分为高频、低频和整件三类拣货区。同年12月，引入自动化分拣系统和设备，大大提高物流体系的配送效率。企业实行仓储自有、配送外包的物流模式，运输外包给六个运输运营商，自有的物流配送中心能够承担起3000家以上门店体量的配送重任。

零售业的核心就是信息流、商品流（即物流）、资金流。见福在2014年基于信息系统和物流系统的改造升级，就与海唐金融合作搭建第三方供应链金融云平台，形成一个集信息流、物流、资金流为一体的生态多边交易平台，为供应商提供应收账款融资服务和为加盟商提供预付账款融资服务，不仅解决了整个供应链资金的问题，还有效地缓解了与供应商之间的关系。见福的收入除了依靠收取加盟商每个月上交的管理费、托管费用，供应商缴纳的进厂费、条码费等相关管理费用外，还增加了供应商和加盟商的供应链金融服务费收入。

"企业的发展如同树木的年轮，是一圈圈扎扎实实地长出来的，我们不能够急，急也急不得，因为它的成长还是基于员工的成长。"张利说。在门店快速扩展的同时，见福也没有放松对员工的培养。前期公司对员工培养主要是与外部的培训机构合作，如 2009 年与"超市人"合作，2011 年与"深圳中旭"合作，后来企业启动"见福商学院"人才培育计划。2013 年，为了进一步提高培训的效率，见福提出"培训视频化"，并在 11 月召开标准化 DV 启动会，通过拍摄标准化 DV 视频进行员工培训。同时，积极利用互联网培训，2014 年员工移动互联网培训系统正式建设完成，2016 年聘请中国台湾的导师为集团开发员工培训软件。见福不断创新员工培训途径，助力员工的学习成长，致力于在企业内部形成一种自主学习与成长的文化。当前，在见福内部形成了标准化的 5T 训练系统，包括制度标准（Touchstone）、训练课程（Text）、训练实施（Training）、测试考核（Test）、完善工具（Tool），如图 8 所示。

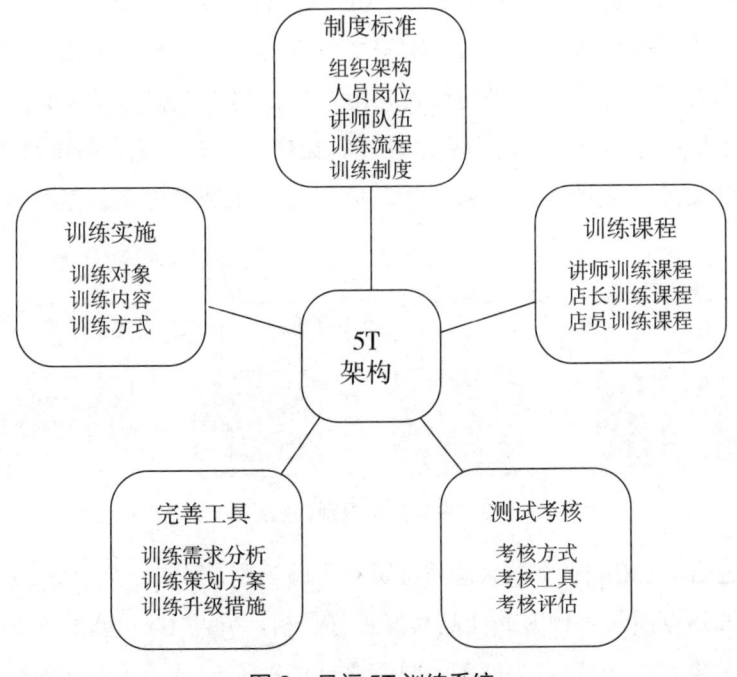

图 8　见福 5T 训练系统

在快速扩张的过程中，见福也不断通过引进更精细化的产品和增值服务，在服务上建立竞争优势。为了满足大量新中等收入群体的需求，2014 年在提供常规的日常消耗品之外，见福开始提供熟鲜产品，包含早餐、面包等，同时部分实体店采用"便利店 +"的方式，因地制宜地提供不同的增值服务，为客户提供开放的卫生间、免费 WiFi、热水等，也不断通过官网、微信等网络途径加强与顾客的互动。2014年8月，见福微信会员突破10万人，网络用户评价、福哥表情包制作等更是进一步加强了与顾客的互动。

3. 第三部曲：智慧零售进阶升级（2017年至今）

大数据是当下的一个热词，而大数据下的"用户画像"则是线上零售营销的一个有力武器。与线上相比，线下零售行业的一个痛点就是不知道顾客是谁，只能盲人摸象般地揣测顾客的心理，而阿里、京东等也开始依靠其线上的大数据参与线下的门店竞争，因此，线下如何做客户画像，深刻地认知用户，是见福要解决的一个问题。如今的顾客都排斥办会员、留手机号等，怎样才能在不打扰顾客的情况下记录顾客的行为，进而了解其偏好呢？AlphaGo（阿尔法狗）和李世石的那场经典人机大战给了张利答案。"AlphaGo打败李世石是一个重要的信号，说明人工智能时代的来临，未来生物识别将成为主导，见福便利店希望真正将智能化引入便利店行业。"张利想到利用人脸识别作为智慧零售的入门工具，进而深入了解顾客偏好，让营销更个性化。2017年5月，见福与微软达成合作，成为率先尝试使用人脸识别技术的便利店，开启了智慧零售的新时代，如图9所示。

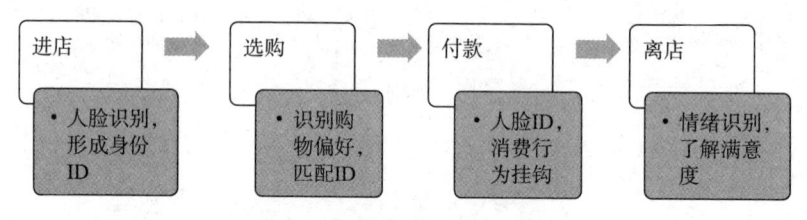

进店	选购	付款	离店
• 人脸识别，形成身份ID	• 识别购物偏好，匹配ID	• 人脸ID，消费行为挂钩	• 情绪识别，了解满意度

图9 见福人脸识别认知系统

顾客进店时，根据顾客的人脸特征进行人脸识别，形成一个身份ID；选购时，通过鱼眼做热点图，对顾客的商品喜好进行分析，并与ID相匹配；支付时，收银机会将人脸ID与消费行为匹配，显示之前的购买记录，并根据顾客的消费行为进行数据分析，为顾客提供精准化的会员服务（如根据会员买牙刷的时间数据，提醒会员购买牙刷等）；离店时，通过情绪识别，了解顾客对购物的满意度，以此调整下次提供商品和服务的策略。这些新的技术应用对零售业可谓是大姑娘上轿头一回，与传统的会员管理模式相比，企业在不打扰顾客的情况下就能实现对顾客的识别与认知。同时，人脸识别只是为顾客形成会员ID的手段，不会显示顾客的脸型等具体信息，也不会威胁到顾客的隐私。2018年，见福又牵手瞳门科技，构建人脸识别会员体系，进一步提升精准服务能力，通过对顾客的消费行为分析，为顾客提供更加精准化的商品推荐服务。在试运行阶段，店员运用瞳门科技的算法推荐，推荐商品销售提升146%，商品活跃程度提升了44%。通过一系列的科技手段，使见福明确知道客户是谁，客户想要什么，解决了零售行业的痛点，能够为客户提供"私人定制"的购物体验。

这套人脸识别系统不仅做到了对客户的智慧服务，还能维护企业利益。通过人脸识别系统，见福曾经识破一群偷放假货的作案团伙。这一团伙先购买便利店内的物品，又通过同团队不同成员将假货放入货架上，再由其他成员带上假货向企业索赔。通过人脸识别系统，见福收集了这一伙流窜作案的团伙的犯罪证据，识别出团伙成员的面庞，从而将这伙人扭送给公安机关，成功维护了企业利益。

见福在智慧零售科技上的尝试得到了行业和资本的认可，获得中国连锁经营协会"2018中国便利店创新奖"，被评为"2018厦门准独角兽企业"。2018年，见福获得红杉资本入资2.4亿元。在得到资本入股后，见福没有将其用于拓展门店数量，而是用于启动见福便利店物流中心二期工程建设，自建鲜食制造供应链与冷链物流中心，进一步完善便利店的服务范畴，致力于由批发型零售向制造型零售转化，包括自己生产产品及一部分OEM自有品牌。2018年年底，见福与宏茂饮食签署中央厨房合资协议，餐饮体系运作更加标准化、规模化，而企业通过智慧零售对客户的深度认知则助力企业商品的设计、研发，为客户提供独特的商品。

不仅在技术上进行智慧服务，见福还在人性化上进一步下功夫，在门店内设立快递公共投递服务站、取票点等，2017年，成为厦门市委市政府为民办实事工程"e政务"便民服务站落地点，开设食物银行，提供临期食品给需要帮助的人等。2017年6月，见福依托线下门店提出"网订店取"的新型购物方式，"福哥优选"手机商城正式上线，"上班订菜，下班取菜"，更加方便上班人群的生活，企业线上销售能力得到了较大程度的提升。2019年2月，见福又与社交电商优云优选合作，线上与线下的合作更加紧密。凭借"智慧零售"，从中国连锁经营协会（CCFA）近三年（2016—2018）所反馈中国连锁百强的数据中可见，见福含税销售额分别为10.1亿元、11.24亿元、13.32亿元，逐年递增，年销售增长率最高达到58.1%。

五、他山之石

在见福便利店开疆拓土之时，其竞争对手美宜佳便利店也在不断扩大自己的疆域版图。美宜佳便利店成立于 1997 年，由东莞市糖酒集团控股，比见福成立得早一些。与见福相比，美宜佳门店遍及的区域更广，目前在广东省、福建省、湖南省、江西省、湖北省、河南省、重庆市、安徽省等 15 个省市均设有门店，截至 2019 年 3 月，门店总数超过 16000 家。多年来，荣获"中国零售业十大优秀特许加盟品牌""中国便利店大奖""中国特许奖"等上百项荣誉。

美宜佳目前主要提供食品、饮料、酒类、书籍、五金等产品，致力于为居民区、综合区、商业区、医院、学校、写字楼、车站、大型批发市场等提供便利性商品和服务，为创业者提供技术支持和品牌服务管理，为消费者提供 24 小时的便利服务。

美宜佳坚持以特许加盟为主要的发展模式，直营店比例非常小，几乎没有，由于创办时间较早，积累起来的经验也较丰富，店铺的标准化程度较高，对商品陈列管理、人员培训、精细化管理的投入都比较多，而且美宜佳与各供应商的合作非常紧密，其大部分的食品、酒类、茶叶等商品是由其母公司东莞糖酒集团参股或投资，利益相关者的关系更加紧密，也更有力地支持美宜佳门店的拓展。当前，美宜佳也在布局智慧新零售，美宜佳常务副总经理姚旭鸿指出"以数据来驱动公司全闭环运营，是未来大的基调和基础"。

六、结束语

2019 年，福建便利店行业风起云涌，行业巨头 7-11 在福州鼓楼区正式开业，然而，福州只是其布局的起点，未来三年，厦门、泉州等地均是其布局之地。对于即将到来的强劲竞争对手，张利开玩笑地回应道，"狼来了不要怕，关键我们自己是兔子还是猎人"。现在判断见福是兔子还是猎人为时尚早，但可以预见的是，未来见福的道路会更加布满荆棘。见福如何更好地协调管理创新与商业模式创新，助力企业的发展，实现"民营便利店上市第一股"的发展目标将会是摆在"见福人"面前的一个重要课题。

传统企业转型升级之路

——以派顿集团为例

杨树青　林春培　刘翠丽　陈俊鸿　龚正奇

摘要：本案例描绘了派顿（中国）有限公司如何从创立之初的传统鞋品加工企业经历多次转型，成功升级成为一个创新型品牌公司的故事。最初为 OEM 的派顿公司开发自有品牌和代理国外品牌，成立品牌运营中心，成功地把自己打造成为一个品牌公司。而后在经济新常态背景下引入科技新材料"五赫兹"，为企业寻求新的利润增长点。同时，为了响应泉州市政府大力发展文化产业的号召，设立了泉州市丝路文化艺术展览馆。派顿公司多次成功的升级转型故事为我国传统企业转型升级提供了良好的学习范例，具有较强的借鉴意义。

关键词：派顿（中国）；品牌运营；新材料

一、引言

中国经济发展进入新常态，在这个新阶段，约束经济发展的基本条件发生了深刻变化。从供给侧来看，国民生产的总成本相对前期显著上升。但是由于创新力和产业结构升级的动力不足，导致投资机会减少，投资需求疲软；由于收入分配分化严重，导致消费倾向下降，消费能力疲软。与此同时，需求侧的调控作用有限，中国宏观经济既存在潜在的通货膨胀的巨大压力，又面临经济下行的严峻威胁。双重风险并存成为经济进入新常态以来的突出特点，这就使宏观总需求调控面临严重困难。泉州，福建省民营经济中心、闻名全国的品牌之都、"东亚文化之都",连续几年经济增长乏力,产能严重过剩,经济衰退,失业压力上升,总量性失业和结构性失业矛盾突出。泉州经济面临着巨大变革的压力,要完成去产能、去库存、去杠杆、降成本、补短板的任务,就必须从根本上改变经济增长方式,寻求新的发展动力。对于传统企业来说,经济发展进入新常态,将意味着更大的风浪与挑战。而这次的挑战更是前所未有,传统企业主们都战战兢兢、如履薄冰,小心地划动着木筏。每个人都伸长了脖子,紧张地注视着海面。稍微一不留神,整个企业就会船覆海底,葬身鱼腹。

面对疲软的市场与过剩的产能,过去的营销方案似乎不再起丝毫作用,派顿(中国)有限公司[以下简称派顿(中国)]和泉州的大多数企业一样,近几年的盈利能力日渐减弱、竞争力逐渐降低,企业发展日趋困难。商海浮沉,传统企业转型升级的道路究竟路在何方?

二、公司背景

派顿集团是一家集高端鞋服多品牌运营、科技创业孵化及投资、文化创意产业、生态茶文化产业为一体的多元化总部企业。企业注册资本为5000万元。2016年,年利税超1000万元。集团子公司派顿(中国)旗下拥有欢腾、维楚维斯、尼可、贝仑士等国际知名鞋服皮具品牌,并在北京市、南京市、长沙市、杭州市、广州市等地设有运营公司。集团旗下还有福建省泉州派顿进出口有限公司、福建夸克投资有限公司、福建五赫兹生物科技有限公司、泉州市派顿文化艺术有限公司、派顿生态茶文化产业园等企业,诸多产业共同形成企业多元化经营战略布局。现任总经理陈伟坤,2013年荣获了第六届"泉州市五四青年奖章"荣誉称号,2015年再获"福建省五四青年奖章"荣誉称号。2016年,在"第十届中国MBA领袖年会暨首届社群生态大会"上,陈伟坤总经理受邀参加并荣获"中国MBA领军人物"称号。

派顿(中国)品牌运营中心以高端鞋服品牌产品的研发和销售为主营业务。在多年的品牌经营当中,逐步建立起强劲的竞争优势。企业创办初期,以面向国际市场OEM(定牌生产和贴牌生产)为主营业务,经过多年的经营积累,其外销业务已拓展到世界各地,并且以欧洲、澳大利亚、加拿大、美国、日本等市场为主,产品线档次定位较高。由于派顿的研发实力强劲、产品质量稳定、生产货期有保证而赢得了很多客户的信赖。派顿(中国)在外销市场稳定发展的同时,顺应国家扩大内需的政策，着眼于国内市场，以代理国外知名品牌和发展自我品牌的方式来拓展中国市场。在国内市场拓展初期，于多年前取得国际品牌HANG TEN（欢腾）的鞋、包类产品在中国的总体代理权，立足于高档鞋包产品的研发、生产和销售，通过几年的悉心经营，在全国各大城市的一线商场均设有专柜，产品得到广大消费者的钟爱。近几年，国内市场发展的潜力强劲，立足现有的竞争优势，确立了派顿（中国）的"多品牌发展战略"。除自有品牌"派顿"外，所代理的国际品牌有"HANG TEN""VITRUVIUS""Studio NICO""贝仑士"等，每个品牌都有其独特的定位。

创业孵化园由福建夸克投资有限公司运营。福建夸克投资有限公司是一家致力于初创企业投资和提供创业培育服务的专业天使投资机构，其携手美国天使创业基金，共同打造一个创新产业孵化基地，将为被投企业提供资源整合、项目融资等方面的支持，并凭借集团投资、运营方面的丰富经验和国际化的资源优势，多方位助力被投企业的发展和成长。2016年6月18日，在派顿（中国）郭廷真董事长的主持下，福建夸克投资有限公司与日本抗菌新材料科研机构合资成立了福建五赫兹生物科技有限公司，并与创业园签订合作协议，正式入驻派顿创业园。在生产和研发上，公司以抗菌技术研发和抗菌材料生产为主。通过引进日本先进的抗菌技术，公司与有合作意愿的下游企业共同投资进行后端技术研发，以求用最低的成本生产出符合行业标准的终端抗菌材料，然后再推进全国乃至全世界应用五赫兹的抗菌原材料生产出不同的终端产品，现在已经有包括杀菌纸巾、喷液、鞋垫在内的多个终端产品出现在市场上。

泉州丝路文化艺术展览馆主体大楼总建筑面积达16000多平方米，共五层。具有展览厅、珍藏室、办公区和休息区等。厅内自然采光良好，环境高雅。临时展厅可定期举办大型个展、联展及各类邀请展，也可举办各类美术、摄影及艺术类专题展览。泉州丝路文化艺术展览馆成立伊始，即以发展文化产业，弘扬文化艺术为己任，研究、展示、收藏国内外优秀当代艺术作品并兼顾传统艺术，遵循国际性与地域性、学术性与普及性相结合的发展思路，定期举办国内与国际间的文化艺术交流活动。在办好各类展览的同时，更关注本土文化艺术的传承，通过举办各类活动，培养公众对文化艺术的欣赏能力。在未来的发展中，泉州丝路文化艺术展览馆将努力成为本地区具有特色的文化艺术信息中心。

"航海是他的修行，画海是他的理想。"郭廷真于深夜在朋友圈写下翟墨的一段箴言,从此处阅其朋友圈生活,尽是频繁奔波和参与各地中华文化与"海丝"文化的交流活动,以及结交中国书画界名人雅士的文艺生活。这样钟情中华文化、"海丝"艺术的郭廷真,确实令人难以联想起他的另一个身份——泉州第一代企业家,正是这样一位纵横鞋服业商海 30 多年的大佬,愈有文化修养愈谦逊。初见这位已处花甲之年的企业家时,他一边娴熟地泡着好茶,一边谦和地笑着畅谈起当年作为泉州首批民营企业家的创业之艰辛,以及缔造多元化、战略性产业投资的派顿集团的创业故事。从他身上,你会发现今日派顿集团的发展正是因为有这样一位企业家奠定的坚实基础。

三、架构调整的迫切性

说起派顿(中国),要从现在集团的董事长郭廷真的创业故事说起。那是 1980 年改革开放之初,当时还是青葱少年的郭廷真常立于船头眺望着大海,波涛汹涌的海浪仿若在他心中激荡。这位 20 岁便当上船运公司第一副船长的少年,可以在航行需要的时候随时接替船长指挥全船,时间不久因被赏识就被提携为船长。然而,有志少年却思索着该守在船上接受晋升,还是去如大海般肆意汹涌的商海中拼搏,最终,父亲的一席开明之言让郭廷真坚定地辞去船长职务,并迈入商海。

1. "OEM" 赚得 "第一桶金"

(1) 情定鞋服加工

1981 年,毫无经验的郭廷真经过半年的市场调查与项目探索,创办起了他的第一个项目橡胶厂,经过几年的打拼掘下了人生的第一桶金。也正因具有这样的眼光和打拼精神,白手起家的郭廷真把橡胶厂办得风生水起,1981—1984 年,他还将业务拓展至塑料等业务。然而,当时晋江制鞋的工厂很少,很多鞋材厂直接将橡胶材料出售给国营鞋厂,民营鞋厂零星稀少,难以形成规模,对商业嗅觉一向敏感的郭廷真决定放手一搏。

1984 年,郭廷真成立一家具有规模的制鞋公司,物美价廉的鞋子很快畅销国内。随着开放市场的洪流,派顿开始了鞋服外贸生产。彼时的派顿主要以面向国际市场的 OEM(定牌生产和贴牌生产)、ODM(原始设计制造商)为主营业务,制造鞋服的工厂占重要地位。我国刚改革开放不久,经济百废待兴。第一批 "下海"经商的人，对于公司管理的经验也非常缺乏，只能"摸着石头过河"，一边干，一边学。郭廷真创办的鞋厂，在与发达国家的公司打交道的过程中，经常处于被动的地位。但是，通过为国外品牌做代工，派顿进入了国际市场，参与国际竞争，增强了全球意识。借助廉价的劳动力和原材料成本，鞋厂制造的产品在品牌商的供应链中扮演着较为重要的角色。郭廷真组织员工在产品质量控制、程序控制、经营效率控制等的管理上按照品牌方的要求组织生产，在生产经营过程中，学习先进的管理经验，不断地提高了公司的业务水平。与此同时，由于鞋厂规模化的生产，分工不断细化，固定成本得到有效的分摊。由于产品质优价廉，西方品牌商的订单源源不断，每天厂房的工人都要加班加点工作，这让郭廷真稳稳地赚了一笔。

随着"下海"经商的人越来越多，鞋服行业由于其进入门槛低的特征，导致人们疯狂地涌向这个行业。郭廷真也渐渐感受到了后背传来的丝丝冷意。出于提高竞争力的目的，他拿出了自己这些年赚的钱，不断地购置厂房，增添新的生产设备，招更多的人进来。由于生产规模的扩大，他的报价往往比市场上绝大多数的小厂房报价低，加上产品质量过硬，他厂房的生意比以前更火爆了。

（2）危机渐起

中国从事加工生产和出口的企业多数是在发达国家产业转移的背景下发展起来的。由于其市场的绝大部分在海外，形成的局面是多个国家的企业在国际市场上竞争，价格成为竞争的第一要素。而现在，大多数企业随着行业生产规模的扩大，劳动力成本优势的下降，普遍面临利润率下降、发展速度减缓、产品过剩的问题，许多企业必然面临做二次发展方面的尝试。但是，这类企业在思考和尝试战略发展时，潜伏着三个亟待引起高度重视的不良症状。

一是规模扩张——壮大背后的虚弱。

部分加工出口型企业认识到多元化发展的陷阱，明确提出现阶段仍然在原行业内继续谋求发展，不搞多元化。关于如何在原行业内谋求发展的问题，这些企业的高层经营者的回答几乎都是"扩大生产规模"。但是，随着国内劳动力成本的上升，加工出口型企业的生产利润趋于下降，生产环节在产业链中的竞争地位也同时趋于下降；相反，市场环节的利润率和竞争地位在相对上升——所有的行业发展到一定阶段以后都会出现这种现象。如前几年的家电行业就已经遇到这种情况，迫使家电生产企业最后不得不通过实施市场一体化战略实现对市场环节的渗透和控制。

扩大的生产规模虽然可以改善企业在行业内的竞争地位，但并不能提高在产业链里的地位，而且还会造成对市场环节的进一步依赖，这最终会让企业处于更加被动的地位。加工出口型企业考虑在原行业内发展时，对扩大生产规模问题不能做简单处理，在考虑生产规模扩张的方式上尤其需要谨慎，否则，不仅不能提升竞争力，还会加大企业转型或退出成本。

二是成本优势——成功背后的乏力。

中国加工出口型企业成功发展的关键在于其显著的成本优势。在形成成本优势的因素中，中国劳动力价格的比较优势是主要的形成因素。但是，随着国内该行业的发展，加工出口型企业的成本优势正在受一些因素的制约。

劳动力价格优势对一个具体的企业而言，不具可持续性，随着中国经济的发展，劳动力价格比较优势肯定日趋减弱。现在，由于劳动力价格上升，很多企业已经受到利润率下降的困扰。此外，源于劳动力价格的成本优势是中国加工出口型企业相对其他国家同类生产企业的优势，而不是中国某个具体企业的独特优势，所以，在国内竞争者范围内，这种整体性优势不构成具体企业的竞争优势。

现在，随着行业竞争的加剧，具体企业的发展开始受到缺乏独特竞争优势的制约。显然，对具体企业而言，必须通过其他方式形成自身独特的、不易被模仿的竞争优势。就成本而言，通过高效的生产组织能力、物流系统改善能力及工艺创新能力等，获取的成本优势才可以持续支撑企业的发展。加工出口型企业长期依靠劳动力价格优势，不重视这类能力的培养，因此，对这类加工出口型企业来说，这一带来成功的要素，同时也反过来成为企业进一步发展的隐患。

三是代理出口——轻松背后的沉重。

根据复斯管理咨询公司的调查，加工出口型企业对国外市场的依存度很高，有的企业90%以上的产品依赖出口。然而，伴随优秀出口业绩的却是这类企业脆弱甚至是残缺的市场功能。原因是，这些加工出口型企业，产品销售并不是通过企业自身在国外建立销售网络实现的，而是普遍采用出口代理的方式，只和国外少数一级代理商打交道，真正的市场对这些企业来说，完全是个"黑箱"，如何把握市场终极需求、建立高效的销售网络、灵活使用不同销售方式等能力被长期荒废了。

现在，利润区间已经开始向市场环节转移，要求这些企业必须要有强大的市场能力，否则，在海外市场上，自己的命运将越来越多地被别人控制，生存和发展的风险越来越大。另外，许多加工出口型企业也准备开拓国内市场，这更需要有足够的市场能力，仅仅通过一级代理的方式是不行的。

然而，出口导向型企业长期采用出口代理，荒废了自身的市场功能，而市场功能的形成则需要很长的时间。因此，对于加工出口型企业来说，代理带来了好处，但同时也造成企业市场功能的残缺，它将成为企业下一步谋求更大自主发展的沉重"债务"。

2. 三驾马车格局，告别代工厂

（1）跳出舒适圈——品牌代理

一个鞋服类品牌自建立至被消费者认可，要投入巨额的广告费用，还要有一定的时间沉淀。而这对于一个新生不久的鞋企来说，无疑是一笔巨额的支出，并且需要承担巨大的运营风险。但如果总是处于产业链的底端，替品牌企业打工，将会丧失巨大的盈利机会。郭廷真再三权衡其中的利弊，最后选出了一个相对折中的方案——代理国际知名品牌。

经过多年的经营积累，派顿的外销业务已拓展到世界各地。随着劳动力成本优势的下降、行业生产规模的扩大，鞋厂面临利润率下降、发展速度减缓等问题，郭廷真开始做二次发展方面的尝试。

在保持外销市场稳定发展的同时，派顿于2003年重新规划企业发展道路，最后选择了以代理国外知名品牌和发展自我品牌的发展方式拓展国内市场，这也是当时比较安全甚至长远的规划。与此同时，派顿逐渐弱化生产，专门做面向国内市场的品牌化运营。"这是一个传统企业的转型，从生产转向运营，从国外市场转向国内市场。"派顿总经理陈伟坤认为，凭借派顿多年的外贸经验及与海外品牌积累的关系，国内市场对其来说仍存有较大的"发挥空间"。现在看两位企业家做出的选择都是对企业发展具有重大意义的战略。

在国内市场拓展初期，派顿即取得了国际品牌HANG TEN在中国的总代理权，形成了高档鞋包产品的研发、生产和销售一体化的经营模式。经过几年的悉心经营，派顿在产品研发、生产管控、市场终端等方面都已具有足够的竞争优势，除了拥有自主品牌"PONDER""派顿"，又先后收购了国际品牌VITRUVIUS、Studio NICO、SHOELESS等，每个品牌都有其独特的定位，未来将继续走多品牌发展战略。

精准的市场判断、清晰的企业定位、强大的自信与野心，以及十几年的不懈努力，让派顿在首次企业转型中，实现传统生产型企业到现代品牌运营商的成功跨越。2003年，郭廷真取得了国际品牌HANG TEN（欢腾）在中国的总代理权，成为泉州首家引入"洋"品牌的泉州鞋企，凭着品牌的知名度和过硬的产品质量及相对独特的设计风格，面向广大消费者的HANG TEN至今在国内市场畅销。此后，始终秉承着大格局、大战略理念的郭廷真，从单一品牌运营转型多品牌运营，他很快收购了意大利高端的品牌VITRUVIUS（维楚维斯）、Studio NICO等品牌，形成了高档鞋包产品的研发、生产和销售一体化的经营模式。

如今，从制鞋厂到收购运营国际品牌，郭廷真长舒口气，他已基本上完成了企业的两次转型。"我是靠双手双脚打拼让企业'跑'起来的人，只有每天坚守制鞋的主业才能让我睡得踏实。"郭廷真感言。

（2）造血干细胞——"欢腾"

拿下欢腾（HANG TEN）在中国的鞋类产品总代理权，是郭廷真布下派顿（中国）发展大棋局的第一步。欢腾的设计理念是健康、舒适，采用高档的皮料及先进的工艺，生产出更适合商务男士与都市女性足下风采的产品。它的雅致、舒适、尊贵，完美地诠释了人们对高品位生活的追求。正如它的品牌定位，欢腾当时已在国际众多中高端大牌中攻下一片江山。而郭廷真看中的正是欢腾品牌的造血能力。知名的品牌加上当时中国中高端市场竞争力的空缺，欢腾迅速为派顿（中国）带来可观的现金流，图1为欢腾品牌LOGO。

图1 欢腾品牌LOGO

近年来，互联网大潮席卷整个中国。互联网对传统行业的冲击不是来自高大上的商业模式，而是来自充分竞争下的效率优势。简单来说，每个传统企业都可以利用互联网（电商平台、社会化传播等）获取货源、资金、设备、客源等资源，在任何资源的环节链条上，都可以做到比传统企业短，甚至可以为零，于是，传统行业的传统优势将会慢慢淡化，同时这些传统优势将在服务客户与市场的过程中慢慢脱节，逐渐被淘汰。霎时间，大多传统企业自乱阵脚，在线上每一个渠道铺上自己的产品，盲目跟随潮流以期搭上互联网的末班车。而大量的传统企业在还没有彻底搞明白什么是"电商平台""互联网+""网店"这种基本概念的时候，就盲目或者被迫地进入互联网转型大潮，最后的结果只能是作为改革的牺牲者，消失在大浪潮中。最终导致定价混乱，产品定位模糊，品牌价值损伤。在互联网的浪潮下，郭廷真也曾动摇过，坚守线下是否正确？欢腾该如何运营？

根据郭廷真的自述，他关于组织和管理的观念深受一个人的影响，这个人与公司转型之路的各个关键事件息息相关，即现任总经理陈伟坤。郭廷真认为，陈伟坤是一个有思路、敢闯会创的下一代。老一辈对下一代有这样的评价和依赖，是很多企业不多见的，这种组合为派顿的发展注入了原生动力。代理欢腾，老一辈有其独特的眼光和判断，而欢腾的成功运营，陈伟坤功不可没。"线下，我是最专业的！"陈伟坤毫不掩饰对自己专业的认可，"但目前我们品牌的定位与互联网的结合，我觉得并不明朗和完善，我们可以先等等。"这位年轻的企业核心人很清楚欢腾在市场中的定位及定位下的运作模式。在清楚自身企业的定位后，他始终保持着清醒的认知，坚持做有把握的事情，而不是盲目随大流，并带领企业一步步稳健地发展。几年后的今天，看到传统产业盲目进入互联网留下的满目疮痍，他庆幸自己当时保持清醒。"每条路都很艰难，要选择自己最有信心的那一条。"

在对 HANG TEN 品牌多年的经营当中，派顿（中国）的整体经营水平得到了飞跃式的提升，在产品研发、生产管控、市场终端等方面都具有足够的竞争优势，这也为后期企业"动力转换"提供了坚实的保障。

（3）派顿情怀——维楚维斯

图 2 为维楚维斯品牌 LOGO。

图 2　维楚维斯品牌 LOGO

"文化+"是文化要素与经济社会各领域更广范围、更深程度、更高层次的融合创新，是推动业态裂变、实现结构优化、提升产业发展内涵的生命力。派顿（中国）顺应"打造文化强国"背景，在寻觅企业新发展动力的过程中，也为建设文化强国添砖加瓦。

与派顿（中国）的"摇钱树"——欢腾不同，维楚维斯的品牌源于艺术，终将成为艺术。维楚维斯的图形源自达·芬奇的名作 *Vitruvius Man*，因其对自然规则与人体规则的美学把握，让维楚维斯产品形成了独创的美学规则，并为人所钟爱。维楚维斯的设计师团队游离于经典与时尚、传统与现代、商务与生活之间，并且无时无刻不在制造碰撞，却又运用黄金分割这一完美的自然规律在碰撞中寻找支点，赋予产品近乎完美的灵魂。它散发着无限意式风采，秉承意大利的专业传统，将高贵奢华与时尚合二为一。其设计极具品牌特色，在极致中渗透华贵与稳重，将艺术与精工结合，极富知性的细节设计，体现出其对尊享者的人文关怀，其独有的尊贵气质和经典韵致彰显尊享者的完美品味。

维楚维斯在产品上的艺术造诣给郭廷真为未来提升品牌价值提供了灵感。在中国消费升级背景下，单纯来自产品本身的价值已经不能够满足消费者的需求。灌注了文艺复兴文化的维楚维斯品牌推动了派顿（中国）进军文化产业。"主题品牌艺术馆将会成为主流。"总经理陈伟坤畅想维楚维斯在未来为派顿（中国）打下的江山。结合主题文化，如达·芬奇画展、人类首次登月纪念日等，让产品陈列不再单调乏味，而是变成一种艺术展览，让消费者在看展览中购物，在购物中享受艺术。在这个产品工业化、艺术工业化，生活中的方方面面都充斥着工业化气息的时代，维楚维斯的创意给审美疲倦的消费者带来一股清流。

（4）建立品牌运营中心

一波未平，一波又起。随着公司触底终端，规模得到进一步的壮大，但一些关于产品质量的问题也随之暴露出来。有一段时间，公司每天会收到几十个投诉电话，抱怨服务人员态度不好，退货率也比以前高了许多。在淡季，虽然公司花费了巨额广告费用，铺天盖地的广告充斥在街头巷尾和各大主流网站的首页，但是远远无法达到预想的那种效果。代理的国外品牌给公司带来不菲收益的同时，在管理的过程中，也让人头疼不已。究竟是哪里出了问题？这再一次让公司的决策层陷入了沉思。

郭廷真等人心里很明白，商品多元化使消费者的选择也日趋多元化。在销售产品的过程中一个独特鲜明的品牌形象，能够在消费者的心目中占据一席之地。品牌已成为"质量，可靠性的一种不言自明的保证"。在当今消费升级的背景下，消费者选择的余地进一步扩大，加强对品牌的培育和运营，在消费者的心目中树立与众不同的突出地位与独特形象，形成企业的差异化竞争优势，已经成为重中之重。在这方面，嗅觉敏锐的对手仿佛比自己先行一步。为了更好地发展实力，应对对手的品牌策略的竞争，打造强势品牌，已经成为当务之急。加上公司在长期代理国外品牌的过程中，也积累了相当丰富的品牌管理经验，使他们更加有信心把这件事情做好。说干就干，公司高层决定成立品牌运营中心，围绕企业品牌策略组织开展工作。

一是提高产品的质量。

他们深知品牌不只是一个标志而已，它更离不开鞋子质量本身。如果鞋子的质量得不到保证，广告做得再响，也于事无补。于是，他们加大力度，从鞋材的采购开始，到生产工艺，再到产成品的终检，实行全方位监管，确保产品的品质。

二是重视企业的形象。

企业的形象是企业的生命线。一个企业如果没有在社会公众面前树立起良好的形象，赢得社会的普遍好感和合作，就难以在社会上立足。而品牌形象的打造，除了要求产品质量过硬外，还需要企业能够积极承担社会责任。2008年，公司联手中华慈善总会，为支援汶川地震灾区重建，成功举办了"明天会更好（派顿杯）慈善爱心书画艺术交流展"。通过活动筹集的善款已分别在安徽黄山和四川雅安捐建了两所国兰慈善小学，并成立了中华慈善总会"明天会更好慈善爱心书画艺术交流基金会"，而后企业形象的树立和维护成为常规性的重要工作。

三是加大宣传力度。

"好酒还怕巷子深"，能生产优质的产品固然重要，但是，如何把优质的产品宣传推广出去也需要发扬独特的智慧。公司每年投入大量的广告费用进行一系列的广告宣传，目的是让消费者对派顿品牌有一个完整、丰满的印象和一定的感情倾向，由年轻的CEO陈伟坤亲自主抓。

（5）危机再起

然而，中国经济进入新常态，"路"更难走了。国内生产总成本包括劳动力成本、土地和自然资源成本相对前期显著上升，由此不少工厂去寻觅相对低成本的地区以求生存。而留下来的传统制造业，其发展方式发生了根本变化，从以往主要依靠要素投入量扩张拉动经济高速增长，转变为主要依靠创新驱动效率的提升带动经济持续增长。否则，经济不具竞争力无以持续发展，成本推动通货膨胀导致经济失衡。此外，相对于显著扩张的供给能力而言，包括投资需求、消费需求在内的总需求可能出现长期疲软的现象。由于创新力和产业结构升级的动力不足，导致投资机会减少，投资需求疲软；由于收入分配扭曲、分化严重，导致消费倾向下降，消费需求疲软。必须从根本上改变经济增长方式，寻求新动力，否则，经济增长乏力，产能严重过剩，经济衰退，失业压力上升，包括总量性失业和结构性失业矛盾突出。

如何在这场大浪淘沙中生存下来？如何转变过去的经营思路，实现更加稳定、有效的增长呢？派顿（中国）这次面临的是一场全新的革命。

四、动力转换，装上"双引擎"

我国经济进入了新常态。供给侧结构性改革变得至关重要。去产能、去库存，产业升级变得越来越重要。对于派顿公司来说，问题的关键不再是如何增加产量和降低成本等，而是关注如何使企业获得可持续性的发展。鞋类加工与制造已经遇到天花板，市面上已经充斥着数不清的鞋类。鞋类市场的竞争进入了白热化的阶段，行业利润已经被压得非常低了，为企业寻找创新突破点迫在眉睫。

派顿（中国）从 OEM 起家，赚到第一桶金，从转型为品牌运营，赚到了第二桶金。随着互联网的大浪潮与中国经济进入新常态，传统制造产业已不能够支撑派顿（中国）更好地走下去，于是有了两匹辕马，即"五赫兹"和泉州丝路文化艺术展览馆。

1. 派顿——"五赫兹"

服装鞋服企业属于传统企业，其发展面临着严重的问题，产能过剩，成长空间受限等。从 2012 年开始，泉州提出制造业界的"二次创业"，试图推动鞋服等产业的转型升级。事实上，在过去几年，泉州的一些鞋服企业纷纷寻找出路，有的"跨界"投资，乃至进入房地产业，通过并购获得更高估值和业绩增长。有的企业主也开始到东南亚地区考察，考虑像先前的中国港台乃至珠三角企业那样，把工厂转移到成本更低的地方去。

在派顿现有资源的基础上，即便是把它做到最好，其成长潜力也是非常有限的。郭廷真开始考虑另辟新径。现在年轻人有项目，也有很好的冲劲，但是苦于没有启动资金和创业支持。而派顿通过几十年的发展已经积累了雄厚的资本和商业资源。于是，在泉州市政府提出加快创新企业孵化体系的建设及民营企业的转型升级的大背景下，派顿响应政府的企业二次创业的号召，投资创立派顿创业园。一方面，通过吸引青年科技人才、科技企业和创业基金来台商区（泉州台商投资区）投资创业，助力台商区经济发展，促进产业升级；另一方面，也能实现派顿的产业升级，实现产业链多元化、专业化发展。

派顿（中国）新成立了福建夸克投资有限公司，招聘专业的创业服务团队运营创业园。夸克投资有限公司是一家致力于初创企业投资和创业服务的专业天使投资机构。其通过提供资本和各类创业服务给予初创企业帮助，促进企业创新与成长，推动产业进步和社会发展。作为鼓励青年人创业的平台，夸克投资有限公司重点关注三大领域：①科技新材料。②健康产业，如轻型医疗设备、专业型医疗产品等。③文化教育产业，如发扬与保护中国传统文化及打造新的教育平台等。

2016年6月18日，在郭廷真董事长的主持下，福建夸克投资有限公司与日本高新科技企业合资成立了福建五赫兹生物科技有限公司，并与创业园签订合作协议，正式入驻派顿创业园。福建五赫兹生物科技有限公司于2016年7月8日正式注册成立，注册资本为3000万元人民币，是一家中日合作企业。其日本合作方ファイブヘルツ株式会社是一家专业研发生产医用高分子材料和高安全性日化产品的科技企业，抗菌消毒类技术成果居于全球顶尖，当前已经完成了以抗菌粒子形式嵌入的抗菌功能合成树脂材料的应用与开发，用途涉及所有塑料制品行业及纤维制造行业。福建五赫兹生物科技有限公司将全面引进ファイブヘルツ株式会社的新材料和核心技术，立足于国内市场需求，进行抗菌材料的研发和生产。公司专业从事生物科技领域内的产品研发、生产、技术转让及技术服务，化工原辅材料生产，机械设备、电子产品、仪器仪表的销售及商务咨询等业务。五赫兹的抗菌技术可以应用在PP、PC、PE、PET、ABS、EVA等大多树脂材料当中，应用领域极广。目前，福建五赫兹生物科技有限公司的科技成果已经开始陆续转换成各类成品，如具有抗菌功能的口罩、医用床单、纸尿布、卫生巾、抗菌除臭鞋垫、抗菌枕头、床垫等。未来，五赫兹将成为越来越多企业的抗菌材料供应商及抗菌技术解决方案的提供者，公司拟建立自己的技术研发中心、实验室，甚至是高新技术转移中心，并开发出应用于航空、汽车、医疗、民生等领域的抗菌杀毒新产品，广泛应用于中国及世界各个领域。

图3展示了福建五赫兹生物科技有限公司通过新材料驱动泉州供给侧改革的路径。未来，五赫兹将更多地立足于国内需求，与下游企业共同携手推进先进生物科技技术的吸收、转化和应用，突破一批重点材料在技术和应用上的可行性，助力更多企业利用新材料实现供给端的质量升级。进一步来看，福建五赫兹生物科技有限公司对泉州企业未来发展的影响可以概括为以下几点。

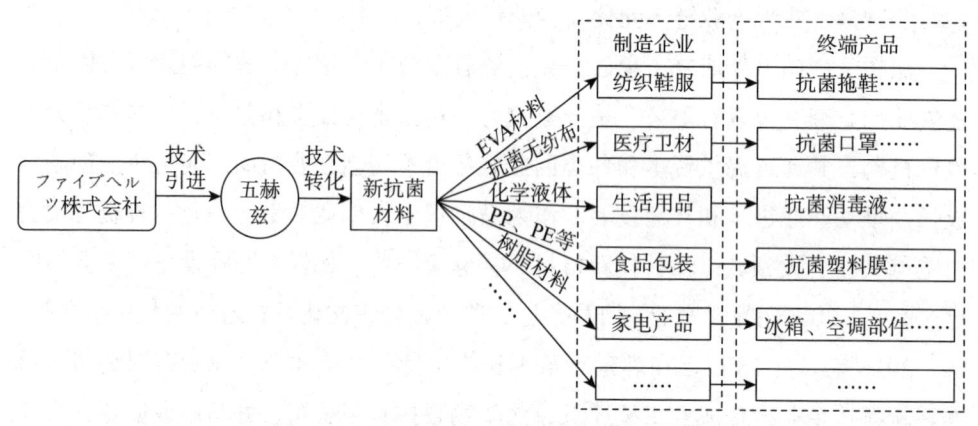

图3 五赫兹通过新材料驱动泉州供给侧改革的路径

一是降低下游企业成本。

目前中国大部分企业在新材料的研发和生产上仍然存在关键材料和研发设备依赖进口等现实难题，导致制造业企业的成本居高不下。作为生物科技领域的技术研发者、原材料生产商，福建五赫兹生物科技有限公司致力于打造更高效的制造起始端，提供给泉州本地及周边地区的下游制造企业安全性更强、质量更高、成本更低的原材料，解决泉州企业的部分关键原材料依赖进口、成本高、货源缺乏保障及运货周期长等现实问题，并为制造企业所生产的终端产品的质量保驾护航。不仅如此，下游制造企业也可以将原材料生产环节外包给五赫兹生物科技有限公司，从而实现制造业企业由"重"资产转向"轻"资产"重"科技经营的问题，优化下游制造企业的资本结构。

二是带动企业创新发展。

随着后危机时代的演进和经济新常态的来临，当下，中国的传统产业大都陷入要素成本高昂、产能过剩、销售不畅、利润率下滑等困境。在传统产业产能难以快速缓解的情况下，五赫兹生物科技有限公司更加关注技术创新及产品在功能上的提高，这一做法为中国传统企业的困境打开了一扇发展的新窗户。由于技术具有迭代效应，因此在新材料的研发和生产上，越早投入，应用优势越大。一方面，通过早期的产业投入，企业能够建立一定的市场壁垒，可以实现企业的横向推进；另一方面，当企业持续产生价值的时候，再将资金反过来投入其研发活动，能进一步提升企业的技术，起到纵向推进效果。可以预见，未来越来越多的中国企业将致力于技术创新，推动更多的国际高新技术与中国优势传统产业对接，有力带动供给侧结构性改革，实现传统产业结构升级。

三是助力传统企业优化升级。

随着消费端的需求不断改变，抗菌消毒技术的应用场景极为广泛。将抗菌消毒技术嵌入 PP、PE、EVA、树脂材料等基础原材料，即可生产出具有抗菌功能的终端材料，如抗菌 PP、EVA 抗菌材料、抗菌树脂、抗菌无纺布材料、抗菌塑料保鲜膜等，而这些终端材料可进一步运用到医疗器械、家电产品、抗菌食器、过滤膜、抗菌类人体接触材料等一系列终端产品的生产制造中，使产品具备抗菌杀毒功能，大大提高产品在功能上的作用。只要是人类生产生活中所接触到的产品，都可以结合抗菌杀毒技术进行产品功能的优化提升。由此可见，抗菌技术和抗菌原材料的应用前景非常广阔，未来传统制造企业可以借助抗菌技术和抗菌新材料实现产品在功能上的优化升级。

四是接轨国际先进技术。

基于新材料的高附加值特点，新材料产业将成为国家及区域竞争的重要竞争优势。同时，新材料也伴随着高风险、高投入且研发周期长等特点，而中国的企业大部分为民营企业，规模小、资金短缺、科研能力不足将导致民营企业在自主研发新材料方面遇到极大的挑战，新材料产业成长也将经历一个漫长的过程。在这一现实背景下，外部技术引进对中国企业来讲既有必要性，也有其优越性。通过引进、消化和吸收国外先进的抗菌消毒技术，五赫兹生物科技有限公司掌握了更多关于国际市场上的技术知识和市场信息，并将其用于公司自身的经营活动中。这样，中国中小企业将能够实时、动态地关注到海外甚至是国际市场上有关新材料的发展动态，有利于提高中国中小企业的危机意识，并对一些成长值较高的企业产生积极的示范效应。

五是培育新兴产业市场。

"投资出口占比太大，消费占比太小"的时代正在远去，而"供给跟不上需求"正凸显出目前泉州经济增长的重要障碍。随着消费者的消费需求越来越趋于高端化，较传统材料性能更加优异的新材料未来将成为引领制造业飞速发展的高新产业。五赫兹生物科技有限公司率先参与抗菌新材料的研发和各种抗抑菌产品的生产，有利于提升中国消费者对新材料这一战略性新兴产业的认知和评价，刺激消费者的高端需求，为新材料产业的发展奠定良好的市场基础。

2. 泉州丝路文化艺术展览馆

（1）情系"海丝"文化的泉商

虽然一手打造的商业帝国后继有人，但郭廷真并未选择退休生活，而是二度创业，他将目光锁定其钟情的"海丝"文化，经过两年的精心打造，2016年11月11日至13日，泉州丝路文化艺术展览馆正式成立，"海上丝绸之路文化艺术交流中心"也在展览馆正式挂牌，其打造的"海丝"文化交流平台将"盛装出世"，这也意味着郭廷真的事业又将迎来新的发展机遇。图4为丝路文化艺术展览馆。

图4　丝路文化艺术展览馆

"泉州是文化历史古城，但缺乏较好的对外推广的运营模式，在国内外知名度还不够高，这次活动开启后，全国著名书画家于11日亮相，而来自全国的众多的书画家也将赴泉州参与'名家绘泉州'的大型艺术采风活动，以多种多样的眼光看泉州，让泉州更为活跃在全国的文化视野中。"郭廷真激动地说，泉州又将迎来一场高规格的大型"海丝"文化交流盛宴。

或许是"海丝"情结深厚，如今虽已至花甲之年，但这个从大海里搏斗，到商海里搏斗且如鱼得水的郭廷真并未停下创业的脚步，钟情"海丝"文化及致力于促进国际文化交流的郭廷真，立志成为弘扬中华文化的先行者。

郭廷真对中华文化的奉献工作要从2008年一场慈善义卖说起。2008年，中国遭遇汶川大地震，郭廷真到北京参加活动时，得知当时中华慈善总会书画义卖义拍的活动缺乏资金支持，当即出了几百万元资助了整场活动，并把作品所拍卖的善款义捐给中华慈善总会的基金。得此机缘，郭廷真不仅踏上慈善之路，亦结交了一批著名的书画大家，由此"沾染"文化艺术渐为儒商。此后，郭廷真还担任了第二届中华之光全国书画作品展组委会执行主任，积极为慈善事业出谋划策。他还先后荣获中华慈善总会颁发的"慈善爱心人士""慈善爱心企业"等殊荣。郭廷真在中国书画界的沉淀工作与贡献，为他日后进军文化产业奠定了坚实的基础。

筑巢引凤，花开蝶自来。2013年，在泉州市台商投资区，郭廷真开始创建泉州丝路文化艺术展览馆，并于2016年落成。该馆依山、傍湖、通江、临海，拥有得天独厚的地缘优势和发展优势。"泉州作为海上丝绸之路的起点城市，不仅享誉'东亚文化之都'之盛名，亦是21世纪海上丝绸之路先行区。泉州与沿线国家有着悠久的文化交流合作历史，在新时期下，如何将泉州这张'海丝名片'传递给全国乃至国际的友人是值得思索的重大课题，在'一带一路，文化先行'的国家倡议推动下，泉州丝路文化艺术展览馆便应运而生。"郭廷真说。

（2）扬帆丝路：致力于宣扬泉州的"海丝"名片

走进泉州丝路文化艺术展览馆，所见之处皆是名家名画，浓厚的中华文化气息扑鼻而来。该馆的主体大楼总建筑面积达16000多平方米，共五层。有展览厅、馆藏室、休息区和办公区等，其中，展厅面积为10000平方米。一楼设有贵宾厅、休息厅、艺术品展厅。二楼、三楼为展示区，布局考究，环境高雅，可以常年组织和举办文化交流、艺术展览、产业论坛等各类活动。四楼是办公区和以学术报告为主的多功能厅，该多功能厅有150个座位，能为学术交流、研讨、专题讲座提供专门场所。

郭廷真介绍，这座展馆不仅是"海丝"沿线国家文化艺术交流合作平台，青年艺术家创作成长的摇篮，亦是文化艺术产业化对接平台。"泉州丝路文化艺术展览馆以弘扬文化艺术、培育青年艺术家为己任，以服务海峡两岸、辐射全国、开拓国际市场为定位，立足于'社会参与、文化共享'的运营模式，坚持'服务社会、服务大众'的宗旨，以开放的态度，将多元的文化精神以文化艺术的方式呈现给社会与公众，以多种文化艺术表达形式带动社会公众走近文化艺术、亲近文化艺术。"郭廷真激情澎湃地描绘了展览馆的宗旨及文化产业化的蓝海。

"刺桐花开赛霞红，榕树满庭惠众生，东西双塔擎广厦，风光尽览泉州城。"郭廷真眼中的泉州美景、"丝路"文化也将借助泉州丝路文化艺术展览馆尽显风采。"在11月11日至13日期间，'海上丝绸之路文化艺术交流中心'正式在展览馆挂牌，邀请了全国200多位知名书画家，及社会知名人士到清源山、开元寺、崇武古城采风，借此契机宣扬泉州这张'海丝'名片。此后，我们还邀请了'一带一路'沿线的书画家，邀请他们来泉州创作画采，描绘'丝路'上最泉州的模样。"郭廷真当年表示。中央电视台国际频道《早间新闻》栏目也报道了此次文化盛会。

此时的郭廷真在国家"一带一路，文化先行"的发展倡议下，一边用文化产业塑造百年企业形象，一边加码泉州"海丝"文化产业化发展，完美地将坚守实业的左手与文化产业投资的右手"合并发力"。

（3）为建设文化强国添砖加瓦

文化产业已经发展成为当今世界上最重要的少数几个产业之一。文化产业发展战略是国家文化战略竞争最重要的组成部分和实现形态。知识经济在全球的兴起和物质经济向非物质经济的全球性战略转变，以及人类社会正在遭遇到的资源和环境发展危机，都使大力发展文化产业成为国际社会广泛的战略选择和国际战略竞争新形态。

展览馆将通过精心策划、集体展示等多元素文化传播形式，为艺术家提供展示交流空间，为大众提供公共文化服务，充分利用优质的文化资源，促进文化艺术的普及与提高，带动文化产业创新，为当地文化产业的发展与传承、为泉州市的"东亚文化之都行动计划"打造知名品牌，做出影响，打造形象；并且将围绕"一带一路"的文化主题，推动沿线国家之间的文化艺术交流，同时助力推动当地文化繁荣、提升城市文化品位，为当地文化产业的可持续发展增添活力。

海丝馆当前常规业务有艺术品展览和艺术活动组织两个方面，作为专业性的文化展览馆，海丝馆相比传统展览馆的展览模式有一定创新：①展品流动性高，馆内艺术品更迭快，使展馆始终保持新鲜感，有效提高"回头客"的比例。②与海内外合作，活动多且多样性强，丰富对"海丝"文化的诠释。③展馆提供专业解说，甚至让艺术家到场亲身说法，普及艺术品相关文化背景，增强观众对"海丝"文化的理解及接受程度。

展览馆除了目前的常规业务，同时也在大力推动着与海内外艺术家合作举办诸多艺术展和艺术节，譬如围绕"海丝文化"主题，2016年海丝馆开启了"中华之光"全国获奖书画作品展、"中国名家作品书画联展""中国艺术家书画作品展"等四大展览。妙趣横生的写意创作、畅快淋漓的笔墨线条，艺术家们在当代文化语境下的细腻表达跃然纸上，为观众呈现出一个深谙中国传统又独具个性的"海丝"文化艺术世界。而2017年5月的博洛尼亚插画展暨50周年大师作品展，是全球顶级童书盛会博洛尼亚童书展的重要活动，自1967年创办以来，已走过了半个多世纪。50多年来孕育了世界童书出版的核心创作者，每一年都有来自全世界几千名插画师送出作品参展，代表着世界童书插画的国际水准和方向。博洛尼亚插画展又被誉为"插画界的奥斯卡"。这个插画奥斯卡漂洋过海，来到"海丝"文化之都——泉州。东方与西方文化的碰撞，既丰富了"海丝"文化的内涵，也提高了泉州市的文化知名度。

海丝馆的建立顺应了时代发展的趋势，响应了国家的长期发展战略，加强了对优秀传统文化的挖掘与阐发，促进传统文化的创造性转化和创新性发展，也促进了泉州"海丝"文化艺术的普及与提高，让更多的人加入传承与保护传统文化的队伍中。通过为大众提供更丰富的公共文化服务，泉州丝路文化艺术展览馆逐渐成为市民的精神家园。展览馆充分利用优质的当地文化资源，促进了文化艺术的普及与提高，对当地文化产业的发展与传承产生影响。此外，展览馆还与国家的"一带一路"发展倡议相融合，极大发挥了展览馆扩大文化传播、推动文化建设的功能和作用。同时，海丝馆通过对"海丝"文化艺术的挖掘和传播，为泉州带来浓厚的艺术氛围，势必将促进泉州文化特色产业、优势项目，以及知名文化品牌的培育和发展，共同推动泉州供给侧改革。

五、逆势发展

经过多次的创新突破，派顿（中国）在历经十几年的转型之路上保持着强大的企业核心竞争力。品牌运营中心的建立使派顿（中国）撕掉OEM的标签，建立起自己的品牌形象。品牌的良性运营为企业寻找下一个突破点在源源不断地输血，为企业后续的转型升级奠定了坚实的基础。维楚维斯品牌文化艺术＋时尚产业的融合，在中国经济进入新常态、实施供给侧改革的转型期中找寻到突破口，借助融合加强企业软实力。

在鞋服行业的瓶颈期，中国各行制造业面临着产能过剩及创新能力缺乏时，派顿（中国）立足科技创新，引入国际新材料——五赫兹，将国际新技术转移到中国市场。五赫兹的入驻为派顿（中国）注入新鲜血液，并使其成为其他传统制造业转型的新引擎。

文化艺术展览馆的运营在响应政府号召、助力建设文化强国的同时，是整合资源的重要平台。文化艺术展览馆集结各种珍贵的藏品，在为不同领域的收藏爱好者免费提供展览与宣传的同时，也为企业整合了宝贵的资源。此外，文化艺术展览馆成功地将派顿（中国）打造成文化企业形象，在传统制造企业中脱颖而出。

企业核心竞争力是企业可持续发展的根本，随着外部环境的不断变化，企业核心竞争力是动态的，因此，要求一个企业拥有不断创新和学习的能力。在互联网社会大环境下，内容为王、价值为先已经成为大势，然而，一般的内容、产品价值已经成为社会疲态，失去市场优势，在新的市场竞争下，要想创造出有内容、有价值的信息和产品，必须要有强烈的创新思维引导。郭廷真认为，一个企业的创新思维不是平白无故就会出来的，而是需要企业文化的引导、培育，一个不崇尚创新精神的企业，能长久持续创造出为社会、为客户热捧的产品和服务吗？未来的竞争是信息的竞争，是创新的竞争，是创造价值能力的竞争，一个崇尚创新、鼓励创新、培育创新企业文化的企业，没有理由打造不出企业独特的核心竞争力。

六、展望未来

1. "一带一路"倡议下打造国际技术转移平台

五赫兹的入驻为派顿（中国）注入了新鲜的血液，让它鲜活起来，并让它在泉州传统产业转型升级中发挥作用。但这并不是非常顺利的一件事，随着经济全球化和知识经济的来临，专利技术已然成为一种重要的资本，不仅成为企业在国际市场上的竞争优势，更是国家科技创新发展的重要驱动力。通过国际技术转移，一方面，可促进国内区域经济的协调发展；另一方面，可以拓展企业在海外知识产权的布局渠道。五赫兹是派顿（中国）打造国际技术转移平台迈出的第一步。福建省泉州市为海上丝绸之路的起点，对泉州企业"引进来""走出去"有着独特优势。

一是产业和产能输出。

随着"一带一路"倡议的实施，相关国家在基础设施建设、新兴产业合作及传统产业升级等方面具有较大的技术和产能需求，有利于国内的优质产能或者技术顺利地供给其他有需求的国家。因此，在与相关国家进行产能输出和产业升级过程中，势必给国际技术转移带来红利。

二是技术和装备输出。

"一带一路"倡议鼓励我国企业"走出去"，参与技术和装备的国际竞争。但目前我国装备制造业企业存在大而不精的情况。一方面，需要其联合国际相关科研院所提高装备质量、技术和服务水平，协助企业提高自身素质，打造企业核心竞争力，改变我国装备出口中的低附加值部分，提高中国制造在国际上的口碑和认知；另一方面，在大力发展我国装备制造业的同时，"一带一路"沿线国家的产业链布局、装备本土化和适应性工作，也是我国企业所要解决的问题之一，这里面就需要大量的技术输出和人力输出。

在派顿（中国）的战略布局中，该技术中心的作用主要包括：一是通过对接全球化的技术、品牌和人才，开展共性技术的开发和扩散，真正帮助中国传统企业解决漫长的技术突破和品牌积累两大核心问题；二是通过整合集聚境内外创新资源，推进科技成果转化和技术转移，成为推动相关科技项目成果在中国对接并落地转化的重要平台。

2. 宣扬泉州古城文化，铸造企业形象

通过创建泉州丝路文化博物馆，宣扬泉州的文化，助推泉州产业升级，同时发展派顿的（企业）文化。

发挥泉州作为海上丝绸之路起点的地缘优势，积极融入国家"一带一路"倡议的建设中，把静态的展览馆通过多层次、多领域的交流活动形成动态的艺术交流平台，促进"海丝"文化走向更加开阔的艺术世界，进一步提高泉州市本身的文化声誉，帮助泉州市的企业打造企业名牌，使丝路文化艺术展览馆成为泉州供给侧改革的"桥头堡"。

丝路文化艺术展览馆可通过拓展文化业务、扩大文化影响力及促进对泉州企业的"海丝"文化植入等方面来落实展览馆的未来发展目标。展馆未来的业务拓展规划大致可走三条路线：一是走艺术金融路线，对艺术品开展交易、拍卖、典当活动。二是通过对艺术版权的保护和利用，在保护文化资源的同时获取文化版权收益。三是广泛跨界合作，促进"海丝"文化元素与泉州体育产业、高新技术、民俗演艺、音乐制作、手工设计及服装生产等相结合，大力推进文化创意和设计服务与相关产业的融合发展。依托丝路文化多元化的艺术、文化资源，不断提高民族特色和创意设计能力，提升特色文化产品的创意设计水平。积极推进文化科技融合创新，大力发展动漫电影、网络游戏、高新演艺、文化电子商务和增值服务等新兴业态。

展馆文化影响力的扩大，除了提高泉州市本身的文化声誉，也将对泉州市作为供给侧改革的主体——企业，发挥积极作用。通过推广泉州城市及其"海丝"文化的知名度，带动泉州地方企业品牌知名度的提升，帮助泉州本土企业打造名牌。通过丝路文化艺术展览馆的活动为泉州企业提供海量文化素材和创意构想，促进泉州企业将"海丝"文化元素附加入产品设计中。企业产品生产设计流程中糅合"海丝"文化是种富含文化特色的重大创新，势必有效提高泉州企业的竞争力。此外，企业作为供给方，根据市场需求将"海丝"文化的设计创新融入企业的产品研发、产品制造、产品设计的价值链环节里面。

最为重要的是，海丝馆将致力于以"海丝"文化资源保护传承和合理开发利用为基础，以创意创新为驱动，从而加强对国内外的交流和路线文化的资源整合，促进泉州文化与旅游等产业的深度融合，积极创作新形式的演艺娱乐剧目，加快工艺美术与创意设计、现代科技的有效融合，建设具有世界性意义的"海丝"文化产业带。这将是泉州本土产业结构优化、效率提升的根本所在，也将是泉州供给侧改革的核心驱动力所在。

3. 借创新理念和思维运作高端品牌维楚维斯

维楚维斯的品牌源于艺术，终将成为艺术。

对于维楚维斯这样一个高端文艺的品牌，派顿在年轻的帅将陈伟坤带领下，创造性地利用区块链运作这个品牌。

狭义来讲，区块链是按照时间顺序将数据区块以顺序相连的方式组合成的一种链式数据结构，并以密码学方式保证不可篡改和不可伪造的分布式账本。广义来讲，区块链技术是利用块链式数据结构验证与存储数据、利用分布式节点共识算法生成和更新数据、利用密码学的方式保证数据传输和访问的安全、利用由自动化脚本代码组成的智能合约编程和操作数据的一种全新的分布式基础架构与计算方式。

2008年，中本聪第一次提出了区块链的概念。通过利用点对点网络和分布式时间戳服务器，区块链数据库能够进行自主管理。

1991年，Stuart Haber和W. Scott Stornetta第一次提出关于区块的加密保护链产品。Nick Szabo在1998年进行了电子货币分散化的机制研究，他称此为比特金。2000年，Stefan Konst发表了加密保护链的统一理论，并提出了一整套实施方案。

2008年10月，在中本聪的原始论文中，"区块"和"链"这两个字是被分开使用的，而在被广泛使用时被合称为区块-链，到2016年才被变成一个词："区块链"。

2016年，俄罗斯联邦中央证券存管机构（NSD）宣布了一个基于区块链技术的试点项目。许多在音乐产业中具有监管权的机构开始利用区块链技术建立测试模型，用来征收版税和世界范围内的版权管理。2016年7月，IBM在新加坡开设了一个区块链创新研究中心。2016年11月，世界经济论坛的一个工作组举行会议，讨论了关于区块链政府治理模式的发展。埃森哲咨询公司（Accenture）的一份关于创新理论发展的调查中显示，2016年区块链在经济领域获得13.5%的使用率，使其达到了早期开发阶段。在2016年，行业贸易组织共创了全球区块链论坛，这就是电子商业商会的前身。

区块链最大的特点是：①去中心化。由于使用分布式核算和存储，体系不存在中心化的硬件或管理机构，任意节点的权利和义务都是均等的，系统中的数据块由整个系统中具有维护功能的节点共同维护。②开放性。系统是开放的，除了交易各方的私有信息被加密外，区块链的数据对所有人公开，任何人都可以通过公开的接口查询区块链数据和开发相关应用，因此整个系统信息高度透明。③自治性。区块链采用基于协商一致的规范和协议（如一套公开透明的算法）使整个系统中的所有节点能够在去信任的环境中自由安全地交换数据，使对"人"的信任改成了对机器的信任，任何人为的干预不起作用。④信息不可篡改。一旦信息经过验证并添加至区块链，就会永久存储起来，除非能够同时控制住系统中超过51%的节点，否则，单个节点上对数据库的修改是无效的，因此，区块链的数据稳定性和可靠性极高。⑤匿名性。由于节点之间的交换遵循固定的算法，其数据交互是无需信任的（区块链中的程序规则会自行判断活动是否有效），因此，交易对手无需通过公开身份的方式让对方对自己产生信任，对信用的累积非常有帮助。

陈伟坤指出，以实体为背书，锚定品牌价值，拥抱监管，激活和释放沉睡的价值，让价值自身再创价值，增加社会资产流通总量，为个人、企业和社会带来更多增值。

故事还在进行，企业还在发展，企业家还在成长。

功夫动漫

——"笨"向"不可能"的超级 IP 新时代

陈初昇 林党政 黄丽微 付蕾 燕晓娟 王玮

摘要：本案例描述了功夫动漫如何从一个不起眼的小公司蜕变成我国动漫产业的龙头企业。功夫动漫董事长李竹兵十年来一直坚守"没有不可能"的"笨"理念和"死了都要当第一"的"笨"精神，带领着功夫动漫整个团队"笨"向一个又一个"不可能"的动漫新世界，从"立体式营销模式"到"产业化动漫运营服务平台"，再到"超级 IP 运营服务平台"，以及未来的"超级 IP 运营生态系统"，功夫动漫总是能走在行业前端，每一次的创新升级都能给业界带来新的思路与发展方向，为整个动漫产业开辟了一条与众不同的新道路。本案例以李竹兵的"笨"精神为起点，对功夫动漫不断升级改造的三次商业模式进行研究，揭示了功夫动漫通过商业模式助力企业发展并实现整个产业链的价值创造的过程。

关键词：立体式营销模式；产业化动漫运营服务平台；超级 IP 运营服务平台；超级 IP 运营生态系统

一、引言

2018 年 4 月 11 日，功夫动漫超级 IP（Intellectual Property）发布会在福建省泉州市万达文华酒店隆重举行，这次发布会同时也是功夫动漫的十周年"笨"典，来自全国各地的社会各界嘉宾、合作伙伴、供应商企业、股东代表纷纷到来，共同见证功夫动漫这一具有里程碑意义的荣耀时刻。当日，功夫动漫董事长——

"笨"老大李竹兵在发布会上首次提出了"超级 IP 运营平台"这个新概念并一次性发布了《三只松鼠》《东方可儿·摩登学园》《太姥娘娘与白茶仙子》《超级伊仔》《草本家族》《小王子与土豆仔》《小童猫之喵星归来》《单车侠》《闪电兔与无敌龟》《三星堆荣耀觉醒》10 个超级 IP,同时还举行了"笨"世界超级 IP 新零售综合体分享,超级 IP 运营平台亮剑启动仪式,厦门弘信创业工场、江苏新能源、上海尼尔森、海西动漫研究院等战略联盟体启动,日本丹德莱恩动画制作株式会社、武汉笨庄园、功夫动漫云南分公司落地签约仪式等一系列活动。最后在晚宴环节,功夫动漫通过一场盛大的股改仪式宣布泉州市功夫动漫设计有限公司正式更名为功夫动漫股份有限公司,这一历史性的时刻标志着功夫动漫将"笨"向又一个"不可能"的新征程!

由李竹兵于 2008 年创立的功夫动漫是一家为实体经济、实体品牌及地方政府打造企业 IP 和城市 IP 的动漫应用型公司,公司员工多数为科班出身,毕业于高校的动画设计、漫画制作、软件开发等专业,从本质上来说,功夫动漫属于一家知识密集型的动漫企业。从最初首创的"立体式动漫营销模式"转变到"产业动漫化运营服务平台",再到如今的"超级 IP 运营服务平台",功夫动漫成了中国动漫企业的领跑者,创始人李竹兵也被视作中国动漫营销第一人。自成立以来,功夫动漫荣获国家级动漫企业、国家高新技术企业、福建省文化产业示范基地、福建省动漫龙头企业、福建省科技型企业等多项荣誉。2017 年,功夫动漫实际营业收入为 2.5 亿元,纳税 500 多万元,创历史新高。目前,功夫动漫的动画片定制业务规模居中国第一,已操作数十部动画作品,每年以 10 部动画片的制作速度增长,三维动画年产量达上万分钟,居亚洲前列。"超级 IP 运营服务平台"是功夫动漫基于过去 10 年的经验、资源、平台等优势,创造的一种全新的商业模式。这种模式将创造极高的文创产业商业价值,最终实现以超级 IP 为基础的全产业生态链,进而带动价值数百亿元的文创产业经济发展。功夫动漫的发展历程如表 1 所示。

表 1　功夫动漫的发展历程

年份	发展历程
2008	功夫动漫成立
2009	制作全国首部民间闽南语动画片《蔡六》

续表

年份	发展历程
2010	首创"立体式动漫营销"模式 被授予"文化创意产业示范单位"称号
2011	国务院副总理孙春兰、中央统战部部长尤权莅临指导 启动制作《小玩皮》动画片 成为福建首家与央视动画签约联合制作动漫的公司 启动制作《卡西龙之寻龙记》动画片
2012	入驻源和1916创意产业园 被授予"国家级动漫企业"称号 《卡西龙之寻龙记》在央视播出 启动制作《笨笨鼠》动画片 携手泉州电视台举办"立体式动漫营销助力传统企业营销突围论坛" 与韩国著名设计公司展开合作 与韩国金氏授权机构合作,成功代理《梦梦狗》《INSTORY》国际品牌 举办国内外动漫产业链发展状况与趋势座谈会
2013	李竹兵被评为"中国动漫十大人物" 《小玩皮》在央视播出 携手广东咏声公司,代理《猪猪侠》《逗逗迪迪》《疯狂小糖》品牌授权 携手上海SMG集团炫动传媒,代理韩国收视率第一动画片《布隆家族》 签订亿元动画片合作项目,同时5部以上动画片项目启动制作 全国首创产业动漫化运营服务平台诞生 成为泉州上市后备企业
2014	李竹兵任泉州动漫协会会长,被评为"泉州年度经济人物" 被授予"中国十大动漫企业"和"十佳最具成长性商业模式"称号 被评为"福建省文化产业示范基地"和"泉州市重点企业" 启动制作《梦想总动员》《卫浴也疯狂》和《财佰通钱庄》 以3亿元估值获"国字头"风险投资基金投资
2015	李竹兵获省五四青年奖章,被评为"十大新锐闽商" 被评为"国家高新技术企业"和"福建省科技型企业" 推出动漫+互联网模式,首次提出动漫互联网平台 《小童猫之喵星来客》全国首映,《梦想总动员》在金鹰卡通首映 李竹兵荣获"泉州年度经济人物"称号 功夫动漫产业动漫模式获泉州年度"十佳商业模式" 跨界互联网领域,推出动漫产业运营平台——动漫网 启动制作推广"一带一路"动画《神奇的丝路》 天使轮估值超6亿元 成为省重点上市后备企业

续表

年份	发展历程
2016	估值超 15 亿元，获得投资超 2 亿元
2017	获"泉州首届商业模式创新大赛银奖" 笨笨鼠首店体验店在泉州开业 专注升级平台为大型企业与城市打造超级 IP
2018	成功举办超级 IP 发布会，推出"超级 IP 运营服务平台"新模式 泉州市功夫动漫设计有限公司正式更名为功夫动漫股份有限公司

二、背景

1. 追梦少年，为梦流浪

李竹兵来自福建省福鼎市，在他很小的时候母亲就离家出走，父亲也很少关心他。自小就生活在一个缺乏爱和温暖的家庭的李竹兵从未感受过童年的快乐，唯一带给他一点快乐的也许只有他所喜爱的画画。李竹兵的梦想是成为一名漫画家，虽然他总是被人嫌弃笨，却一直坚持用"笨"努力改变自己的生活现状。从初二那年起，他每天花大量的时间画画，他想画出美好的人生并希望通过努力实现这样的人生。每天坚持画画的李竹兵因为艺术成绩优异而顺利被保送进入他心仪的美术院校进行学习。

进入心仪的美术学校后，李竹兵更加努力，他几乎花费了所有的时间和精力在作画中，因此作画水平大大提升，在读高一的时候他画的作品就已经超过高三的学生，成为一名艺术优等生。然而，由于家庭的原因，李竹兵的父亲不让他继续读书。李竹兵为了追寻自己的梦想，毅然决然地选择远离那个令他恐惧而又束缚他梦想的家。因此，年仅 16 岁的李竹兵带着爷爷奶奶到处凑的 2000 多元钱离家出走，只身一个人到深圳闯荡。他到各个动漫公司去找工作，因为年龄太小都被拒绝。然而他并没有放弃，他花了一年的时间不断地画各种漫画手稿并投稿至各个漫画公司，但每次结果都不尽如人意，从未得到一次回应。理想固然美好，但是现实很残酷，没有经济来源的李竹兵连生存都成了问题。为了能够活下去，在 1998 年，17 岁的李竹兵就去学修车。后来修车厂倒闭，他又去当洗碗工。后来，他又到广告公司打杂，偷师学会了平面设计，并在 20 岁就成为广告公司的首席设计师兼设计总监。那段流浪时期的种种经历都成了李竹兵人生的宝贵财富,在困难面前不低头、不放弃,吃再多的苦也要坚持到底的李竹兵正一步一步向自己的"笨"梦想靠近。

2. 永不言弃,一战到底

广告公司的工作经历让李竹兵有了创业的念头。2003年,李竹兵成立了第一家设计公司——最佳拍档设计公司的前身,处于初创期的李竹兵面临着种种困难,每天都要为房租、工资、业务等问题烦恼,有时候甚至要将公司的电器变卖才发得出工资。那段创业期间,李竹兵经历了一次又一次的失败,但每次他都从头再来,不论别人如何劝他都没能改变他的决心,他一直抱着一种必胜的信念坚持到底。功夫不负有心人,2003—2007年这五年来,李竹兵经历五次失败后终获成功,于2007年成立了厦门最佳拍档广告策划有限公司。正如他所说的:"一个人要成功完成一件事情,就要有没有不可能的这种思想;要有坚定的、清晰的目标;要有疯狂死了都要做到的决心;要付出比常人更多的努力;要有不断去思考如何达到这个目标的方法。"这也是他通往成功道路的五大法宝。

2008年,李竹兵受兴趣推动,毅然决定涉足动漫领域,并在泉州市成立了首家动漫公司——功夫动漫设计有限公司,正式走上动漫之路。李竹兵身边的很多人都说在泉州市做动漫不可能成功,也因此不被大家看好。2009年公司就经历了一次巨大危机,公司70%的人向李竹兵提出要离职。为了整合资源,李竹兵不断地到各个城市拜访各种动漫公司寻找合作机会,虽然吃了很多闭门羹,但李竹兵仍然没有想过放弃,甚至向客户承诺功夫动漫拍出的动画片能上央视,也正是李竹兵这种必胜的信念支撑他一战到底,永不言弃。

2010年,功夫动漫全国首创"立体式动漫营销"模式,2011年又与央视签约,成为福建省首家与央视动画联合制作动画片的动漫公司。2012年动画片《卡西龙之寻龙记》在央视播出,李竹兵当初的承诺也得到兑现。功夫动漫在2012年还荣获文化部授予的"国家级动漫企业"认定,成为中国十大动漫企业之一。

2013年,功夫动漫首创产业动漫化运营服务平台。为了整合国际的资源,李竹兵到日本、美国、法国、韩国的展会去参展,整合各地资源。2014年,功夫动漫携手特步启动中、美、韩等地皇马创作阵容动画《梦想总动员》,由《猫和老鼠》的编剧 Eric Shaw 担任总编剧，并于 2015 年在金鹰卡通首映，随后在各大卫视热播，创造出全国收视率第一的佳绩，功夫动漫也因此获得了各种投资机构的青睐和追投。

2017 年，功夫动漫专注升级平台为大型企业与城市打造超级 IP，并于 2018 年举办"超级 IP 运营服务平台"发布会，获得业界的高度关注。功夫动漫商业模式的每一次升级总是让人眼前一亮，不断学习和创新使其一直走在行业前列，也不断为中国动漫创造出更多的价值。

李竹兵自创业以来把很多的"不可能"变成了"可能"，把每一次的失败都变成了最终的成功，这一路上他一直坚持着自己的理想，抱着必胜的信念去拼搏奋斗。李竹兵最大的梦想是功夫动漫能够成为一家百年以上的企业，并且把中国动漫、中国创意传播到世界，让世界能够看到中国的动漫，最终实现文化强国中国梦的"笨"梦想。

三、产业困境，推陈出新

李竹兵成立功夫动漫的时候，中国动漫界的发展尚存在很多问题，本应该蓬勃发展的朝阳产业却停滞不前。李竹兵在经过多个动漫企业的调研后总结出我国动漫企业存在的弊端及变革的必要性。首先，我国动漫产业依旧延续着最传统的营销模式：很多动漫公司从制作流程、发行、宣传、推广和建立产品销售渠道等全部过程的资金投入基本都是企业包揽，制作前期、中期和后期都没有相关市场配合，很容易面临因资金链断裂而失败的风险；其次，一些动漫企业领导团队大多缺乏长远的商业营销理念，着眼于短期利益而偏离动漫产品的创意轨道，致使动漫衍生品的开发后劲不足；最后，很多动漫企业局限于拍摄和制作自己的动画片，脱离了市场，难以满足大众的需求，也因此制约了企业的发展。总体看来，在旧的营销模式和保守的思想下中国动漫界步履维艰，行业的困境驱使着一种新的模式来改变现状。

在很多动漫公司仍因循守旧之际，功夫动漫推陈出新，首创了全新的营销模式——立体式动漫营销，引起了中国动漫界的广泛关注，无异于给普遍陷入困境的动漫企业提供了一种新的思路。

四、商业模式的升级：1.0—3.0

功夫动漫自成立以来经历了三次商业模式创新升级，每一次升级都将其带入一个新的轨道，使其成为中国动漫界的领跑者。著名经济学家郎咸平教授也对功夫动漫的商业模式赞不绝口，并认为功夫动漫能够带领中国动漫走向4.0时代。功夫动漫之所以发展这么快，离不开李竹兵带领整个团队对动漫市场的不断探索与推陈出新。可以毫不夸张地说，李竹兵是全中国动漫界跑得最勤快的，很少有人像他那样在中国的大多数动漫公司中走访了两次，不仅限于国内，他还经常到美国、日本、韩国等地调研。通过不断地探索和总结，不断地尝试与改进，功夫动漫的商业模式也在不断地创新升级，走在中国动漫界的前沿。功夫动漫商业模式的发展历程如图1所示。

立体式动漫营销模式（2010年）
- 产业与动漫结合
- 品牌推广
- 差异化营销
- 衍生品

产业动漫化运营服务平台（2013年）
- 动漫产业链
- 创作平台
- 发行平台
- 授权平台
- 衍生品销售

超级IP运营服务平台（2018年）
- 全产业链
- 城市IP
- 企业IP
- IP定位
- 制、播、销、授

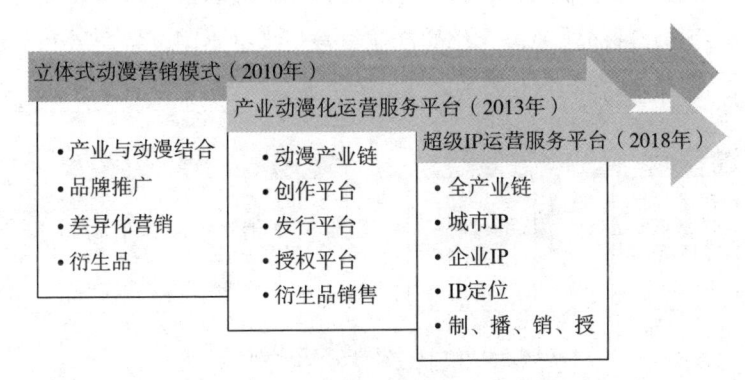

图1　功夫动漫商业模式的发展历程

1. 立体式营销模式

（1）立体式营销模式概述

功夫动漫于2010年提出的立体式动漫营销模式是一种动漫产品结构多维立体化、价格体系多元化、客户对象多层次、销售渠道多重并进、推广宣传多方式、多方位、多时间段的营销模式。在李竹兵看来，立体式动漫营销模式不是由某一个人或者一个团体创新出来的，这一营销模式是在近年来社会物质文明、精神文明不断提升的基础上，通过自然竞争产生的一种立体式营销模式。与传统的营销模式相比，立体式动漫营销主要体现在灵活、多维、实时满足等诸多方面。立体式动漫营销模式凭借全新的理念和推广方式，将更有利于品牌的宣传推广，借助动漫极具亲和力、人性化的优势，在同质化竞争中营造企业形象，凸显企业特色，满足人们日益增长的个性化和差异化的消费需求，带动受众对品牌动漫剧情的热爱、对品牌动漫人物的认可，促使受众有意识地购买与动漫相关的企业产品，进而为企业带来动漫品牌附加值。

立体式动漫营销模式主要包括四个流程，如图2所示。

①品牌植入：根据企业文化塑造企业的专属卡通形象，并将其植入动画片当中，进行动画片故事的创意定制。

②品牌传播：多重并进地进行软性宣传，整合线上线下进行电视、纸媒、网络、手机等推广，进行多渠道并持续性地传播。

③开发新品：当动画片进入市场并占据一定市场份额时，应不断开发新品满足市场需求，实现品牌终端的创新多样化，在市场中形成多方位的密集渗透。

④品牌延展：通过非竞争领域的品牌授权和战略联盟等方式将品牌快速延展至新的产业领域，进而实现多元化的产业结合，满足不同消费层次和区域的客户群体。

品牌植入	品牌传播	开发新品	品牌延展
·企业文化 ·专属形象 ·创意定制	·多渠道 ·持续性	·市场需求 ·不同消费层次 ·不同区域	·品牌授权 ·品牌合作 ·新产业领域

图2 立体式动漫营销模式流程

（2）立体式营销模式的应用

立体式营销模式下的动画片与传统动画片的主要区别体现在立体式营销模式下的动画片能够做到将产业与动漫相结合，还致力于商业与创意并行。中央电视台央视动画有限公司常务副总李小建表示，通过立体式动漫营销方式制作的动画片在进入市场之后，除了媒体播映这方面的传播，满足了观众的需要，它在市场当中更多的产品、更大的范围里面可以推广延伸的产品有很多。这种动画片能够与市场紧密联系在一起，既是小朋友喜欢的题材类型，又综合了企业意愿和主题诉求。立体式营销模式的成功之处从《小玩皮》和《卡西龙之寻龙记》这两部动画片就可以很好地体现出来。

功夫动漫携手石狮市小玩皮服装织造有限公司，并与央视动画联合制作中国童装行业首部3D动画片《小玩皮》。这部动画片融合了小玩皮玩趣童年的品牌理念，动画片中的主人公就是为企业打造的专属形象代言人。小玩皮动画片播出后，动漫周边产品如公仔、抱枕、书包、飞行棋陆续上市，从书包到玩具打造全品类童装产品。在品牌形象授权领域，小玩皮通过与授权商共同制订合作计划、协助授权商进行产品设计与研发、调动双方渠道携手开拓市场，实现合作共赢。通过动漫扩大影响力后，小玩皮与儿童乐园、培训机构、甜品蛋糕店等相契合的对象进行跨界合作，在产业动漫化的道路上进行了全方位的、积极有效的实质性拓展。小玩皮通过动漫做消费体验，改变了以前传统的模式，小玩皮的动漫文化，包括玩具、创意性产品、整个消费的动漫体验，都广受儿童们的欢迎。小玩皮将动漫与小玩皮童装完美结合在一起，为企业量身打造的动画片促进了小玩皮的升级和转型，为其带去了丰盈的品牌附加值。

另外一部应用立体式营销模式获得成功的作品就是《卡西龙之寻龙记》，功夫动漫携手晋江市金威体育用品有限公司制作中国首部五行科幻题材 3D 动画片《卡西龙之寻龙记》。这部动画片的理念是小朋友们共同成长，结合"金、木、水、火、土"的五行特色元素，为卡西龙塑造了"金威五龙"的形象；并且在电视台、腾讯、微博等平台上进行宣传推广，提升品牌的知名度和影响力。随着《卡西龙之寻龙记》的热播，加深了消费者对卡西龙品牌的认知，底蕴丰富的"五龙形象"每天与数以亿计的少年儿童见面，受到儿童群体的热烈追捧，带动了卡西龙鞋类等终端应用产品的热卖，并已经推出童装、书包、玩具等各种动漫衍生品。卡西龙已将品牌授权给其他行业商家，如纸巾、食品厂商，给企业增加了新的利润增长点。

以往的产品研发方面和营销方面均存在较大的同质化，实现差异化立体式营销模式传播品牌，能够深入消费者并为企业形象加分。功夫动漫通过本土发展的第二产业，迅速扩大动漫品牌的影响力，让动漫产业成为泉州市发展的经济增长点，为泉州市的产业创造出极高的经济效益，是泉州市第二产业转型和升级的有效路径。

2. 产业动漫化运营服务平台

（1）产业动漫化运营服务平台概述

产业动漫化运营服务平台是立体式动漫营销模式的延续。在"产业+动漫"的立体式动漫营销获得成功后，很多传统企业争相效仿这种模式。在这种需求的推动之下，功夫动漫将立体式动漫营销模式升级为产业动漫化运营模式，并专门建立了国内首个也是唯一一个全球动漫产业运营平台——动漫网，以整合全球动漫资源和助力传统产业发展。可以说，动漫网是一个"产业动漫的加工厂"，通过专业的运营平台，帮助更多企业复制"产业动漫模式"。动漫网贯穿动漫全产业链的各个环节，集创（创作）、播（发行）、销（衍生品销售）、授（授权）四大平台，与用户共同打造世界级动画片。通过平台进行动画片的全球发行，快速销售儿童衍生品，并将动漫版权授权给全球衍生品企业，实现传统产业和动漫产业的双赢，进而打造全球最大的动漫生态链交易平台。

和很多传统动漫公司相比，在产业动漫化运营模式下的功夫动漫具有较大的优势。首先，从资源整合角度来说，传统动漫公司的主要核心都放在制作动画片中，未能有效利用外部资源促进企业进一步发展；而产业动漫化模式则整合全球优质资源，通过创作、发行、销售、授权等平台更好地服务企业和品牌。其次，从市场结合度来说，传统动漫企业的商业运作能力不高，在动画片制作的前期、中期和后期都没有很好地和市场结合在一起，没有做到与产业相结合共同发展；而产业动漫化模式则一直与市场紧密联系在一起，在制作前期根据产业品牌需求进行创意结合定制动画片，创造出符合市场需求的动画片，在渠道和推广方面也一直跟进，制作完成后根据市场偏好进一步推出新品，以满足市场需求。最后，从成本和风险的角度来看，传统动漫公司的成本和风险较高，因为其在资本和运营中都较独立，缺乏外部的资源支持，和同行的合作较少；而产业动漫化模式的成本和风险较低，在整个流程中都有相应的合作伙伴，和同行更多的是合作共赢的关系。

动漫网旗下有八个子平台，分别是功夫漫工厂、人人功夫、功夫漫学院、功夫看看TV、功夫漫世界、功夫看看、卡通授权商店和功夫动画大师。功夫漫工厂是基于全球化的制片模式进行研发的首个动画片定制平台。该平台打破了传统动漫公司的生产模式，联手各国动漫精英为客户提供定制化服务，制作出最适合客户的世界级动画片，可以说，功夫漫工厂是功夫动漫互联网化迈出的第一步；人人功夫和功夫漫学院分别是全球动画人才的供应和培养平台；功夫看看TV和功夫漫世界分别实现了国内和国外的发行播放，助力企业品牌从中国走向世界；功夫看看平台整合了动画片相关的衍生品，实现衍生品在线销售的功能；卡通授权商店是全球首个动漫版权交易平台，它以"动漫品牌"为核心价值，既能够通过线上进行品牌授权，又能够实现线下的市场行销，促成各大品牌与商家之间的对接，实现共赢；功夫动画大师则是全球首个动画流程管理平台，对各个动漫项目的整个流程进行管理，在前期、中期和后期都能够很好地把握项目，形成一个良好可控的运作体系。功夫动漫产业动漫化运营模式流程如图3所示。

整合全球资源创作 → 集国内外双轨并行发行 → 衍生品销售 → 线上授权 线下行销

图3　产业动漫化运营模式流程

（2）产业动漫化运营服务平台应用

产业动漫化运营模式应用的一个很成功的案例就是《梦想总动员》。在制作方面，功夫动漫整合中、美、韩等地的动漫界皇马阵容共同打造特步儿童《梦想总动员》；在发行方面，国内国外双轨并行。功夫动漫通过多年资源整合，已经与包括央视少儿、卡酷、嘉佳、金鹰等上千家主流播出平台建立长期合作关系，并自建《功夫家族》栏目，承包各主流卫视的30分钟栏目资源，在世界范围内，已搭建了超50个国家的发行渠道。在国内，《梦想总动员》先后登陆金鹰卡通、优漫卡通、央视少儿，获得了超高收视率，在各大主流视频网站的点击量累计上亿。在国外，《X梦想总动员》在70～80家海外媒体发行，品牌知名度不断提升。功夫动漫是持续性和重复性地进行播放和传播，使《梦想总动员》快速进入市场并在全球传播；在衍生品销售方面，《梦想总动员》播出之后，特步将动漫形象、动漫品牌和动漫活动巧妙地和线下活动结合在一起。在各种商品和活动中植入这些动漫人物形象，如推出与动漫相关的鞋服、玩具等产品，将虚拟的动画转换成实物体验产品，进一步深入消费者和增加利润点。又如举办亲子马拉松活动、动漫卡通乐园等。把特步儿童形象店打造成动漫乐园，给热爱动漫的儿童带去极佳的体验，进一步提升企业的形象和知名度。在授权方面，《梦想总动员》播出后，特步儿童的品牌标志识别度大幅提高，随着持续性、重复性播出逐步将特步的动漫版权转化为企业宝贵的无形资产，并促成了与服装、玩具、食品、游乐园等各个行业的品牌授权，为特步儿童带来了持续性的品牌传播与收入增长。

在《梦想总动员》整个运行流程中，功夫动漫很好地将全球资源整合到一起，在国内外广泛而又持续地进行传播，为特步儿童品牌做了一个非常成功的品牌宣传。特步有限公司总裁丁水波曾表示："动漫是特步在整体品牌运作当中一个非常重要的环节。"特步儿童后续的很多重大战略决策都是围绕动漫展开的。可以说，《梦想总动员》是产业动漫化运营模式的一个经典案例，它带来了"产业+动漫"所创造的巨大收益，实现了特步儿童动漫全产业链的营销推广，带动了儿童产业链及其他行业的产品销售，既大大提升了特步儿童的品牌影响力，又给整个产业创造了巨大的效益。

3. 超级IP运营服务平台

（1）超级IP运营服务平台概述

IP是知识产权（Intellectual Property）的缩写，根据世界知识产权组织的定义，知识产权是指智力创造成果，如发明、文学和艺术作品及商业中所用的标志、名称和图像。它分为两大类：一类是工业产权，包括发明专利、商标、工业品外观设计和地理标志等，也就是我们现在所说的"硬IP"；另一类是版权，包括文学作品、电影、音乐、艺术作品及建筑设计，也可以称之为"软IP"。

超级IP运营模式是功夫动漫通过多年打造动漫超级IP的经验、资源、平台等优势所创造的一种全新的商业模式，同时，也是对之前产业动漫化运营模式的一次全新升级。超级IP运营服务平台包括创造和变现两个重点内容，创造主要以制作和发行为主，变现则以授权和衍生品销售为主。而在每一个子内容中又包括众多子平台帮助其实现制、播、授、销这四大功能。

功夫动漫目前打造的超级IP分为两类——城市超级IP和企业超级IP。城市超级IP即通过确定当地最能代表城市名片的元素，形成具备黏度与收视率的内容作品（如动画片），通过功夫动漫超级IP运营发行平台，快速在全球各种多元化的电视、互联网等媒体大范围内播出和推广，提高社会对其的认知度和熟悉度，进而形成强大的IP粉丝。如功夫动漫携手福鼎市政府打造的《太姥娘娘和白茶仙子》动画片就以福鼎市闻名天下的"太姥山"和"白茶"为创作核心，将城市旅游景点、特色小吃、民间工艺等融入其中，将福鼎市的城市文化很好地呈现给观众。企业IP则是寻找最能代表企业形象的元素进行内容创作，形成企业内部的粉丝群体效应。如功夫动漫所打造的"笨"店就是一种"笨"文化，还有《三只松鼠》动画打造的就是一种"萌"文化。

功夫动漫打造的超级IP运营服务平台主要流程分为六步：挖掘IP内核、打造IP内容、IP推广、IP商业变现、IP文创产业和IP文旅建设，如图4所示。

```
挖掘IP        打造IP       IP推广         IP商业         IP文创          IP文旅
内核          内容                        变现           产业建设        建设

·城市超级IP   ·功夫漫工厂   ·功夫漫世界     ·功夫漫授权     ·功夫漫设计      ·功夫漫城
 智库                      ·功夫漫展       ·功夫漫维权     ·功夫漫学院
·国内外顶                  ·功夫漫公关                     ·功夫漫客工场
 级学者                                                   ·功夫漫政企
```

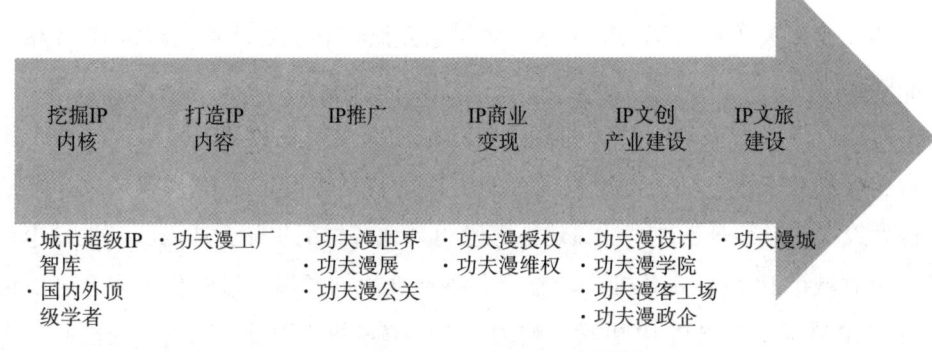

图 4　超级 IP 运营服务平台流程

第一，挖掘 IP 内核。IP 内核是打造超级 IP 首先需要明确的。IP 的内核即销售的产品、即其所对应的目标客户。为了发现有效的 IP 内核，功夫动漫建立了超级 IP 智库，聚集了国内外顶级学者联合挖掘有效的 IP 内核。

第二，打造 IP 内容。李竹兵曾说过，超级 IP 有两个关键要素，就是内核定位和内容定位，而内容定位则是超级 IP 和品牌最大的区别，超级 IP 的内容一定是某个企业或城市最具代表性或影响力的元素，并通过动漫的形式将 IP 内容进行商业化，通过 IP 内容积累粉丝，从而形成庞大的粉丝群体效应。功夫漫工厂是功夫动漫专门为打造 IP 内容建立的子平台，它是亚洲最大的优质动画定制平台，拥有全球化的运营团队，制作水平达到国际标准，力争打造世界顶级的 IP 内容。

第三，IP 推广。好的 IP 内容需要进行持续性、重复性、全方位地传播和推广才能快速进入市场和目标群体并占据较高的市场份额。功夫动漫超级 IP 的传播渠道有功夫漫世界、功夫漫展和功夫漫公关。功夫漫世界不仅是中国动画片发行的第一平台，与包括央视少儿、卡酷、嘉佳、金鹰、各大视频网站等上千家主流播出平台建立长期合作关系，也是全球 50 多个国家的发行渠道，争取让功夫动漫打造的超级 IP 遍布全球每个角落。截至 2018 年年初，功夫漫世界的长篇动画片在央视黄金段播出 16 次，在卡通卫视黄金段播出 55 次，在省级少儿黄金段播出 160 次，在地方黄金段播出 1200 次，累计各大互联网平台点击上百亿次；功夫漫展是超级 IP 主题展专业运营平台，通过 IP 展进行线下的消费体验和互动，更好地将 IP 内容与 IP 文化传递到消费群体中去，进一步提升企业和城市的形象，并加深其对企业文化和城市文化的理解；功夫漫公关则是功夫动漫为助力超级 IP

快速走红的第一平台，通过举办如超级 IP 高峰论坛暨启动仪式、超级 IP 首映发布会和政府相关各种大型活动等迅速吸引大众眼球和投资，扩大超级 IP 及相关作品的影响力。

第四，IP 商业变现。功夫动漫主要通过功夫漫授权和功夫漫维权这两个子平台实现商业变现。功夫漫授权现行的主要是共享城市超级 IP 授权模式，即能够得到授权的必须是当地企业。这能够吸引外地各种衍生品企业入驻当地城市，进一步对城市 IP 进行宣传推广，整合各种产业协同发展，进一步形成全产业链的城市 IP 效应，让城市 IP 更具影响力；功夫漫维权主要针对动漫产业的知识产权保护平台，其包含打假维权、仿冒追踪、品牌维护、调查取证、诉讼维权及专业化的孵化指导等全要素资源，能够为每一个超级 IP 量身订制知识产权服务，力争维护每一个超级 IP 的权益。

第五，IP 文创产业建设。这个流程重在打造一个超级 IP 的全产业链，包含功夫漫设计、功夫漫学院、功夫漫客工场和功夫漫政企四个子平台。功夫漫设计又包括品牌设计中心、商业空间设计中心和衍生品工业设计中心三个设计中心，为超级 IP 提供了从品牌到体验和衍生品整体体系的设计。功夫漫学院则可以称之为一个动漫教育平台实体＋互联网的动漫大学，既可以线上教学，也可以参加线下各种动漫设计的模块化培训班，同时也联合国内高校开办动漫专业技能课程，培养稀缺的创新型动漫人才，进而为功夫动漫不断输入新的人才，注入新的活力。功夫漫客工场的目标则是打造国家级文创产业示范基地。漫客工场孵化的对象主要分为四类，即成熟型动漫企业、创业型动漫企业、实力型精英团队和创意类大学生创客团队。功夫动漫力争提供一个配套齐全、模式创新、扶持有力的动漫众创空间，让每一个入驻团队发挥其优势，创造更多优秀的作品。功夫漫政企则是为超级 IP 各种合作企业提供一站式 O2O 政务而服务的，包括提供政策咨询、动漫产业研究、技术创新等"一站式"公共服务支持等一系列服务。功夫动漫在党建这方面做得非常出色，不仅在内部管理中强调党建工作，把党建写入了公司章程，还将党建内容应用到了各种衍生品中，制作了动漫党建表情包、动漫党建手游、动漫党建小程序等各种互联网党建产品。功夫动漫的"动漫党建模式"已经被列入全国党课教案，成为党建工作的一个典范。

第六，IP 文旅建设。功夫漫城就是专门为 IP 文旅建设而设立的子平台，也是城市超级 IP 文旅全产业链平台，它专注打造城市超级 IP，融合了当地各种文旅项目,如 IP 公园、IP 乐园、IP 小镇、IP 体验馆、IP 综合体、IP 田园综合体和城市建设美陈等。通过这些超级 IP 项目打造特色区域文旅品牌,进一步优化城市形象。

从打造超级 IP 的六个流程来看,打造超级 IP 最终以实现整个产业链的发展为目标,可以说是打造一个超级 IP 生态系统,将各个要素、各个行业联系在一起,让超级 IP 带动整个产业链的发展,为各方创造出更大的价值。

(2)超级 IP 运营服务平台应用

超级 IP 的应用分为两类,一类是企业超级 IP,如联合中国互联网零食第一品牌三只松鼠打造的《三只松鼠》动画片,联合中国第一娃娃品牌可儿玩具有限公司打造的《东方可儿》动画片,联合浙江小王子食品股份有限公司打造的《小王子与土豆仔》,联合香港衍生集团共同打造的《草本家族》等多部企业 IP 动画片都获得了优异的成就。另一类是城市 IP,如联合四川德阳政府打造的《三星堆荣耀觉醒》就是以三星堆文明作为切入口,旨在打造全球首部三星堆古蜀文化大型系列动画片,和福鼎市政府共同打造的《太姥娘娘与白茶仙子》就是首部以福鼎白茶文化为主题的 3D 原创动画片,至 2018 年 8 月 6 日开播以来收视节节高升。

本部分内容结合《三只松鼠》动画片具体分析超级 IP 运营服务模式。《三只松鼠》是功夫动漫联手安徽三只松鼠电子商务有限公司共同打造的中国首部卖萌主义 3D 动画巨作。

一是在 IP 内核方面,《三只松鼠》的主打卖点当属一切为主人服务的"萌"形象,并且目标群体也属于大众化,可以在各个年龄层中推广。二是在打造 IP 内容方面,为了将《三只松鼠》打造成世界级 IP,功夫动漫联合了中、美、韩等国的多名设计师历经两个多月,手绘 200 多稿,最终颠覆原来的二维形象,设计出了更真实、更立体的 3D 松鼠形象;并以主人文化、萌动世界和超级英雄三个切入点创造了大胆、爱冒险、任何时候都保持积极乐观态度的松鼠小酷,很萌的松鼠小贱和知性且傲娇、优雅且善变、泼辣且偶尔温柔的松鼠小美。每个形象都有其特有的卖萌方式,小酷的舞蹈卖萌、小贱的贪吃卖萌和小美的撒娇卖萌都十分吸引人。三是在 IP 推广中,《三只松鼠》不仅在卡酷少儿、优漫卡通、嘉佳卡通等各大少儿卡通电视台播出,并且在爱奇艺、优酷视频、腾讯视频、搜狐视频、芒果 TV 等各大视频网站的首页均占有相当一部分的版面。从 2018 年 4 月开播后仅一个月时间在爱奇艺和腾讯视频的点播量分别达到了7811万和4596万，暑假还在各大少儿卫视重播。此外，功夫漫公关的公关团队在抖音、微博、微信公众号、小视频等都为《三只松鼠》动画片进行持续的宣传推广，力争将《三只松鼠》遍布每个角落。四是在IP商业变现中，随着《三只松鼠》动画片的收视率屡创新高和三只松鼠形象广受好评，三只松鼠的粉丝群体数不断增加，品牌形象也大大提升，因此，具有合作意向的企业也越来越多，功夫动漫也借动画片为支点，促成三只松鼠与恒安心相印、中国电信、乐视、华为等知名企业展开跨界合作。许多图书类、游戏类、玩具类等企业都希望得到三只松鼠的授权，如人民东方出版社、古川科技、乐逗游戏、胜雄玩具、星钻积木等公司。围绕着《三只松鼠》动画超级IP，三只松鼠手帕纸、三只松鼠手机壳、三只松鼠积木、三只松鼠玩偶等多种衍生品不断被开发出来。每一份三只松鼠包裹里都有一张恒安集团生产的三只松鼠湿巾，每年三只松鼠卖出5000万以上个松鼠包裹相当于每年恒安的心相印湿纸巾多销售5000多万张，并且消费者将心相印松鼠纸巾与动画片中人物形象的卖萌、酷炫和仗义等进行联想，提升品牌的好感度，大力促进恒安产品的二次销售。三只松鼠不仅和恒安实现了线上全网销售渠道的合作，同时心相印还进驻了三只松鼠覆盖全国的线下松鼠零食体验馆。心相印和三只松鼠通过线上的服务和线下的体验有效地促进了双方销量的增长和品牌的提升。五是在IP文创产业建设和IP文旅建设中，由三只松鼠投资的位于芜湖的松鼠小镇已对外开放。这是一个以松鼠IP为核心的新型文化商业业态，它介于商业综合体、主题公园之间，是以一种集松鼠IP乐园、文旅和消费一体化的形式展现松鼠原创文化的核心和特色。三只松鼠通过将松鼠超级IP与文创产业和文旅建设整合在一起做线下的消费体验，打造集餐饮、娱乐、住宿、健康、文化于一体的跨界体验式旅游小镇，既凸显了松鼠IP的特色，也带动了整个产业链的发展和城市形象的建设。

可以说，《三只松鼠》是功夫动漫超级IP运营服务平台应用的一个非常成功的案例。从核心IP内容的创建到动画片的发行与推广，再到变现与产业链整合，功夫动漫完整的超级IP运营模式保证了三只松鼠牢牢掌握核心IP资源，以影视剧、书籍、生活用品、玩具、游戏和周边衍生品等形式实现快速变现。功夫动漫坚持以核心IP资源为起点，以多渠道、全方位、一体化的方式助力三只松鼠超级IP，促进其逐步实现多平台、全产业链的生态布局。三只松鼠超级IP的成功打造，不仅大大提升了整个品牌的知名度，整个粉丝群体也越来越庞大，而且使三只松鼠脱离了坚果产品的物理属性，成为强有力的无形资产，具有极高的品牌文化价值，成为企业未来发展的新支点和强动力。

五、开启"超级IP生态"新时代

功夫动漫通过多年的经验、团队和资源的整合已经在打造超级IP上具有较为成熟的模式。在这个基础上，功夫动漫的目标是建立一个超越迪士尼的超级IP的全产业链生态平台。如今，可以说，功夫动漫在To B（To Business）端业务方面已经做得非常成功，为三只松鼠、可儿玩具、来伊份、小王子、衍生集团等众多知名企业打造了动画超级IP，也为福鼎市、德阳市、自贡市、奉化市等城市定制了超级IP并陆续上线。接下来，功夫动漫将进一步发展To C（To Customer）端业务，目前功夫动漫正逐步打造笨店新零售模式，着力建设功夫动漫笨笨鼠超级IP的线下主题体验店，力争为消费者提供集吃、喝、玩、乐、购于一体化的新消费体验。图5是功夫动漫打造超级IP全产业链生态平台规划。

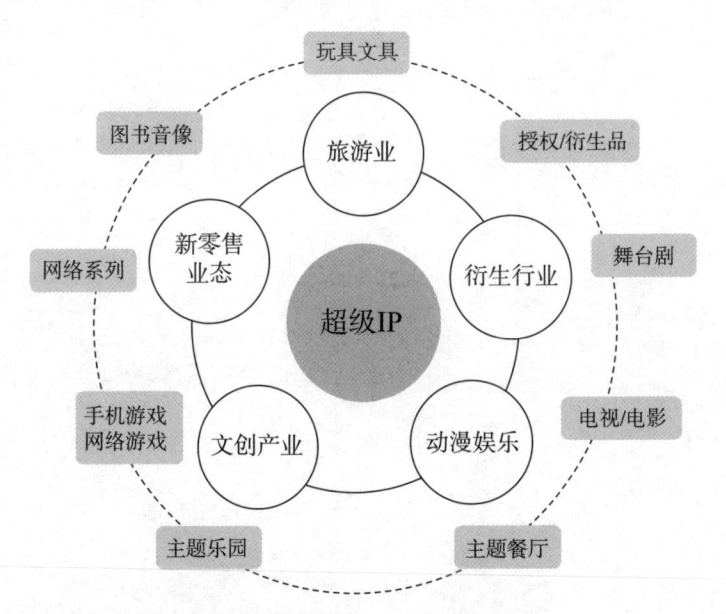

图5　超级IP全产业链生态平台规划

打造超级IP生态平台并非易事，做生态平台失败的企业也非常多，因此令很多企业望而生畏。李竹兵却不以为然，反而认为这是企业发展的良好机会。在众多的质疑声中，李竹兵每次都能带给我们意想不到的惊喜。从立体式营销模式到产业动漫化运营模式，再到超级IP运营模式，他都能脱颖而出，正是以这种"没有不可能"的"笨"理念和"死了都要当第一"的"笨"精神激励着每一个功夫动漫人勇往直前。相信功夫动漫能为我们开启"超级IP生态"新时代，"笨"向下一个"不可能"的超级IP新时代。

第二篇 创新与创业

一家只贩卖"笨"故事的动漫主题餐厅

——笨店的创业叙事逻辑[①]

孙锐　袁圆

摘要：本案例描述了笨老大受日本熊本县的启发，提出想要打造属于中国自己的超级IP，从餐饮行业入手，为"亲儿子"笨笨鼠开的一家体现"笨"精神的店——笨店，一家只卖"笨"的店，开发了笨店的超级IP新零售商业模式。笨店采用内容营销、创业叙事等方式，讲述了笨店的"笨"故事，以及笨家餐饮管理有限公司是如何将一个承载着"笨"文化的动漫主题餐厅打造成网红餐厅的过程。

关键词："笨"文化；内容营销；创业叙事

一、引言

"喝一杯可以变笨的茶""每天一次笨能量，身体笨笨哒""笨得只会泡一杯好茶"，这是一家进去之后就会变"笨"的店。在这里鸡蛋可以生吞，糖可以用火锅煮，甚至有人"穷"得只能吃黑炭了！这样一家充斥着笨能量的店，就连老板都害怕地提出了免责申明：如果您在笨店完成体验后变笨，是您本人自愿的，笨店不承担任何责任。

2018年，一家只卖"笨"的店——笨店（即笨家餐饮管理有限公司，以下简称笨店），通过笨锅、笨茶、笨货、笨食、笨冰、笨潮等多业态协同，打造餐

[①] 本案例已被中国管理案例共享中心收录，并得到授权引用。

饮行业的新零售。首店开业不到 1 个月的时间，便被东方富海合伙人、阿里巴巴高管、弘信资本等按 1 亿元市场估值，领投千万的品牌。它将其 IP "笨笨鼠"所携带的笨理念——"让事物摆脱浮躁，回归本质"灌输给顾客，形成精神共鸣，激活了庞大的中国动漫 IP 餐饮市场，成为中国动漫 IP 餐饮最大的黑马。这就是笨店，以独特的"笨"文化提升品牌影响力的故事。

二、"笨"之源起

1. 熊本熊的启发

一个偶然的机会，笨店的创始人笨老大参观了日本的一个小县城——熊本县。熊本县本来是一个传统的农业县，但由于熊本熊这一吉祥物的出现，使熊本县的知名度迅速提升，旅游人数持续增加。

熊本熊行动笨拙、内心贱萌、高度拟人化，以"熊本熊是真实存在的角色"为出发点，精心设计每一个动作，由真人扮演，有自己的社交网络账号，通过它们发布熊本熊的行程，并且在每一条新消息的最后，都会加上熊本熊的语气词"mon"。不仅如此，2010 年熊本县政府甚至将熊本熊聘任为临时公务员，并设计了一系列事件——出差途中失踪、遗失两颊的腮红、偷吃巧克力导致减肥计划失败等，由于设计出众、推广成功，熊本熊一度成了比哆啦 A 梦还要出名的卡通明星。其两年内给当地带来 1200 亿日元的经济效益，衍生品的销售额由 2011 年的 1 亿元人民币上涨到 2014 年的 33 亿元人民币。

笨老大认为，许多人去芬兰看圣诞老人，去日本看熊本熊，这其实是由于异国文化的入侵，人们在受到其影响后不远万里前去观赏。而中国是有着五千年文明史的古国，有着很深的文化积淀，我们应该让更多的人认识到中国和中华文化。笨老大并由此提出，我们要向熊本县学习，我们要创建属于自己的超级 IP。但是，我们应该怎么做呢？

2. 餐饮业的转变

2015 年，餐饮业经过连续四年的低迷，整体形势趋稳回暖，全国餐饮收入达到 32310 亿元，同比增长 11.7%，比上年增幅提高 2.0 个百分点；限额以上单位餐饮收入 8667 亿元，同比增长 7.0%，比上年增幅 4.8 个百分点；餐饮收入占社会消费品零售总额的 10.7%，如图 1 所示。

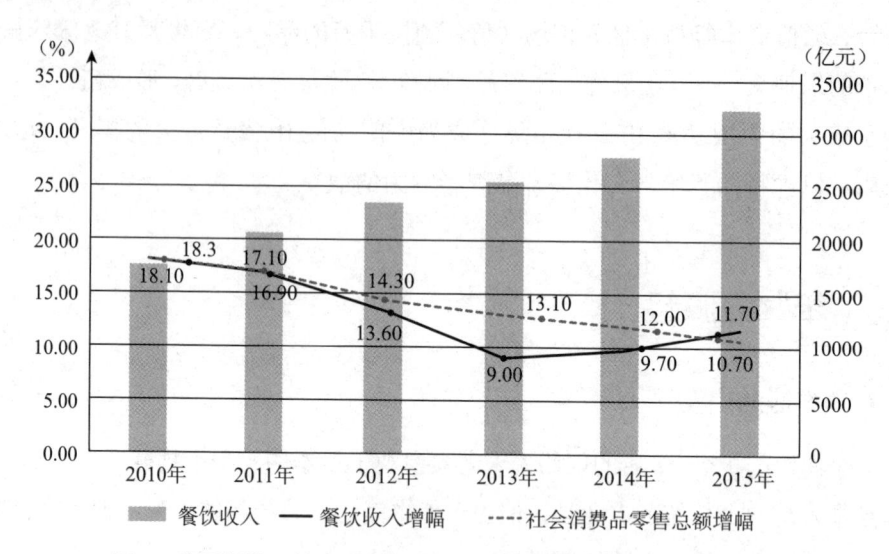

图 1 中国餐饮和社会消费品零售总额发展情况（2010—2015 年）

现在的消费者就餐选择主要看重六大因素：食品安全、菜系风味、就餐环境、价格水平、服务水平、口碑评价，而在食品安全逐步稳定，菜系也日益丰富后，就餐环境成为消费者选择餐厅的首要因素，如图 2 所示。

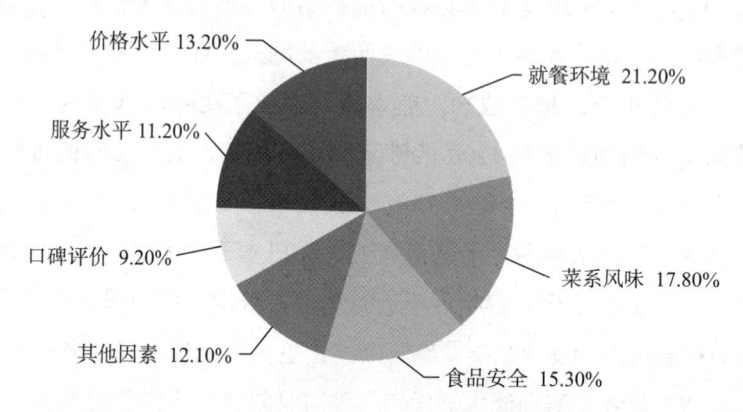

图 2 就餐环境成选择餐厅的首要因素

在对新生代消费者进行分析时发现，在外就餐照片的共享已经成为新生代圈子里重要的互动方式之一，90 后是追求全方位感官刺激的视觉系群体，他们觉得吃饭这个事情就是要和玩结合在一起，他们更愿意选择好吃、好看又好玩的餐饮店。在外就餐时新生代非常喜欢拍照，90 后喜欢拍照的比例最高，有超过 40% 的人吃饭会拍照，80 后为 38.4%，70 后仅为 24.7%。他们不仅拍自己和朋友，大多数还会拍高颜值的菜品及环境，如图3所示。

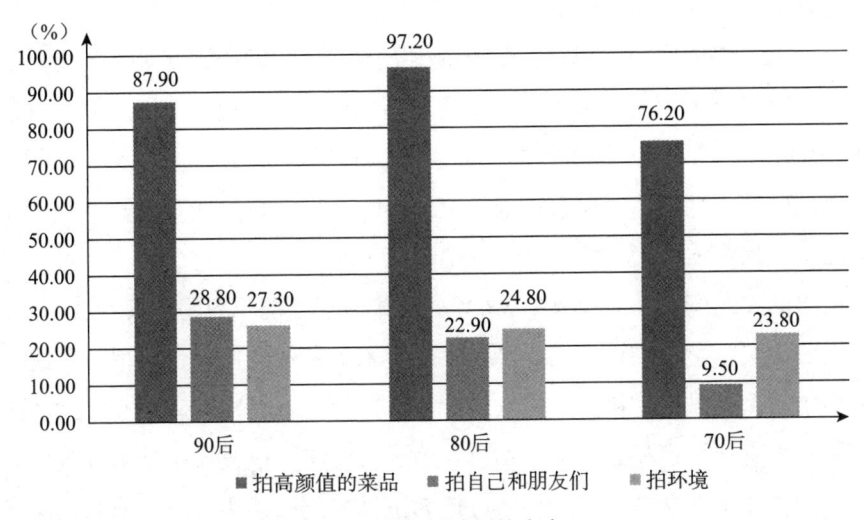

图3 不同代际拍照的内容

内容	90后	80后	70后
拍高颜值的菜品	87.90	97.20	76.20
拍自己和朋友们	28.80	22.90	9.50
拍环境	27.30	24.80	23.80

现今的消费人群主要追求时尚化、特色化、极致化、潮流化。体验舒适、性价比高、环境时尚的休闲餐饮，带有特色（地方化、情怀化）或与IP跨界、创意菜等具有个性特色的店开始逐渐流行，以小吃、茶饮为代表的网红、爆款品牌不断出现。此外，消费者对健康的关注度不断提升，一些健康品类、菜品日益流行。

餐饮业这样的变化正是笨老大一直想要、一直在等的契机。

3. 笨笨鼠与笨老大

以笨笨鼠为主题的动画片讲述了笨笨鼠与他的朋友心心兔、波士熊及一米熊之间的欢乐故事。笨笨鼠是个乐天派，拥有乐观、积极向上的精神，虽然因为单纯和孩子气显得有点笨，每天都会遇到倒霉的事，但是最终总能凭借天性中的积极乐观和永远打不败的坚持而化解；心心兔天真烂漫，为了证明自己，身为富二代的心心兔仍然在外打工，寻求独立；波士熊是天生的强者，个性急躁，在公司常常会因为属下达不到他的要求而大发雷霆，但是过后又会心软地找机会加倍弥补对方；一米熊虽然是负能量传播者，却也默默地努力着，渴望终有一天能自己创业。整部动画片充满了正能量，而更让这部动画吸引眼球的是它创意十足的演绎形式，全片没有语言对白，完全用夸张与富有想象力的动作表演来完成，为观众带来无与伦比的视觉享受，令人回味无穷。

动画片中的笨笨鼠始终传达着积极向上的精神，这与笨老大所带给大家的几乎是一样的——笑着面对困难，因此，也有人说笨笨鼠就是笨老大的"亲儿子"。曾经笨老大创办的广告公司在五年内倒闭五次，最落魄的时候只能靠变卖公司的空调、电脑等办公设备，给员工发工资。当初他的想法没人支持，无论是家人、同事，还是身边的领导。很多人都告诉他"你只能做一个设计师，你不适合创业"，但他仍然坚持。他说："越难越去做它，难才是机会！"他看到的不是失败，而是通过这次失败的经历，他学会了营销、策划和设计。

故事的主角笨笨鼠 BENRAT（小名：阿笨 BEN）的不容易不仅是在动画片里，还体现在现实中。在创业之初，笨老大受笨笨鼠鞋业委托设计造型，为成功塑造这只蠢萌的笨老鼠曾易稿一百多次。然而，笨笨鼠的母公司因经营不善欠债倒闭，笨笨鼠的所有知识产权到了债主那里，笨老大考虑了很久，不惜用近八位数的重资把这个"儿子"从债主那儿买回。但为了尽快收回赎买费用，笨老大加倍忙着赚钱，因忙于公司业务，所以没有时间去照顾他，就这样笨笨鼠被冷藏了一年。但"是金子总会发光"，笨笨鼠积极乐观的精神、让事物摆脱浮躁、回归本质及自带励志的故事属性，吸引了不少客户慕名而来谈授权，都想把他的造型用于企业商品宣传。因此，笨老大决定开启笨笨鼠超级 IP 之路，为"亲儿子"专门开了店，希望把"失败了没有关系，重要的是重新站起来"的精神带给大家，用一路的努力激励越来越多的创业者。

三、一家只卖笨的店

1. 笨店背后的"笨"故事

笨店不仅是一家店，它包含了无数的业态，笨锅、笨菜、笨茶、笨货、笨食、笨咖，集吃、喝、玩、乐、购为一体。正因如此，笨老大想不到好的店名，就决定给它取名为笨店——一个笨人为他的笨儿子、带着一群笨人开的店，一家只卖笨的店，包括笨的服务、产品和体验。

笨老大认为，当前中国最缺的就是像笨笨鼠这样的"笨"，浮躁的风气击垮了许多企业，"笨"才是最大的机遇。笨店坚持用最"笨"的产品、服务和模式。因为"笨"，所以用真诚的态度服务消费者，构建家文化的创业平台，坚持不变地做好每一个产品。

就如笨店的主题曲一样：笨得只会傻傻地爱你，笨得只会让你开心。对于笨店来说，"有活力""有创意"这些词用在它的身上丝毫不夸张。2017年11月，在笨店"引领餐饮新零售潮流"的发布会上，笨老大曾说，这家店是他用了一年多的时间，动用了将近100个人，没日没夜地奋战，累了、困了就在椅子上休息，就是为了创造最极致、最笨的产品。

在筹备第一家笨店时，为打造极致的体验，笨老大远赴日本聘请"奥特曼之父"中田和幸担任笨店总设计师，并且聚集了来自中国台湾、日本等多地近百位顶尖设计师组成"最笨设计天团"，耗时300多天绘制笨店装修图纸，并经过反复讨论、修改而成。从2017年3月便开始装修，足足装修了半年多，而万达给予免租金期仅有两个月。也就是说，为了打造出最极致的环境，笨店笨笨地多支出了四个多月的高额租金。

笨店的每一道菜都是由美食设计师和动漫设计师合作完成，花样繁多，菜色稀奇古怪。就如笨茶老鸭锅，选取福鼎白茶排前三的品种——老寿眉，还有纯玉米饲养的跑山鸭；笨辣辣里的卡通牛油在桂皮、藤椒、辣椒、小茴香等30多味中草药、香料和高汤的作用下香气十足；笨翅金汤锅选用老母鸡、鲜干贝、金华火腿和上好的鱼翅熬煮近两个小时。笨店选用最新鲜的食材，主厨说："因为我们太笨了，只懂得做一种火锅，那就是自己敢吃的火锅。"笨锅的研发团队为锁住食材的天然本味，采用了"古法铜锅"，其来源于千年前的铜锅理念，加之与动漫造型相结合，这是由笨老大亲自操刀设计的火锅造型，单单是打造这口卡通造型铜锅就花了10万元，耗时三个多月。笨老大认为，大大小小的火锅店随处可见，可真正出名的，也不过那几十家而已。要想走得远，就只有做出自己的特色来，而不仅是跟风。笨店卖的不仅是火锅，更是艺术品。

火锅有了后，笨老大又思考，客人要喝什么呢？笨茶应运而生。可以说，笨茶是为笨锅而生的健康饮品。在研发伊始，笨老大就想到了自己家乡的茶叶——福鼎白茶，但因为白茶成分不稳定，容易挥发，做成饮品后口感不易把握，所以，时至今日，没有任何一家店用白茶作为基底调制饮品，一切都只能靠自己研发。具有十几年水吧经验的研发人员怀抱着探索的精神，不分昼夜地调试茶水的配比，每天都在做测试，有时候测试做着做着就茶醉了，但是面对种种困难，研发人员并没有因此改变初心。历经180天的努力，研发团队全球首创福鼎白茶时尚茶饮——不含咖啡粉的白茶美式咖啡、极具时尚感的氮气白茶、首款白毫银针奶盖茶等20多款全新饮品，还有白茶研磨成粉制作成的白茶冰激凌，以白茶为原料的白茶酒等。可以说，一年是茶，三年成笨，七年成宝。笨茶日晒而成，最大限度地保留了笨物质，笨茶的各种笨值高于其他同类茶。

除此之外，笨店不得不提的是笨菜，它有一套自己的规则——美味，是所有创意的前提。笨菜尊重食材、跟随四季，它诠释的是一种感觉，一种中国菜融合菜的崭新面貌。笨店研发食研室对笨店的所有笨菜进行了全新的创作，全新的笨菜菜单里所有的菜都是以"笨"为名，每一道都是"压轴菜"。如果你每天品尝一道新菜，足够吃一整个冬季，且平均每45天就能出一批新品，让人每一次来笨店都能有一个新的体验。

你以为笨锅、笨茶、笨菜就是笨店的全部，其实不然，笨店里还隐藏着营养丰富的天然零食——笨食，从种植时就严格按照绿色种植方式培育，并经低温脱水、零添加，笨老大说，"坚持宁可少赚钱，也要让boss/女神吃到最好的茶"；以及由包括日本"奥特曼之父"在内的全球最较真的"笨"设计师联盟原创设计的，强调品质又死磕时尚的笨货。

一年间做了别人三四年时间做的事情，上千个SKU（库存里单位）的开发、衍生品的设计、零食供应商的对接、菜品的研发，都是为了能通过一步一个脚印的奋斗，创造出市面上所没有的菜品、饮品、冰激凌，力争成为行业内的佼佼者。就像是一万小时定律，笨店才刚涉入餐饮行业，就决定了做这个业态，然后才去研究。但他们认为任何事情只要花时间、工夫研究，总会有方向的，不然的话，人类社会就不会进步了，只能靠继承，不会有创新。

笨店不仅在环境、菜品上"笨"，就连服务也一如既往地"笨"。《笨新人入职须知》中的第一点就是，"从今天开始学习笨文化，给自己取一个响亮的笨名，我们只称呼笨名，一起笨到底！"聪明人走捷径，笨人只会下笨功夫，因为笨，"笨笨"们只会做到极致，所以"来笨店，不要去思考产品与服务的问题，因为笨笨只会做到最好"。笨店统一称呼顾客们为"boss或女神"，进店时，笨笨们会说，欢迎来这里笨一下；点餐时，笨笨们会送上围裙；就餐时，会有专门的笨笨随时待命，无须提醒就添水加料。笨笨们不仅服务细致体贴，还会唱笨歌、跳笨舞，为顾客们营造快乐的就餐氛围。每当遇上顾客生日的时候，笨店也会送上美好的祝福与礼物。他们说："笨店不是米其林、三星，但笨人用三星标准来经营笨店。"

笨家希望天下人都能变笨，不是变得愚钝，而是能坚持创新，坚持走一条看似难走、很笨的路，如此，你的努力终将会有回报。正如笨家所提倡的"让天下人都变笨"，"笨"让事物回归本质，让人摆脱浮躁、积极向上、坚持不懈，追求匠心与极致的精神，不寻求捷径，就这样笨笨地走下去，最终使客户获得最佳体验。

2. 赋能"笨"IP

笨店将动漫 IP 与餐饮、娱乐、购物相结合，吸引了当地消费者的眼球，笨店的方向在一开始就很明确——"打造世界级乐园的用餐环境"，将社交、娱乐、消费融合到门店中。

还未踏入笨店就能被"人生何必太聪明，有时候笨一点也挺好的""你说我笨？我笨得很执着""笨笨地做，坚持一下你就成功了"这欢快的节奏所吸引，笨店不仅有美食和萌趣玩偶，最重要的有随手一拍都自带浪漫 INS 风滤镜。进入笨店每个角落都有笨笨鼠的痕迹：笨笨鼠手捧花、心心兔与一米熊的百乐门演出、"男扮女装"的波士熊、蒙娜丽莎"熊"等，让你看了就想拍，就算是一个人拍照也不会寂寞。

"我们与传统的餐饮店不一样，没办法用传统的方式去跟 100 亿元的企业竞争，所以我们要找一种新的途径传播我们自己的品牌。"笨老大说，"我们将动漫 IP 与餐饮业相结合，动漫 IP 最好的传播就是通过动画片，我们希望借用 IP 的可持续塑造力推动笨店的扩张与发展，同时，通过餐饮的快速传播力量带动笨笨鼠 IP 的成长，形成良性互补的生态循环。"

2018 年，由福鼎市茶业发展领导小组、太姥山风景名胜区管委会与功夫动漫联手打造的福建省首部文化旅游 3D 动画项目《太姥娘娘与白茶仙子》在全国开播。这是一部与福鼎白茶有关的动画，动画中的白茶仙子是茶叶元素及精灵形象的有机结合，外表看起来像少女，纯洁可爱，同时由于是白茶化身的缘故，她拥有强大的治疗能力。动画播出后，笨茶的原料白茶开始被大家所了解，也有更多的人想要尝试。笨家计划三年投资一亿元，委托功夫动漫公司，用最好的编剧、最好的制作团队，打造两部以笨笨鼠为主题的大型动画片，讲述笨笨鼠、心心兔、波士熊及一米熊之间的欢乐故事。每年不低于 300 家电视台媒体播出，推广笨店并在线上举办"找彩蛋，赢大奖"活动，让观众观看动画片，寻找笨笨鼠彩蛋，通过转发评论或抽奖的形式，为观众送出大奖。

但单靠动画的宣传是远远不够的，起初笨家搭建了微信公众号、微博、知乎、搜狐号、今日头条等自媒体矩阵，通过软文的形式向大众介绍笨店。他们还投入资源，每季度推出一套笨笨鼠的表情包，从2017年3月14日正式上线，已经投入了8套表情包，累计发送量超2000万。而最近两年，个人短视频和直播等自媒体犹如火山爆发一样快速地发展起来，比较有名的像快手、抖音、火山等，于是笨家投资数百万元制作短视频、抖音用以推广笨店及笨笨鼠IP。此外，笨家计划每年开发10款互动小游戏，通过游戏进行推广，吸引用户，开放游戏积分消费，顾客可以自主下载或是通过所有笨笨鼠主题店面或产品扫码开始小游戏，用游戏中获取的积分抵扣现金或兑换商品，每月留住老用户的同时吸引更多用户，积累的海量H5游戏和用户后，会形成一个庞大的主题，随后H5游戏平台开放广告植入，平台开始盈利。

3. 让天下的人变"笨"

笨店是一家以动漫IP"笨笨鼠"为主题的复合式餐饮店，将火锅、创意菜、茶饮、衍生品等各种业态完美融合，打造出有别于传统餐饮的"动漫IP沉浸式体验店"。

在招聘员工时，他们说："这不只是招聘，我们在寻找笨人！"在笨店，他们不怕伙伴笨，他们只选择傻傻笨笨的、服务好客户且快乐、微笑的人。

别人找的是服务员，他们找"笨笨"；别人找的是传菜、切配、洗碗工，他们要找的是"美食助理"；别人找的是领班，他们找"大笨"；别人找的是销售导购，他们要找的是"笨GO顾问"；别人找的是厨师，他们找"美食设计师"；别人找的是店长，他们找"笨店长"！在笨店，每一个人都是创业者，从你加入团队的这一刻，笨店就希望你成为股东，一起努力奋斗。

2018年12月1日，笨店"寻找城市笨合伙人"发布会在泉州市万达文华酒店隆重举行，正式在全球范围发出城市合伙人合作邀请。本次会上，笨店正式发布"超级IP笨店城市合伙人模式"，诚挚欢迎有意向成为"笨IP"事业合作伙伴的个人或企业，向笨家提交合作申请。

笨家告诉与会来宾："笨店是第一家出现新店开张消费者霸街现象的店，在笨店发布会结束不到30天的时间里，笨店已经被东方富海、阿里巴巴合伙人、弘信资本等按 1 亿元估值，天使轮融资 2000 万元。总有一天，笨店会成为中国的迪士尼！"笨店获得中国风险投资基金等各种大型投资机构的青睐和追投，累计获得投资近两亿元人民币。东方富海合伙人陈伊玮曾做出这样的评价：笨店是她所见过最为特别的商业模式，不仅能适用于 800～3000 平方米的旗舰店，还能做 100～200 平方米的小店，所有业态组合起来是艘航空母舰，独立拆分开又成了战斗机，堪称餐饮界了不起的新模式。就连马来西亚商会会长也特意从马来西亚赶来，体验笨店，并希望能把笨店开到自己国家去。

笨老大的每一个创意、想法似乎都不切实际，但他深刻地诠释了"没有什么不可能，只有我们不去做"，他以不懈的坚持成就了他的"笨梦想"。他虽经历万般艰难却不曾放弃梦想，让不可能成为可能。很多人说："我投资不仅是因为这个项目，而是因为笨老大这个人！因为他的想法最终总能实现！"

在 2018 年笨店"寻找城市笨合伙人"发布会上，笨老大发言时说："我认为笨家一定能够将笨店打造成万达商圈中最有趣、最好玩、最年轻、最时尚、最有体验感的，适合青年人休闲生活的餐饮体验中心。笨店会成为旅游标杆商圈，吸引国际 IP 产业入驻，打造中国标杆性样板，能够构建一条完整动漫体验商圈，定然能够带动国内动漫产业的蓬勃发展，实现文创升级。希望笨店能够进军上海、广州、厦门等多个城市，2019 年，笨店将走向海外市场，到了 2021 年，能够召集 100 个城市合伙人，250 家店开业，累计 1 万个合伙人。"

四、"笨"未来，难矣

虽然笨店在全国市场不断扩张，但在部分已经招商运营的市场已有遇冷迹象，如广州。很多餐厅除了追求环境舒适外，装修更加美轮美奂、主题鲜明，业内甚至称"不能让顾客发朋友圈晒图的餐厅不是好餐厅"。

在广州，餐厅装修主题化越来越明显，尤其是西关元素。百年老字号陶陶居近几年开设的各个分店将西关怀旧主题展现得淋漓尽致；另一家高人气的粤式怀旧主题餐厅——大龙凤鸡煲，装修以粤剧为主题，将"戏院"搬进了购物中心，以传统文化为卖点，却吸引了年轻消费者；还有以棋牌为主题的——番禺酷时尚餐厅，把纸牌桌当张餐桌，靠枕做成麻将样式，墙面贴纸多以俄罗斯大转盘为元素，骰子 3D 墙画遍布餐厅各个角落，员工服装都是统一象棋款。

此外，各大网红餐厅也纷纷推出了自己的创意菜品。在这些餐厅里，光彩夺目的口红不再是口红，可以做成一道菜，用巧克力为原料，模样精致又好看；火鸡面的造型新颖，筷子可以悬空，火鸡面真的会飞；就连写字的毛笔不仅限于装饰，还可以吃，味道有点像油炸面筋。

可以说，笨店已经进入了同质化的时代，笨店的"粉丝"主要是 20～30 岁的年轻群体，他们对新鲜事物接受度较高，但这一部分人去笨店更多的是一种跟风，新鲜劲一过就没有持续消费的动力。

到 2019 年，笨店已经开店三年了，从当初不被看好到后来轰动全国，笨店成功演绎了它的爆红之路。然而，在经历了狂欢之后，遭遇市场遇冷、产品同质化严重、消费者黏性不高等一系列问题，如今，笨老大的笨梦想是否还能实现，笨店应该如何通过内容营销，持续吸引消费者的关注，唤醒消费者的品牌感知，提升消费者的品牌态度等，都是其亟待解决的问题。

好房子养好猪:"闽农好猪"的养猪故事[1]

李义斌　吴婉妍

摘要:本案例主要描述福建省闽农好猪全产业链管理有限公司自筹划、建设到发展的过程。2016年,闽农好猪养殖基地的前身由于受到"莫兰蒂"台风的重创而损失惨重,闽农好猪公司的实际控制人黄春圃以此为契机摒弃原有的生猪养殖模式,通过学习生猪养殖新理念、引进生猪养殖新技术,构建一个集饲料、养殖、屠宰、金融等环节在内的完整产业链。闽农好猪全产业链管理有限公司通过实行全产业链管理,解决产业链上下游信息不对称、价格不透明等痛点,提高产业链运营效率,并在公司发展后期引进供应链金融,通过饲料垫资、统一清算等模式,大幅度减轻产业链内各节点企业的资金压力,并实行会计集中核算,资金统一清算,对资金流转方向进行实时监管,有效保障项目资金安全。闽农好猪全产业链管理有限公司在生猪养殖过程中综合运用异位发酵床技术、微生物发酵技术及猪肉去酸技术等多项先进技术,在生猪规模化养殖全程中对水、声、气、渣等排放垃圾进行统一收集净化处理,实现生态养殖,并通过大幅降低抗生素药物的使用,将微生物群添加至饲料中,提高生猪的免疫力,保证生猪肉品符合绿色食品标准,保障食品安全。公司通过将生猪粪污分解发酵转换为高效有机肥料的方式,实现生猪养殖产业链后端的成品回购,从而打造循环经济。闽农好猪全产业链管理有限公司依托引进的生态养殖专利技术和丰富的实践经验,实现供应链管理与生态养殖、输出高品质产品。

关键词:全产业链整合;规模化养殖;生态养殖

---

[1] 本案例已被中国管理案例共享中心收录,并得到授权引用。

一、引言：立春·规划

我国自古就有"猪粮安天下"的说法，可见生猪养殖行业具有极为重要的战略地位。首先，生猪养殖具有刚性需求，猪肉在居民肉类消费总量中的比例大于60%，是绝对的餐桌主导。其次，猪肉价格的波动不仅直接影响着城乡居民的生活水平、消费情况，更影响着中国宏观经济的波动和宏观调控政策走向。但是长期以来我国生猪养殖行业以"散户养殖"为主，散户养殖存在规模化程度低、科技化程度低、生猪品种不纯、食品安全难以保障及污染环境等众多问题。由于与日俱增的环保压力，生猪环保政策密集出台，各地区逐步划定限养区、禁养区等，并由政府主导依法关闭或搬迁生猪规模养殖场，2016年以来大量的生猪养殖户退出市场。

生猪养殖行业由于环保问题产生的巨大动荡，许多人对生猪养殖行业由趋之若鹜变成敬而远之。然而，作为"养猪"忠实爱好者的正和有机农业有限公司董事长黄春圃意识到生猪养殖行业的存续是社会的刚性需求，不能"畏难"，而应"迎难而上"，加紧变革生猪养殖行业的步伐。

黄春圃作为闽商中的一员，承袭了闽商重商、务实逐利的精神，冒险进取、"敢拼爱赢"的风格，与兼容和开放的气质，他在房地产开发与农业种植等众多领域都取得了极大的成就。早在2013年年初，黄春圃就开始与朋友一起投资养殖生猪，但是由于当时从事生猪养殖行业较为盲目，没有充分学习先进的生猪养殖经验，所以他在早期的生猪养殖过程中走了"养殖老路"，不仅生猪产出效率低下、销路不佳，更严重污染了养殖地的周边环境。2016年9月，该养殖地遭遇了"莫兰蒂"超强台风，猪舍几乎损失殆尽，生猪养殖地遭到重创。在台风的灾后重建过程中，政府及时协调，向黄春圃金融借贷400万元用于灾后重建。黄春圃说："'莫兰蒂'吹垮了生猪养殖地后，丝毫没有动摇我要继续养猪的念头，我只是不断思考如果再有一次机会，我应该如何做得更好？如何开辟新的生猪饲养方式？"

2016年10月，黄春圃亲自带领养殖团队对福建省内的生猪养殖基地进行系统性考察，通过调研发现，福建省内缺乏具有代表性的规模化生猪养殖基地，现存的许多养殖基地不仅养殖技术落后，更因污染问题被政府紧急叫停。黄春圃认为，变革生猪养殖行业不应该走"简单粗暴"的老路，而应"另辟蹊径"，首先，利用已有的过剩产能，将被淘汰的工业产房改造为猪舍，实现轻资产养殖；其次，学习生猪养殖的最新理念，实现规模化、科学化养殖；最后，采用先进技术处理生猪养殖过程中产生的废气、废水及废渣，实现生态化养殖。

2016 年 12 月，在初步规划后，项目开发前期黄春圃向人保公司再借贷 200 万元，从亲朋好友处筹借 180 万元，自有资金 300 万元，尽数投入生猪养殖基地改建。黄春圃还通过多方资源创建"闽农好猪"项目组，项目组成员包括生猪养殖经验丰富的农户、养殖技术人员及由经纶企业管理研究院引进的高校的养殖专业人才。黄春圃的妻儿都认为项目组成员资质参差不齐，项目很难成功，屡次劝说他放弃闽农好猪项目。但黄春圃坚定地认为"项目组成员虽学历层次、社会阅历不同，但每个人对项目都具有极高的认同感与参与度，闽农好猪项目组必能不断地碰撞出创新的火花，顺利推进闽农好猪项目落地实施"。

二、产业发展：孕育·裂变

1. 产业现状

（1）养殖总量"V"变化

中国生猪市场的波动基本呈"价格上涨→利润可观→存栏增加→价格下跌→严重亏损→存栏下降"的往复循环过程。价格上涨周期长，利润趋高，生产规模加速扩张；反之，亏损严重，资金短缺，养猪户退出养猪业，生产规模加速缩减。

近 10 年来，伴随着我国猪肉价格的变化，生猪存栏量也经历了先增后降的过程。2007—2012 年是增长阶段，生猪存栏量从 4.4 亿头增长到 4.76 亿头，增长 8.2%，年均增速 1.6%；2013—2016 年是下降阶段，且降幅逐年扩大，2016 年年底降至 4.35 亿头，较 2012 年高峰期下降 8.6%，养殖量创近 10 年来的最低水平，下降过程持续时间创历史最长水平。

（2）规模化养殖水平低

在生猪养殖发展前期，由于农村经济发展水平低等原因，农户养猪的主要目的是获得家庭副业收入，散养生猪占据了中国出栏生猪的绝大份额。随着生猪养殖市场风险、环保成本及疫病风险不断加大，生猪饲养成本提高，农村剩余劳动力外出务工收入提高，以及消费者对猪肉质量安全的日益关注，生猪散养户逐步被市场淘汰，中国生猪规模化养殖引起市场的关注。但总体而言，中国生猪养殖业的规模化水平依然远低于世界畜牧业强国，生猪规模化养殖水平依然不高，以散养户和中小规模养殖户为主的产业结构并未完全改变。

（3）产业化组织初步发展

生猪养殖业商品化、市场化的不断发展及规模化程度的提高，为生猪养殖上下游产业链的协同发展奠定了坚实的基础。近年来，生猪养殖龙头企业、合作社、产业协会等产业化组织实现了初步发展。在产业化组织的带动下，许多中小规模养殖户通过要素入股、养殖契约等形式，走上了产业化经营之路，市场上涌现出多种产销结合的模式，如"企业＋养殖户""合作社＋养殖户""基地＋养殖户"等。但是目前大多数养殖户仍直接参与市场交易，组织化程度不高。

2. 食品安全

随着经济社会的发展，城乡居民生活水平不断提高，人们对食品的要求由"量"向"质"转变。在畜产品产量增长的同时，畜产品安全事故频繁发生，特别是"瘦肉精""三聚氰胺""苏丹红"等食品安全事件，引发了人们对食品安全的关注。猪肉的食品安全问题主要来源于以下两个方面。

（1）饲料污染危及食品安全

目前市场上所用的猪饲料原料存在质量问题：被各种农药与化肥污染；饲料生产与保存不当引发饲料发霉变质；人为地在饲料中添加激素、镇静剂、防腐剂、三聚氰胺、克伦特罗等。使用劣质饲料喂养猪只，不仅会引发猪只中毒，还可能导致有毒物质残留在猪只体内，当人们食用这些猪肉产品时，将对人类的生命健康造成严重危害。

（2）兽药残留危及食品安全

生猪养殖过程中猪只发生疾病，常常需要使用兽药及药物添加剂，但我国许多生猪养殖散户使用过期、伪劣、违禁兽药的现象屡禁不止。当下市场上许多散户不严格执行休药期而将生猪上市销售，造成兽药残留量超标，给人类生命和公共健康造成直接或间接危害。如呋喃唑酮和砷制剂在畜产品中的残留已被证实有致癌作用；雌二醇、玉米赤霉烯醇等可导致儿童早熟，发生肥胖症；链霉素、庆大霉素、卡那霉素、新霉素等氨基苷类药物可损伤人的第八对脑神经而致耳聋；氯霉素可引起骨髓再生障碍性贫血，抑制抗体合成及细胞免疫反应等。由于生猪养殖过程不规范给居民的"餐桌安全"造成极大隐患，黄春圃深刻意识到变革生猪养殖刻不容缓。

3. 模式孕育

由于安徽省是全国的养猪大省，养猪业已由家庭副业发展为农民增收的支柱行业，并且安徽省生猪产业的整体发展趋势与全国保持基本一致。所以"闽农好猪"项目组成立后，黄春圃便迅速组织成员赴安徽省进行生猪养殖企业的经营模式调研。调研后项目组成员以组织方式进行分类，安徽省的生猪企业通常采用"公司＋农户""自繁自养自加工"和"公司＋基地＋农户"的经营模式。

以上三种主体模式在实施过程中各有利弊，采用"公司＋农户"的经营模式由公司供应给农户仔猪、饲料、兽药等物化生产资料，对产品实现统一回收。公司还提供统一技术与管理标准，农户按照统一标准自行搭建猪舍进行生猪养殖，待商品猪达到一定的规格（上市体重或上市日龄）后，公司保价回收和销售，最后统一核算金额进行分配。在此种模式下，农户成为公司的契约养殖户，不承担市场风险。但是由于公司对农户饲养过程的管控难度较大，使生猪品质存在较大隐患；并且公司与农户在利益分配方面有所冲突，合作农户违约问题严重。

采用"自繁自养自加工"的一体化模式，形成一条生猪育种、种猪扩繁、商品猪饲养为一体的完整封闭式生猪产业链。猪场的建设、饲养、固定设备等均由企业投资，农户与公司签订合同形成雇佣关系后，统一养殖、统一供料、统一防疫、统一销售。在此种经营模式下，公司的固定资产投资大，环保压力也较大，且不利于在全国迅速推广和复制。

"公司＋基地＋农户"的经营生产模式虽说本质上也是"公司＋农户"，但存在些许差别。企业在此模式下按照统一标准投资建造猪舍，并且向农户提供猪苗、饲料、兽药、技术指导和技术人员服务及防疫和技术管理，农户缴纳适当保证金后在基地内进行封闭式养殖，成为公司的契约农户，最终由公司负责回收和销售成品猪。此模式的优势在于减少了育肥阶段饲养管理和生猪疫病的风险，并大幅降低了资金回笼的风险。但在此种经营模式下，公司的固定资产投资大且环保集中处理压力大。

此次赴安徽调研后，项目组展开多次深入讨论，最终确认"闽农好猪"项目应该采用"公司＋基地＋农户"的模式。在此种模式下，能够减少生猪销售的交易成本，降低农户交易风险；公司能对猪农提供养殖指导与帮助；模式采用专业化分工原理极大提高了公司和猪农的效率与利益。但是在模式运作过程中应当关注公司与农户之间的利益分配问题,切实保障猪农权益。闽农好猪在后期项目实施过程中通过"旧厂房"改造减轻公司的固定资产投入压力,并通过引进一系列先进的生猪养殖技术以降低集中处理粪污的环保负担,最终实现"绿色养殖、生态养殖"的美好愿景。

在确认经营模式后,闽农好猪项目组于2017年年初设立福建省闽农好猪全产业链管理有限公司(以下简称闽农好猪公司),闽农好猪公司通过控股方式对生猪产业链包含的全部环节进行投资,各环节组织载体之间基于公司的资产、技术与议价能力联结起来,公司在生猪产业链条中始终处于主导地位。闽农好猪公司拥有战略合作饲料厂、生猪饲养基地、屠宰场及专门销售点(超市或专卖店等)。闽农好猪公司采用现代产业链管理理念,通过资本和技术控制,严格实施标准化、规模化饲养,生猪产品加工工艺水平高,产业链控制管理体系严格。由于闽农好猪公司实力较强,因此在产业链的每个环节都处于领导地位。

4. 产业裂变

闽农好猪项目组在赴安徽考察的过程中发现,在生猪养殖过程中无论是散养、专业户饲养还是规模化饲养,均存在不同程度的用地难问题。规模化养殖是推进生猪养殖产业变革、加快现代化进程及稳定市场供给的有力举措。但是,规模化养殖场在选址布局、设施、防疫、环境治理等方面的要求更为严格,导致规模化生猪养殖的用地难问题更为严峻。无论是新建规模生猪养殖场,还是对原有的养殖场进行规模化改造,面临的首要难题就是用地能否得到有效的满足。从目前安徽省生猪养殖业的发展现状看,养殖用地不仅是进行规模化生猪养殖基地建设的基础条件和制约因素,而且成为顺利推进生猪规模化养殖发展的主要障碍之一,如何获取养殖用地并使其得到高效利用成为生猪养殖业的一大挑战。

在当前产业转型、城市功能优化和土地集约利用的背景下,低效工业用地的转型升级已经成为国家和各城市政府的重要职责,从而推进国土资源供给侧结构性改革、推动新旧动能转换。我国目前仍处于工业化、城镇化、农业现代化快速推进时期,土地资源的需求仍然十分旺盛,而用地指标及用地空间十分有限,土地供需矛盾突出、用地保障难度大;并且我国发展初期的粗放型用地模式累积了大量低效工业用地,产业层次水平较低,与现有产业布局及功能定位越来越不相协调，也与国家落实节约集约用地制度相违背。所以，迫切需要通过工业用地再开发、再利用，显著提升我国的用地效率。

闽农好猪公司在畜牧业用地越发紧张、工业低效用地急需再开发的大背景下，提出将工业淘汰的废旧产能改造为新型节能、环保猪舍，以同步实现盘活低效工业用地与生猪养殖的规模化发展的目标。闽农好猪公司通过严格筛选那些已经办理供地手续的闲置地块、空闲地块、停建停产地块，处于闲置、遗弃的状态，却符合生猪养殖要求且仍有调整利用空间的用地，在选地工作完成后指派专业技术人员，在原有淘汰工业用地上实施技术改造、完成用地转型，通过增资改产提高每亩用地的产出效率，通过合理规划提高用地的容积率，从而增强淘汰工业用地的使用效率。闽农好猪公司的这一举措坚持"以节约优先、保护优先、与自然和谐共生"的方针，同时形成了节约资源和保护环境的养殖格局、产业结构与生产方式，从而推动房地产行业与生猪养殖行业之间产生产业关联，并通过一系列合理规划及技术改造助推产业间裂变效应的产生，以此推进我国生猪养殖行业与房地产行业的同步良性发展。

三、企业转型：设施·养殖

1. 正禾有机

从 2010 年开始，黄春圃与其合伙人便在福建诏安设立正禾有机农业生产基地。目前，诏安基地已经发展成为海西地区同期认证面积最大、认证品种最多的有机农业生产基地。黄春圃在创业初期吃了不少苦头，他刚涉足农业领域时丝毫没有种植经验，但他沉下心来学习种植技术、苦心钻研，并在学习过程中不断描绘、完善着"正禾"的蓝图。

黄春圃于 2013 年成立福建正禾有机农业发展有限公司，公司坐落于福建省厦门市，是一家集农产品生产、加工、销售及宅配服务于一体的现代化农业企业，旗下拥有三家有机农场与正禾好农一站式生鲜商品购物平台。黄春圃作为正禾有机农业发展有限公司的实际控制人从正禾运营之初便强调，正禾应当始终为消费者的健康把关，严格把控农产品生产与加工流程，从而切实保障食品安全。

黄春圃在正禾有机农业发展有限公司成立后便迅速启动"大正禾"战略，经过黄春圃及其团队人员的共同努力，目前已经成功打造出正禾现代农业与健康生活价值产业链，产业链涵盖了供应链管理、平台运营与营销管理、会员与健康数据沉淀三大模块。"大正禾"战略目前已经形成专注于会员价值与社群互动的"正禾模式"，并以此模式影响中国现代有机农业发展，引领健康生活新方式。正禾有机农业发展有限公司目前自有的有机蔬菜基地生产面积达 2200 亩，其中，已获认证的有机种植面积为 460 亩，公司旗下有 23 大类蔬菜通过有机认证，并且拥有自己的检测中心与产品研发部门。2014 年，厦门国际马拉松比赛官方指定正禾有机农业发展有限公司作为唯一的有机蔬菜供应商。

正禾有机农业发展有限公司发展至今已初具规模与较强的社会影响力，其成功蓝图是黄春圃用辛勤汗水所描绘，并且正禾现代农业产业链的成功运营为黄春圃在闽农好猪公司的产业链模式构想与实施方面储备了丰富的理论基础与实践经验，使闽农好猪公司在进行产业链整合的过程中少走"弯路"、不走"错路"。黄春圃在研究有机农作物种植、钻研生猪养殖过程中发现，利用生猪养殖换出的富含有机质的肥料，施肥于农作物，可实现资源的循环再利用，有效地减少化肥、农药的使用量，提高农作物的有机化程度。黄春圃从实践中得出的"发现"巧妙地将正禾有机农业发展有限公司与闽农好猪公司联系在了一起，同时也坚定了黄春圃在正禾有机农业发展有限公司成功的基础上开拓生猪养殖商业版图的决心。

2. 嘉烨兴

厦门嘉烨兴农业科技有限公司（以下简称嘉烨兴）注册于 2011 年 10 月 14 日。公司创始人团队曾于 2009 年 5 月 7 日组建研发团队对畜禽粪污资源化技术进行科研实验，历经多年的实践探索和深化研究，至今已形成一整套技术应用规范，并获得多项自主研发的技术知识产权。嘉烨兴利用先进生猪养殖技术建设畜禽粪污资源化技术科研项目和生猪养殖示范基地，总占地面积 108 亩。2017 年，嘉烨兴被指定为"金砖会晤"生猪生产供应商，其新型养殖技术得到政府与公众的认可。

黄春圃早于 2015 年便开始同嘉烨兴的高层进行接洽，在长达三年的时间里，黄春圃基本每周都会去嘉烨兴的生猪示范基地看看，即使因为事务繁忙没去基地，也会打电话向嘉烨兴的管理人员询问生猪养殖的近况与疫病率等信息。嘉烨兴的一位技术人员评价道："黄春圃先生对嘉烨兴养殖技术的了解程度恐怕要比许多公司内部人员更为深入，他一定拥有自己的生猪养殖'心得'与'门道'。"

基于黄春圃长期的考察研究,闽农好猪公司刚注册他便迅速与嘉烨兴达成合作意向,引进嘉烨兴先进、成熟的微生物发酵床技术、微生物发酵饲料技术与猪肉去酸技术。嘉烨兴所研发的微生物发酵床能够从源头吸纳并分解猪粪尿,减少或杜绝生猪养殖给周边环境造成的污染,是一项清洁、环保的养殖方式。其特点可以概括为:"五省、四提、三无、两增、一少、零污染"。五省:省水、省料、省药、省电、省工;四提:提高品质,提高抵抗力,提高饲养密度,提高肉料比;三无:无臭味、无蝇蛆、无环境污染;两增:增加经济效益,增加社会效益;一少:减少猪肉药物残留;零污染:没有养猪废水粪污向场外排放。生猪的粪尿在发酵床内发酵分解后转化为有机肥,从而实现生猪养殖过程中产生的废弃物得到100%的综合利用。该技术自2012年起便已经在嘉烨兴示范基地投产应用,技术稳定性较高。闽农好猪公司通过引进嘉烨兴成熟、先进的生猪养殖技术,使闽农好猪公司实现真正绿色化养殖、循环经济,保证输出高品质生猪。

3. 设施改造

为响应国家供给侧改革,推进化解过剩产能工作顺利开展,闽农好猪公司生猪养殖基地由废旧的工业厂房改造而来,但由于工业用地与养殖用地的选择标准略有不同,所以在选择废旧工业厂房前应当考虑以下几个因素:①地理位置。养殖基地的选择应考察生产基地与饲料产地、加工地与产品销售地之间的关系,确保合理的运输距离,且选址应尽量靠近交通干线。②地势地形。养殖基地应当选在地势稍高、地形平坦开阔、向阳背风的地方。③水源。养殖基地建设区域要确保丰沛的水源,并对当地水质进行检测,以确定是否适合人畜饮用。④土壤。养殖基地选址时应当了解选定厂房附近的土层结构及土壤性质,包括底层构造、土层承载力、土壤性质等。应当及时排除膨胀土、回填土等不适宜建造建筑物的因素。黄春圃带领公司技术人员及合作高校团队,经多次实地调研与会议探讨,最终将闽农好猪首家规范养殖基地设于福建省南安市八尺岭。

猪舍是猪群生存的必要条件之一,猪舍内的温度、湿度、空气流速、空气质量与粪便处理方式等因素都直接影响猪群的健康,而此类因素对猪群的影响受栏舍建造的直接作用,因此建造科学、合理的猪舍,给猪群提供一个理想的生长空间在生猪养殖过程中显得尤为重要。闽农好猪公司确定养殖基地选址后,根据闽农好猪公司生猪养殖计划和未来发展方向,选择适用的猪舍改造计划。

黄春圃在长期对生猪养殖的研究过程中发现，现存的传统猪舍主要依靠自然通风与人工清粪，不仅生产效率低，更造成大量废水、废污、废气的排放。异位微生物发酵床养殖方式在近年推广过程中取得了较好的效果，逐渐被广大的养猪户所认识和应用。猪粪处理池与发酵床结合形成异位微生物发酵床养殖方式是一种污染物"零排放"的养殖新模式，通过在传统猪舍的周围建造一个独立的微生物发酵床，铺设有机物垫料，将猪舍的排泄物引导到异位微生物发酵床内，通过翻堆机将排泄物与发酵垫料混合进行发酵，消纳粪污。闽农好猪公司通过收集大量案例资料，研究发现采用异位微生物发酵床的猪舍春、夏、秋、冬各个季节 H_2S（硫化氢）的浓度分别比普通猪舍低 54.65%、57.36%、52.13%、52.26%，异位微生物发酵床猪舍为猪群的生长发育提供了适宜的环境，同时减少养殖过程中产生的废气、废水、废污对环境造成的污染。异位微生物发酵床新型猪舍的设计重点在于流畅运作，充分运用猪场的设施将猪所具有的生产潜能充分发挥出来，从根本上提升了劳动效率，为猪场的生物安全提供保障。由于闽农好猪公司始终倡导规模养殖、生态养殖，经过项目组多番讨论最终决定对猪舍进行改造，具体实施如下。

(1) 改造规划

闽农好猪公司在将工业厂房改造为异位微生物发酵床新型猪舍前，先对整体养殖基地进行规划布局，养殖基地包含养殖区与核心培育区。养殖区包含公猪舍、母猪舍、配套分娩舍、妊娠舍等生猪养殖区。在前期规划时闽农好猪公司邀请专业设计师明确基地中的饲料管线、转猪专线、基地道路等基础设施的设计，以确保猪舍通风系统运行高效、母猪分娩舍实现全出和全进，从而提升猪舍的使用率。在设计思路确认后由专人负责进行养殖场建筑平面图、剖面图与立面图的绘制。

(2) 改造实施

①通风系统。

闽农好猪公司技术团队通过调研发现，当猪舍温度高于33℃、湿度高于80%时生猪的采食量明显下降，因此，安装异位微生物发酵床前，应先安装猪舍内的通风系统。猪舍通风方式有自然通风和机械强制通风两种，自然通风需要在猪舍建设时设计合适的进风口，利用自然的风力及温差作用将舍外新鲜的空气引入舍内，为了加强温差的抽风作用，根据当地自然风向等实际情况合理地设置进出风口，并在畜舍屋顶上设置无动力屋顶通风器，来提高舍内通风换气的效果。

在机械通风设计中，应用较多的是纵向负压通风设计，将室内高温空气由风机排出而将室外凉爽的新鲜空气引入舍内，对室内环境起到较好作用，纵向负压通风通常选用轴流风机作为通风机械，根据需求选取不同的轴流风机型号。

在改建过程中针对猪舍自然通风，闽农好猪公司通过安装挡风板与无动力屋顶通风器来实现。在改造过程中，猪舍窗户下沿离发酵床地面 60 厘米，在窗户上安装挡风板，挡风板冬季关闭、夏季打开，使冬季排出舍内有害气体和多余水汽，并且在引入足够新鲜空气的前提下尽量少带走热量，维持适宜恒定的舍温。在发酵床猪舍屋顶每隔 9.0 米安装 1 个直径为 500 毫米的无动力屋顶通风器，通风器整体为流线圆弧形，既保证了通风器本体强度，也有效减轻了通风器本体所承受的风压，猪舍在运作过程中利用通风器本体高度和弧形所形成的大容积，有效地提高了室内空气收集和排放能力。此种方式不仅满足猪舍冬季通风换气的要求，也保障气流稳定，不形成贼风，避免水汽在猪舍墙壁和天棚上凝结。

闽农好猪首例养殖基地位于福建省南安市，南安市地处福建闽南地区，夏季炎热，为尽量多地带走热量，在满足自然通风的前提下进一步安装机械改进猪舍通风系统。闽农好猪公司采用纵向负压强制通风方式，安装两台直径为 140 厘米的轴流风机作为通风机械，夏季靠近风机处窗户关闭、远端窗户打开，使气流均匀通过猪舍，风机将舍内的空气排出发酵床猪舍后，使舍内空气压力低于舍外大气压力，舍内外的负压差驱使舍外的新鲜空气通过进气口进入畜禽舍，充分满足猪舍内夏季通风的要求。

②降温系统。

当猪舍内温度高于舍外温度时，通风可排除猪体的体热，但是当空气温度高于 25℃ 时降温效果递减，当气温达到 30℃ 以上时就应该考虑选用其他的降温方式，因此，异位微生物发酵床猪舍在改造过程中必须安装相应的降温系统和设备。闽农好猪养殖基地的异位微生物发酵床猪舍选用高压喷雾降温系统，该系统由江苏省农业科学院农业设施与装备研究所设施养殖项目组研制，喷雾系统距发酵床面高 2.0 米，该系统采用液力雾化的方法，向空气中直接喷入雾滴，使之蒸发冷却空气。系统由水箱、高压泵、过滤器、防堵喷嘴、管路、储压系统及自动控制器件组成，工作压力范围为 0.7～6 兆帕，雾滴粒径范围为 10～100 微米，单个喷嘴喷雾直径可达 4 米，水喷成雾状后，其总表面积大大增加，雾滴越小，其单位体积的表面积越大，越有利于增加与空气的接触表面积加速蒸发。整个系统由 1 台高压泵、2 条管路组成，2 条管路之间的距离为 3 米，为使雾滴喷出后有足够的空气漂移时间，以便与空气充分接触蒸发。以往许多实践经验表明，高压喷雾降温系统降温效果显著、运行可靠，并且维护方便，费用较少，不仅适合我国气候干燥的北方地区，更适用于我国夏季炎热、潮湿的南方大多数地区。

③猪栏改造。

改造后猪栏采用金属型材焊合而成的栏栅式猪栏，栏高 80 厘米，间隔 5 厘米。由于猪栏面积越大，分区越明显，猪粪越集中，并且上苗、打针防疫、卖猪均不方便，根据原有的实际建设情况与窗户的位置，闽农好猪养殖基地的猪栏采用双栏式设计，猪舍共划分为 12 个猪栏，1 列 6 个，单栏面积为 25～40 平方米，猪栏长 6.5～10 米、宽 4 米，每栏容纳保育猪 40 头，养殖密度平均为 0.7 平方米/头。

以往理论研究中大多数人认为猪栏内硬化地面可供生猪盛夏高温休息，但实际生产研究结果显示，生猪粪尿排泄到硬化地面上造成舍内环境恶化，从而造成管理成本大幅提升。闽农好猪养殖基地的猪栏内夏季高温问题可以通过通风控制和喷雾降温系统解决，这样不但方便、快捷、省工、省力，同时增加了床体面积，提高了饲养密度。

④采食与饮水。

闽农好猪养殖基地选用自由采食和自动饮水设计。采食设备采用圆柱形自动采食料槽，针对保育和育成阶段的生猪，采食设备由圆柱形的贮料器和采食铸铁圆盘组成，圆柱形贮存器中贮存一定量的饲料，随着生猪的吃食，铸铁圆盘中的饲料用完，贮料器中的饲料在重力作用下不断落入饲槽盘内，可以较长时间加一次料，大大减少了饲喂工作量，提高了劳动效率。此外，采食器置于猪栏中间，与以往的单面和双面石槽相比，增加了料槽的有效使用面积。饮水器选用鸭嘴式自动饮水器，与以往水槽饮水相比，此种饮水器不仅保证了饮水卫生，也大幅减少了水资源浪费。

⑤异位发酵床设备安装。

闽农好猪养殖基地采用的异位微生物发酵床是为了适应传统养猪污染治理方法而建立的，整个工艺装备由排粪沟、集粪池、喷淋池、异位发酵床、翻堆机等组成。异位微生物发酵床由钢构房、发酵池、翻堆机、喷淋泵等构成。每个发酵池宽度为 4 米，深度为 1.5 米，长度为 40 米，1 个发酵床由 4 个发酵池组成，2 个发酵池中央有 1 个喷淋池，宽度为 1 米，深度和长度与发酵池相同。闽农好猪首家养殖基地的异位发酵床建设面积为960平方米，翻堆机选用福建省农业科学院与福建省农科农业发展有限公司合作研发设计和生产的"轨道行走升降式异位微生物发酵床翻堆机（FJNK型）"。

猪舍内的粪污通过尿泡粪，经过排粪沟进入集粪池，在集粪池内通过粪污切割搅拌机搅拌防止沉淀，粪污切割泵打浆并抽到喷淋池，喷淋机将粪污浆喷洒在异位发酵床上，添加微生物发酵剂，由行走式翻堆机翻堆，将垫料与粪污混合发酵，消除臭味，分解猪粪，产生高温，蒸发水分。喷淋机周期性地喷淋粪污，翻堆机周期性地翻耕混合垫料，如此往复循环，完成粪污的处理，最终产生生物有机肥。

由于异位微生物发酵床在猪场的外围建立发酵床，猪群不与垫料直接接触，所以垫料选择范围大，可以是谷壳、锯糠、椰糠、秸秆粉、菌糠等。发酵床将各个猪舍的粪污通过沟渠或管道送到异位发酵床，统一发酵处理；并且发酵处理周期灵活，如需要生产有机肥，发酵时间可以控制在45天左右。

进行异位微生物发酵床猪舍改造过程中，在保障技术可行的前提下，有效节约了生猪养殖成本。闽农好猪公司在猪舍改造过程中不仅考虑到原有建筑不同的设计结构，还通过改善建筑结构和设备条件，降低猪舍内湿度、有害气体浓度及细菌含量，避免对生猪造成危害，并且合理设计猪舍的通风系统，在不同季节保障了舍内良好的通风环境。

4. 养殖尝试

2017年5月，闽农好猪在改造完成的生猪养殖基地引进500只生猪进行养殖尝试，并在养殖过程中对养殖基地设施与养殖技术进行改进。通过一年的养殖尝试，将养殖基地的生猪各项指标与普通生猪养殖场的生猪进行对比发现，养殖基地的仔猪成活率由81%提高到91%，提高了10个百分点；生猪出栏时间由190.26天缩短为170天；每只母猪生产仔猪由15.32头提高到18.05头。闽农好猪养殖基地通过提高母猪生产水平，大幅减少母猪饲养量，从而降低养殖成本。

在养殖基地运行最初的两个月中，闽农好猪公司的技术人员及时对设备和设施进行检修，检查配怀舍定位栏的固定件螺丝有没有松动，防止固定定位栏螺丝脱落进入排污管道，造成排污管道堵塞。在猪舍改造及设施方面，通过养殖尝试发现：如冬季猪舍内天花板上出现冷凝水珠，则表示冬季猪舍通风量不足；为保证猪舍内生猪的安全，必须要定期清洁屋顶进风系统；在冲洗栏舍完成以后，不能将舍内门窗打开，避免昆虫、老鼠、鸟类等进入猪舍中；通过夏季温度对比发现，闽农好猪养殖基地的母猪猪舍由于采用降温减湿新设备，使猪舍室内温度降低5℃～6℃，从而减少母猪冲凉降温方面的用水量，实现养殖过程中的能源节约。

闽农好猪公司在养殖期内选用的异位微生物发酵床垫料配方，采用椰壳粉、锯末、谷壳各1/3，加入微生物发酵剂，混合搅拌，填入发酵池铺平，将粪污导入异位发酵床，通过翻堆机翻堆，每天多次翻堆，使异位发酵床微生物迅速发酵，粪污除臭，分解猪粪。异位发酵床可连续使用，连续添加垫料，连续产出有机肥。在长达一年多的养殖尝试中，技术人员发现，当每吨垫料含水量达50%时，吸污能力为2.2倍，即每吨垫料第一次可以吸纳粪污（干物质为10%）1200千克，每一天翻抛两次垫料，每天每吨垫料吸污料可蒸发10%的水分，即每天蒸发掉120千克的水分，每天可补充（吸纳）粪污120千克，秋季每个月能够吸纳3600千克的粪污，即每吨垫料每月能够处理3吨的粪污。

养殖尝试过程中，在天气晴朗、温度适宜的时间，养殖人员让生猪进行室外活动，利用紫外线的杀菌作用保障生猪健康。虽然闽农好猪采用的生态养殖模式不需要冲洗猪舍，但是仍然要做好定期消毒工作，在生猪外出活动时，对猪舍进行彻底消毒，采用石灰水、过氧化酸等溶剂来喷洒猪舍，并保证猪舍的通风。针对患病的生猪，应做好隔离措施，严禁使用化学药品或抗生素类药品，防止药品对生猪免疫系统的破坏，可以有针对性地选择中药和常规兽药开展治疗，保障猪只的健康。

生猪在成长过程中不可避免地受到各类疾病的侵害，为提升生猪的免疫力，闽农好猪公司从嘉烨兴公司引进全新的微生物发酵饲料。由于发酵饲料中含有大量的益生菌，在生猪的生长过程中，可对其体内的有害菌进行抑制，提高生猪的抵抗力，增强其免疫力，从而减少生猪发病的可能性。如果生猪能够少生病，那么养殖者的经济利益会更加有保障。增强生猪的抵抗力还可减少因为错诊、误诊等造成的经济损失。

选用发酵饲料进行养殖尝试后发现，选用发酵后的花生壳作为生猪饲料，可代替30%～40%的玉米，养殖户可在每头猪上节约150～200元的玉米成本，还能节约50元的防疫治疗费用。由于饲喂发酵花生壳的生猪质量会更好，与饲喂全价料的生猪相比，其价格能高出4元/公斤，即如果一头生猪的体重为100公斤，饲喂发酵饲料每头可增加400～450元的收益。

闽农好猪公司进一步将微生物发酵饲料饲养的猪群与普通饲料饲养的猪群

进行对比后发现，因为普通生猪养殖基地没有采用微生物发酵饲料，每头生猪的医药费用为 50 元左右，而闽农好猪养殖基地因为使用微生物发酵饲料，这一药费成本降低近 70%。将 23 公斤的小猪饲喂到 61 公斤，其料重比为 2.34∶1；将 61 公斤的生猪饲喂到 94 公斤，其料重比为 2.72∶1。与传统的全价料相比，发酵饲料饲喂的生猪料重比更低。并且，饲喂发酵饲料的生猪瘦肉更多，品质更好，肥而不腻，具有鲜肉嫩、熟肉香的特点。此外，饲喂发酵饲料，可明显降低猪粪的臭味，使猪舍内的卫生环境更好，从而为生猪创造更加舒适的生长环境，进一步提高生猪的养殖质量。所以，在生猪养殖过程中，饲喂一定量的发酵饲料，对生猪的生长十分有益。

四、"好猪"饲养：规范·溯源·环保·闭环

1. 规范养殖

在生猪养殖方面，要想实现循环经济的发展目标，首先必须推行规范养殖，然后在建设养殖基地时全面贯彻循环经济理念，科学地规划养殖基地，并严格按照规划功能执行各项任务，在净化养殖环境的同时也带来更高的综合效益。

闽农好猪公司在养殖基地规范及生猪养殖过程中采取以下措施使规范养殖初具成效。

（1）规范选址

闽农好猪公司生猪养殖基地规范化运作的首要任务，就是解决养殖基地的选址问题。闽农好猪公司在选址时，养殖基地不仅需要满足选址在当地政府划定的可养区内，还应拥有适合生猪生存的环境、便利的交通条件；而且需确保在这种环境之下进行生猪的繁殖培育不会影响到周边居民的正常生活。养殖基地选址后需获得当地环保部门的许可证，才可以进一步建立生猪养殖场。闽农好猪公司在首家养殖基地选址工作完成后，便制订了科学规范的养殖基地选址规程和制度，为后期养殖基地的选址提供依据与参考。

（2）规范布局

在布局养殖基地时，闽农好猪公司依据所选地理位置、所处的风向及流水向进行建设工作，将生猪生活区域设置在上风向的位置，生产区域设置在下风向的

位置。并且，依据风向位置按照次序安排猪舍位置，菜猪栏一定要安排在离门口较近的位置，这有利于生猪的随时出栏，而兽医室及粪便场地则安排在下风向的低洼位置。

闽农好猪养殖基地中的猪舍设立为东西走向，背北向南，使生猪能够有效接触到阳光，使猪舍处于冬暖夏凉的一种状态。与此同时，猪舍房顶高度设置大于10厘米，使猪舍的隔热效果更强，并通过安装先进的降温和降湿设备，有效调整猪舍的湿度及温度。

（3）规范引种

优质品种是提高生产能力、增加养殖收益、减少用药成本的关键因素，通过长期调研发现，地方种猪的生长发育速度不快，瘦肉率偏低，养殖需要投入更多的成本。黄春圃在养殖基地试行前就对种猪引进制度严格规范，坚持选用高产优质的生猪良种，保证品种来源明晰、性能良好、检疫合格。优质的生猪品种不仅肉质好，生长速度快，既能够满足市场对猪肉产品的需求，还能创造更大的经济效益。闽农好猪公司在养殖尝试过程中不断对生猪品种进行改良和优化。在选择种源时，选择健康、生产性能较好的种猪。同时，选择身体健壮的种猪，以保证猪仔的质量。此外，在选择生猪品种时，闽农好猪养殖基地也十分关注种猪的系谱关系，尽量选择育种价值比较高的品种。

（4）规范疾病防控

闽农好猪公司定期安排专员进行驱虫，并保持猪舍内外的环境清洁，降低污物发酵和腐败产生有害气体。闽农好猪养殖基地科学实施畜禽疫病综合防控措施，严格执行免疫程序，对病死畜禽实行无害化处理，开展猪群的健康状况监测和流行病学调查，做好猪瘟、伪狂犬病、口蹄疫、高致病性蓝耳病等生猪重大疫病的基础免疫，加快推进疫情监测网络体系建设，完善动物疫情预警预报机制，强化生猪卫生监管，推进流通环节检疫检验工作，确保生猪免疫密度和免疫质量。

（5）规范饲料管控

闽农好猪公司通过规范饲料、饲料添加剂及兽药的安全使用，以提高猪肉的质量安全。闽农好猪养殖基地的饲养管理专员严格遵守饲料、饲料添加剂和兽药使用有关规定。在生猪饲养过程中，饲养管理专员可将精饲料与粗饲料混合饲喂，根据生猪每个生长阶段对营养的需求情况，合理调整喂食比例。同时，重视对饲料的质量检测，不将发霉、变质的饲料喂给生猪，以免引起猪疾病，给养殖基地造成经济损失。

（6）规范档案管理

闽农好猪公司自养殖基地建设以来便全面建立养殖档案制度，养殖基地需要准备以下资料：一是养殖场地的平面设计图；二是养殖场的免疫程序环节；三是产品的生产记录；四是生猪饲料、饲料添加剂及兽药的使用生产记录；五是兽药进货及出货的具体情况；六是生猪的消毒记录；七是生猪的免疫记录；八是生猪的诊断治疗记录；九是病死生猪无害化的处理记录；十是生猪防疫的监测记录。生猪养殖档案的建立也是生猪产业链整合追究责任制度的重要前提和保障环节，同时也是加大场地环境监管力度，改善动物防疫追究系统的重要措施。

（7）规范污染物处理

闽农好猪养殖基地遵循闽农好猪公司制定的标准、规范和社会公共卫生准则，使猪场既不对周围环境造成污染，又不受周围环境的影响。闽农好猪养殖基地始终遵循技术集成和"减量化、无害化、资源化"的原则，根据排污系统的特点，分析污染物的特性，有的放矢地对猪粪污水进行综合治理与资源化利用，初步实现工程投资少、技术可靠、效果好的目标。例如，闽农好猪养殖基地使用异位发酵床而产生的废气垫料通过综合实施处理，保证处理效果。先采用机械方法把垫料或其他污物收集在一起，然后再喷上化学消毒液或者焚烧，最后进行深埋处理，以确保对环境无污染。

闽农好猪公司采用规范化养殖模式，通过规范养殖基地选址、布局、引种、疾病防控与饲料管控等，从而加强对养殖场的管理、对环境的管理与疫情的控制等。闽农好猪公司成功的规范养殖尝试将推动我国生猪标准化养殖业更好更快地发展，以促使猪肉的质量越来越好，更加符合人民日益增长的物质需求。

2. 数据溯源

为保证百姓餐桌肉品的安全，建立全产业链安全溯源机制至关重要。闽农好猪项目组通过学习与讨论后确定构建全产业链包含育种、养殖、屠宰分割、物流、销售五大环节的信息管理系统。这些管理系统可以通过硬件采集终端数据到数据库，为全产业链的追踪溯源提供数据来源。考虑到使用成本、推广可行性，全产业标识编码采用以 GBT20563-2006 为主的编码体系，该体系规定了动物射频识别过程二进制动物代码的结构，适用于动物管理的相关信息的交换处理。

在育种阶段，闽农好猪公司育种借助于 PDA 终端采集养殖阶段的育肥猪生长速度、母猪产活仔数、育肥猪饲料转化率等信息。养殖环节是产业链中经历时间最长的环节，也是产生数据量最大的环节。养殖阶段借助于低频采集终端采集每头猪的生长信息、饲料信息、防疫信息、用药信息、环境信息到服务器，为消费者追踪溯源做数据准备，结合育种阶段的对应信息建立生猪的养殖电子档案。由于屠宰分割属于流水作业，以致数据采集是最困难的，闽农好猪公司采用依次采集、依次分割、依次挂钩的方法，即当最初猪被悬挂在流水线上时，使用数据终端获得低频猪耳标号存入数据库，在生猪被分割前依次利用高频读写设备，写入高频挂标，并依次悬挂。物流阶段利用温度传感器实时显示温度信息，并通过 GPRS 上传数据到数据库服务器。销售阶段消费者购买的每块"闽农好猪"上都有用移动设备打印的二维码标签，销售员还应通过电脑上报销售单位、销售日期等信息以备消费者溯源查询。闽农好猪项目通过上述一系列措施实现生猪全产业链数字化和猪肉信息的溯源。

3. 绿色环保

生猪规模化养殖容易造成环境污染，黄春圃在项目开始之初便提出："闽农好猪养殖基地在建设及未来发展的过程中，不能走先发展后治理的老路，应始终坚持'前端源头节水，后端农业利用'的核心思想，通过引进零排放的异位发酵床模式，做到粪污无害化处理，走安全、优质、生态、绿色的发展道路，在发展的同时守住生态底线。"

与传统生猪养殖模式相比，闽农好猪养殖基地采取的规范化生态养殖的用水量极低，因为在规范化模式下，闽农好猪公司通过引进新型降温减湿设备，使猪舍室内温度降低 5℃～6℃，与普通猪舍采用物理降温的方式相比，大幅减少生猪冲凉降温方面的用水量，并且无须经常冲洗养殖场地，保障生猪日常饮水即可。仅这一点，每年就可以节约 90% 的用水，从而实现养殖前端的水能源节约。

黄春圃在正禾有机农业的种植过程中发现，一公顷农田可以施氮肥约 150 公斤，如果农田中种植菜或者草之类的植物，可以消化的生猪粪便就更多。同时，粪便制作成有机肥有利于减少氮磷等元素的流失，既减少了对生态环境的伤害，又节省了养殖的成本。所以，闽农好猪公司养殖后端采用农牧结合的方式，与正禾好农有机蔬菜种植基地进行合作，将生猪养殖基地的生猪的粪便先进行处理，发酵堆肥，再引入正禾有机农业的生产中，正禾有机农业活动中产出的作物又可以再应用到生猪养殖饲料中，以达到循环利用的目的。这样既能减少对环境的污染，又能对植物的生长带来肥力。黄春圃在农牧合作尝试中还指出："如果采用农牧结合的方式，应控制生猪的养殖数量和养殖规模，不能一味地只求多，而要根据实际情况，适度养殖，这样也有利于产生更高的效益。"

闽农好猪养殖基地通过"前端源头节水，后端农业利用"的方式，在养殖前端大幅节约了养殖用水，在养殖后端不让粪便随意排放到自然环境中，使养殖场资源耗费量低，环境污染程度低，所以，对周边居民及环境产生的影响程度也极低。

4. 成品回购

闽农好猪生猪饲养过程中产生的粪污在降解处理中，通过翻耙机对发酵床进行翻耙，使垫料与猪粪尿混合充分，由于有益的微生物菌种大量地存在于发酵床中，直接发酵猪粪尿，使猪粪尿能及时、充分地分解，降解了粪污中的有害成分，将猪粪污转化生成生物高效的有机肥。在降解过程中有少部分的废水及有机物质保留在垫料内，因此每年有 1/3 的垫料进行更替，更换的垫料也同样可以作为有机肥使用。通过微生物发酵降解污染物，既实现污染零排放，又获得生物有机肥。

与传统的粪污处理方式相对比，舍外生物发酵床综合治污技术真正实现养猪无排放、无污染、无臭气的零排放清洁生产，真正实现生态环保养猪。而闽农好猪公司由生猪饲养过程中生产的有机肥通过打包销售给正禾好农，大幅提高生猪产业的附加值。此类有机肥可以用于农业生产，减少化肥使用，缓解土壤板结、酸化等问题，增加土壤肥力，同时提高有机农产品的质量，从而提升农业生产产值。

闽农好猪养殖基地第一年在生猪饲养过程中产生的有机肥市场销售总收入可达 35 万元，闽农好猪公司采用的生态化养殖模式将生猪养殖与农产品种植生产的能耗得到最大化地利用，实现粪污治理与有机农产品生产的双赢，真正地使畜禽粪便"变废为宝"，最大限度地对污染物进行资源化利用。

5. 产业闭环

闽农好猪公司成立之初首先建设自己的生猪养殖基地，为了在产业发展中不增加产能负担，生猪养殖基地将废弃的工业产房进行改造，产房改造采用规模化、可复制的设计便于后期复制推广。公司发展后期也可能与众多的生猪规模饲养场、生猪养殖农户通过合同契约进行合作，合作的养殖场与农户应当严格遵守闽农好猪的养殖基地建设规范、数据采集规范及污染物处理规范。

在生猪饲养过程中，闽农好猪公司旗下的养殖基地都应当依循高标准、科学、规范的防疫、消毒、免疫、驱虫、保健、用药等程序，确保猪群健康。在生猪屠宰分割环节，养殖基地都应严格依照公司统一规范进行屠宰分割，坚持做到"依次采集、依次分割、依次挂钩"，以此确保溯源数据准确。在生猪销售环节，公司既建立连锁专卖店，也与大型连锁超市合作，公司对终端销售人员进行统一的培训，并要求销售人员严格遵守销售规范、着装及服务标准的要求。图 1 为闽农好猪养殖产业闭环。

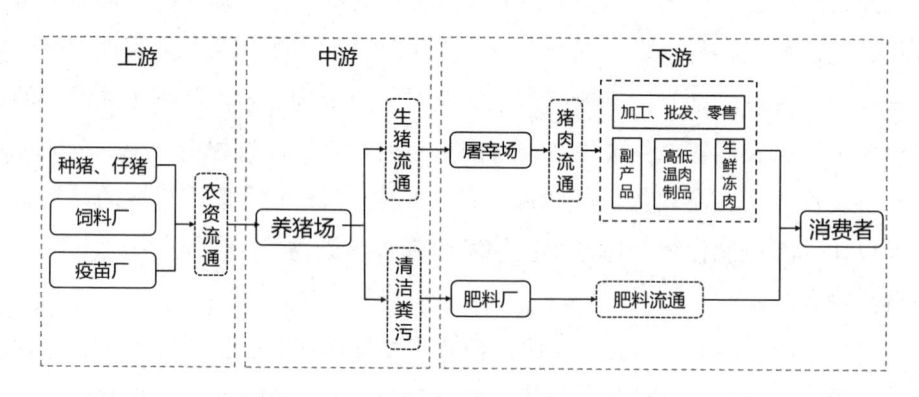

图 1 闽农好猪养殖产业闭环

五、出栏：预期·品质·复制

1. 产量预期

闽农好猪公司在正式投产后，以 10000 头规模养猪场为例，生猪养殖年收益可达 946 万元；未来三年预计技术应用推广目标 210 万头，可实现营收利润 3433 万元。以 2000 头生猪存栏为例，每年投入生猪的饲养成本 250 万元和养猪场管理成本 50 万元，毛猪销售营业利润预计可以达到 150 万元，生猪饲养过程中产生的有机肥市场销售总收入可达 35 万元。同时，通过辐射效应，可带动周边养殖业发展和更新换代，使生猪养殖产业结构得到调整和优化升级，为生猪养殖户增收找到新的突破口，为当地经济发展起到推动作用，经济效益显著。利用生猪养殖产出的富含有机质的肥料，施肥于农作物，可实现资源的循环再利用，有效地减少化肥、农药的使用量，提高农作物的有机化程度。养猪场的实施还将提供约 200 个就业岗位，有助于带动当地饲料、畜产品加工及生物、化工等行业的发展，容易形成新的经济增长点，社会经济效益显著。表 1 为闽农好猪公司生猪投产养殖盈利分析。

2. 品质保证

闽农好猪公司通过养殖尝试发现，随生猪年龄的增长，肉质呈改进趋势，220 日龄后猪肉质量趋于稳定。但对公猪，适当提早屠宰，有利于降低猪肉的膻味。生猪在运输中急剧的温度变化、挤压、强行驱赶等因素会引起生猪的应激反应，其结果是造成生猪体温升高，心跳加快，耗氧量增加，导致机体代谢发生异常，促使肾上腺皮质激素（ACTH）类分泌增加，糖原酵解过程加强，产生大量乳酸和磷酸等酸性产物。未经静养的生猪其应激反应将造成宰后 PSE 肉（俗称水猪肉）的增加，从而影响猪肉品质。所以，闽农好猪养殖基地通过规范选种、合理饲养、依规屠宰、引进猪肉去酸技术等方式，从多维度提升闽农好猪养殖基地的猪肉品质。

闽农好猪养殖基地规范生猪选种过程，严格选取瘦肉率高的生猪品种、品系。饲养专员在饲料中为生猪补充大量的菌体蛋白和微生物菌群，促使生猪肠道内的菌群处于平衡状态，增强生猪的免疫能力，减少在饲料中投喂化学药剂，从而缓解猪肉中的药物残留情况，提升了猪肉品质。由于闽农好猪养殖基地采用产业链闭环生产，可以避免生猪的长途运输，充分禁食休息，减少刺激生猪等宰前抗应激措施。生猪屠宰过程严格遵循 GB/T 17236—2008 的要求，使生猪在待宰圈的静养时间为 12～24 小时，并在宰前 3 小时停止喂水，从而大大降低生猪 PSE 肉的发生。生猪屠宰完成后，闽农好猪公司通过使用引进的先进猪肉去酸技术，降低猪肉屠宰后带有的酸性和膻味，从而进一步提升猪肉的质量与风味。

表 1 闽农好猪公司生猪投产养殖盈利分析

猪舍建设资金预算

年出栏数量(头)	猪舍建设成本(万元)	垫料成本(万元)	翻抛设备(万元)	通风系统(万元)	水电设施设备(万元)	废气净化系统(万元)	配套设施(万元)	其他(万元)	合计(万元)
2000	300	25	30	20	15	30	40	10	470

生猪饲养成本分析

生猪存栏数量(头)	饲料成本(元/头)	疫苗药品(元/头)	人工成本(元/头)	水电成本(元/头)	固定资产设备折旧(元/头)	设施设备维护费(元/头)	其他费用(元/头)	成本合计(元/头)
2000	910	110	100	15	60	25	30	1250

年收益分析

生猪存栏数量(头)	毛猪销售(元/斤)	毛猪出栏重量(斤/头)	毛猪销售收入(元/头)	毛猪销售总收入(万元)	年收益(万元)	成本合计(万元)	有机肥市场销售价(元/吨)	有机肥市场生产(吨/年)	有机肥总收益(万元)	年收益总计(万元)
2000	8	250	2000	400	150	250	1200	500	35	185

通过对生猪饲养全程的严格质量把控，闽农好猪养殖基地的生猪肉品均符合国家《绿色食品、畜肉》的标准，且生猪肉品中氨基酸含量比其他品牌肉品高出近1.4倍。

3. 模式复制

闽农好猪公司依托正禾有机农业有限公司成熟的经营团队和已经初具规模的先进生猪养殖技术和体系，在2018年6月实现第一批生猪出栏，已初步实现生猪生产的产业链整合目标。但是黄春圃没有因为一时的成功便停下前进的脚步，2018年7月，他便组织闽农好猪公司的管理人员针对养殖基地选址、养殖基地设施改造、生猪饲养、生猪屠宰等方面问题形成一套制度规范，为后期的养殖基地建设提供指引。黄春圃在闽农好猪公司初期成功的基础上，再次对闽农好猪公司的运营模式进行完善升级，经过优化升级，"闽农好猪新模式"提高了合作方与公司合作的深度与广度，让更多人参与到公司业务中，并实现各方利益共享、风险共担、各司其职。为了方便后期闽农好猪运营模式在全国范围内的迅速推广，黄春圃将闽农好猪的生猪养殖过程总结为"分阶段、规范化养殖""分散养殖、统一管理"。

"分阶段、规范化养殖"即是将整个养殖过程分为若干阶段，如种猪养殖分为"配种—妊娠—分娩—保育—育成"五个阶段，每个阶段分别在不同的猪舍进行。不同阶段猪舍配备相应的专业设施，功能明确。"分散养殖"即应保证单个养殖基地间保持合理距离，养殖基地内部采取绿化隔离带的方式分割为各个小的养殖场。"统一管理"包括统一采购、统一供料、统一供种、统一防疫、统一流程、统一销售。闽农好猪公司在将运营模式进行复制的过程中，将派遣总公司专业人员按照"六统一"的服务措施对当地的合作农户实行统一封闭式管理，并定期组织专业化培训，充分发挥农户在饲养过程的主人翁意识。该种运营模式的优点在于：易于防疫，杜绝不同阶段和批次的生猪交叉感染；易于实施与农户的合作，实施更细致的分工，从而降低养殖成本；易于精细化管理，保证生猪质量。该模式更能充分发挥闽农好猪公司的管理优势，通过科学的机制设计，公司与农户各担其责、优势互补、共享成果，在统一管理的基础上，调动农户的积极性和责任心。

闽农好猪公司的运营模式通过前期的探索与后期的总结升级，已经形成一套完善、规范的体系，针对其独特的运营模式形成一套完善的模式复制流程与指导手册。在后期的发展中，闽农好猪公司只需考察当地的地形、地势及气候条件便可将"快速、便捷"模式复制，从而实现闽农好猪公司生猪养殖产业在全国范围内的迅速复制和推广。

创业者如何完成华丽转身

——慧友云商创始人的创业历程[1]

裴学亮　杨洋　吴东儒　邓辉梅

摘要：技术创业是创业领域一个重要的现象与实践，本案例基于企业信息管理技术创业的背景，描述了一个典型的技术创业公司——北京慧友云商科技有限公司的创始人兼 CEO 文杰从一名技术人员逐步成长为产品经理、高级技术顾问、分管产品研发的副总裁、创业公司创始人的整个过程，以及他在整个创业过程中的重要实践与思考过程。在案例描述过程中，编写者在实地调研公司并取得一手资料的基础上，面对面访谈了案例当事人、前同事、创业合作伙伴、创始团队和公司高层管理人员等相关人员，从多个视角对慧友云商的创业过程和文杰本人的转变进行描述，为创业过程与管理的理论和实践提供参考。

关键词：技术创业者；创业过程；技术创业者个人特质

一、引言

2018 年 9 月的开学季，在北京中关村的北京慧友云商科技有限公司（以下简称慧友云商）总裁办公室内，慧友云商的创始人兼 CEO 文杰充满自信地对来做交流和访谈的客人说："去年（2017 年）的公司收入在互联网企业中已经实现盈亏平衡，今年（2018 年）可能会盈利 1000 万元左右；从客户数量看，到目前为止，公司平台上的客户端用户已经签约的超过 1000 万人，活跃用户规模在

---

[1] 本案例已被中国管理案例共享中心收录，并得到授权引用。

700万～800万，最终我们的目标是达到1亿的使用人群，成为行业内的独角兽企业。"

在文杰自信的话语背后，是慧友云商用短短三年多时间从一个初创公司成长为国内卓越的企业信息化平台提供商的蜕变。那么，在这个过程中，慧友云商究竟经历了怎样的过程？慧友云商的掌舵者文杰究竟经历了怎样的创业经历与心路历程？

二、公司背景

1. 慧友云商介绍

慧友云商创立于2014年，是国内卓越的SaaS[①]平台提供商，拥有国内领先的架构、模块、存储、运维等技术，以其独创的低代码、可视化、易拓展PaaS[②]-SaaS平台，通过数字化业务中台，一云多端的前台触点，帮助传统行业组织实现数字化经济转型。慧友云商的使命为：让企业深度"连接"每一个客户；价值观为：专业、担当、创新、格局等。

慧友云商目前的主要运营业务为：①低代码、可视化、易扩展的PaaS云平台；②产业互联网的SaaS云服务平台；③数字化营销云平台；④智慧党建云平台。其中，主打产品为营销云和智慧党建两种：①营销云平台提供了八个核心模块（包括促销中心、数据中心、分销中心、社群中心、客服中心、交易中心、连锁中心和会员中心），客户可以应用移动互联网、大数据、AI、区块链等全新营销手段快速构建企业线上平台，实现线上线下客户的全渠道覆盖，从而构建企业可持续经营的会员池，沉淀会员数字资产；②智慧党建通过提供六个功能模块（包括组

---

① SaaS（Software-as-a-Service，软件即服务），是云计算的三种服务模式之一，指提供给客户的服务是运营商运行在云计算基础设施上的应用程序，用户可以在各种设备上通过客户端界面访问，如浏览器、手机APP、小程序等。客户不需要管理或控制任何云计算基础设施，包括网络、服务器、操作系统、存储等。客户所使用的软件的开发、管理、部署都交给SaaS提供商，不需要关心技术问题，可以拿来即用。

② PaaS（Platform-as-a-Service，平台即服务），也是云计算的三种服务模式之一，指提供给客户的服务是把客户采用提供的开发语言和工具（如Java、python等）开发的或收购的应用程序部署到供应商的云计算基础设施上去。客户不需要管理或控制底层的云基础设施，包括网络、服务器、操作系统、存储，但客户能控制部署的应用程序，也可能控制运行应用程序的托管环境配置。PaaS供应商提供软件部署平台（runtime），抽象掉了硬件和操作系统细节，可以无缝地扩展（scaling），客户只需要关注自己的业务逻辑，不需要关注底层。

织信息、考核评价、党务工作、支部生活、学习宣传和交流互动）来打造党建智能化云平台，可以通过移动互联网技术实现党建政策落地执行、党务工作高效便捷和基层党员分散管理的目的。

截至2018年年底，在慧友云商的云平台上已经聚集了3000多家企事业单位和政府客户，终端用户的规模超过2000万。

慧友云商是北京中关村确定的高新技术企业和"2017年金种子企业"，是2017年"一带一路"沿线国家中小企业合作重点项目企业，是人民网和中央民族大学新媒体研究中心等的战略合作单位。

慧友云商各阶段战略发展如图1所示。

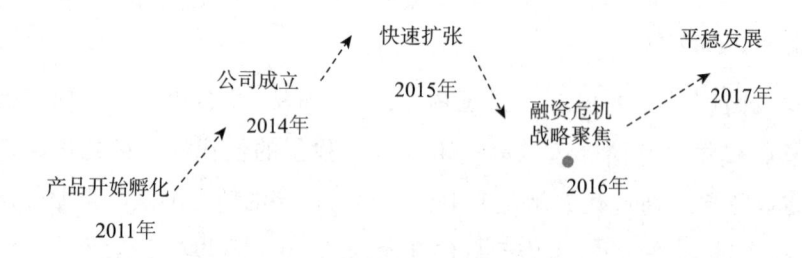

图1　慧友云商各阶段战略发展

2. "双创"背景介绍

"大众创业、万众创新"（简称"双创"）出自2014年9月夏季达沃斯论坛上李克强总理的讲话，李克强提出，在中国960万平方公里土地上掀起一个"大众创业""草根创业"的新浪潮，形成"万众创新""人人创新"的新势态。此后，李克强总理在首届世界互联网大会、国务院常务会议和《2015年政府工作报告》等场合中频频阐释这一关键词。

以此为开端，国务院、各省市均出台了针对"双创"的各项优惠政策，其中，自2014年年底至2018年年底，国务院共出台"双创"各类政策文件40多项，涉及创新企业行政审批、融资、税收、教育、监管、知识产权、产业扶持等方方面面；国务院各部委出台的涉及"双创"的政策文件更是达到120多项，涉及创新创业的方方面面。各省市均根据国务院的相关精神，结合实际情况，出台了相应的促进"双创"的各项政策。其中，北京市从营商环境、产业发展、科技创新、人才服务、税收优惠、用地保障及中关村促进在京高校科技成果转化等各方面出台了相应的"双创"政策。

2018年9月26日，国务院下发《关于推动创新创业高质量发展打造"双创"升级版的意见》进一步明确了"双创"的发展路径。2018年12月20日，"双创"当选为2018年度经济类十大流行语。

三、创业意识的萌芽：学生时代的创业经历

1973年出生于四川自贡的文杰，从小就是一名名副其实的"学霸"，并于1992年以四川省自贡市理科高考状元的身份考入了北京大学学习无线电电子学和计算机科学，五年后的1997年，他拿到了无线电电子学和计算机科学的两个学位后顺利毕业。

回忆起大学的求学经历，文杰认为，北京大学的学习极大地培养了他的学习能力和应对压力的能力，他说："以前在四川老家的时候，由于学习能力在当地比较突出，别的同学和我差距比较远，所以学习过程是完全没有压力的。自从上北大之后，同学都是市级状元或者是省级状元，学习的压力与竞争都非常大。在这种情况下，我必须突破自己。一旦突破，对我的创新能力及在压力下突破'天花板'的能力都是一个非常好的锻炼，而且对自信心也是一种培养。由于这种自我突破，毕业时，我是我们学校那一届唯一一个从无线电电子系和计算机科学系同时毕业的。"

同时，在求学期间，文杰结合自己的专业知识，1995年便开始接触互联网，在读本科时编写了一套电脑销售库存管理软件，其在中关村笔记本电脑零售商中非常受欢迎。此后，又为中关村图书城编制了一套图书销售库存管理软件，更是占据了图书城大量的商户市场。在做本科毕业设计时，文杰选择了为中央电视台做一套基于互联网的采编系统，谈及这次经历，文杰说："我那时候做的基于互联网的采编系统还是很领先的，那时候懂互联网技术的人还是比较少，所以做出来很受欢迎。也正是因为这个经历，让我坚定了技术创新的理念，包括现在的慧友云商，从创立之初就立足于技术创新。"

1997年从北京大学本科毕业之后，由于在本科学习期间对互联网和计算机通信网络的热爱，文杰放弃了保送北京大学研究生的机会，而是保送到北京邮电大学攻读硕士研究生学位，专业是电信管理网。而在1999年，还在攻读研究生学位的文杰由于敏锐地发现了北京房屋租赁市场的巨大需求，而且发现房屋租赁

的供求双方信息极不对称，便与同学一起做了一家房地产中介网站。但是，在一年之后，由于希望出国留学继续学习，他和合作伙伴放弃了这一次创业。提及这段经历，文杰说："在这段短暂的创业经历中，基本没碰到什么大的问题，因为太快了，而且也太仓促了，但是这次创业经历也让我明白了一件事，即对具备运营能力的企业来说，互联网本身也是一种软件。因此，这对我现在利用互联网技术帮助实体企业实现转型是非常有启发意义的。"

四、创业技能的培养：职场精英的逐步跨越

在研究生毕业后，文杰选择了出国留学深造，并于 2000 年进入在通信网络领域技术领先的贝尔实验室研究学习。在贝尔实验室研究学习结束之后，出于对企业信息管理系统软件和电子商务的兴趣，文杰在 2002 年加入了国内信息管理系统软件的领先企业之一——用友网络科技股份有限公司（以下简称用友）做董事会战略规划部门的技术顾问。在用友工作期间，文杰主要深入参与了用友的主打产品——ERP（Enterprise Resource Planning，企业资源计划）软件的应用规划及技术应用，在企业信息管理系统软件的开发和应用等方面积累了大量经验。

2004 年，文杰加入了 SAP SE（Systems, Applications & Products in Data Processing，以下简称 SAP），主要的工作是技术研发和产品经理，主要的技术领域是 SaaS。进入 SAP 中国研究院后，文杰参与了 SAP 在当时开发的一款 SaaS 产品——Business By Design 的产品构想设计、研发、产品测试、产品上市与应用等全过程。而且，SAP 公司为这个产品的研发投入了大量的研发资金，基本涵盖了企业的各项运营环节，可以提供基于云端的完整而全面的控制。正如文杰所说："在我的打工经历中，对我帮助最大的就是 SAP 公司，为什么呢？主要是因为这家公司形成了完整的面向企业客户领域的企业管理软件设计、研发、测试等整个环节方法论，在全球没有哪家管理软件公司可以和它的严谨度抗衡，它有几十年的知识沉淀，有一套成熟的体系。所以要做企业管理软件，一定要去 SAP，而且面向企业的管理软件和面向个人的软件差异是很大的，在面向企业的管理软件领域，SAP 就像一所世界顶级的大学。"

2007 年，文杰离开 SAP 公司，入职微软公司（以下简称微软）的微软亚

洲工程院，担任产品战略规划负责人，负责一个美国区域的医疗项目——Web Amalga。这是微软为医疗机构提供的整合医院所有异构系统、实现互联互通的平台，包括电子病历、电子处方、影像数据等信息，不同部门，甚至不同医院的医生可以通过系统随时调用病人数据。在微软亚洲工程院，文杰认为，在微软，自己学到了结果导向，微软的狼性是超强的。

2009年，文杰辞掉了微软的工作，重新回到用友集团，在2010年组建了用友医疗。在用友集团，文杰负责产品规划和集团产品整合，体会到了外企和中国本土企业之间的差别：中国本土企业的草根生长力及它对中国文化、业务的理解是外企所不具备的。

提及从2002年到2011年的职业生涯经历，文杰说："其实现在特别感谢我人生阅历中的三家公司：对我帮助最大的是SAP，因为这家公司让我形成了完整的面向企业客户的方法论；第二个是微软，它追求目标和结果导向，让我明白如何管理一个现代企业；第三个是用友，虽然它的相对规模较小，但是扎根于中国，深刻了解中国企业的文化和管理特质，这对我后期创业是非常有帮助的。"

五、创业梦想的实现：从合伙人到CEO

1. 分管技术的合伙人：致远互联的创业经历

经过十年左右的职场打拼，出于骨子里对创业文化的热爱，文杰在2011年选择了接受好友徐石和黄骁俭的邀请，到北京用友致远软件技术有限公司（现更名为致远互联股份有限公司，以下简称致远公司）担任负责技术的副总裁及首席架构师，是致远公司的自然人股东，总体负责产品研发和战略规划。在致远公司的三年多时间里，文杰积极推进了公司的业务发展，率领团队研发出多款全新成熟产品，助力致远软件总资产增长数倍，站稳国内协同软件领域领军企业位置，在公司战略和公司治理方面积累了非常丰富的经验。

（1）从技术思维到管理思维：坚持产品研发体系的创新

在致远公司，文杰主导的第一个大事件就是对致远公司当时的研发体系做了很大的创新。致远公司当时主要有两条产品线，功能较为相近，客户群仅是规模和类型不一样，需求越来越接近，运营成本比较高，研发成本也比较高。所以当时文杰提出一个很大胆的想法，就是把研发产品的平台统一起来，只是面对客户不太一样的时候，做行业化和个性化的裁剪和封装，这对当时国内的研发体系来说是非常大的变革和跨越。

文杰花费了很大的精力并克服了重重困难，在公司董事长和高管团队的支持下，终于完成了对研发体系组织和产品的重大变革，将两个产品系列的研发部门整合成为一个平台。整合完成后，公司协同管理软件的个性化软件定制在代码级和平台级都可以在统一平台上进行随意扩展、封装和升级，根据企业的规模，在应用级做调整，这对公司的产品研发体系、运营体系，甚至销售体系都具有非常大的影响，在业界处于领先的水平。

按照文杰的老同事、现任致远公司副总裁刘总的说法："这对致远公司是一个里程碑式的事件。从文杰的角度来说，在那个阶段对他本身也产生了很大的影响。主要就是思维的变化：他不再是纯研发思维，而是已经涉及市场、营销和管理的思维。站在一个研发总经理的角度来看，有很多重叠的部分，从成本到技术，从研发到投资回报率。这对他后来成立公司并担任一把手是个非常大的影响和思维转变。"

（2）从内部协同到外部协同：对社会化协同产品的设计与实现

在漫长的企业管理软件与互联网研发职业生涯中，文杰敏锐地发现企业信息化必将由内向外发展，形成全方位的信息化、数字化应用闭环。现在文杰所在的慧友云商的前身——大家社区团队即脱胎于这个理念和创意。文杰在2011年时就提出，企业的外部协同是一个未来趋势。当时在国外社区的概念刚刚兴起，在国内还没有引起关注，而文杰当时就萌生了想做社群和社会化协同软件的想法。他当时敏锐地意识到会有很大的一个爆炸性的内外互联的产业互联网需求。

提及研发大家社区这个产品的初衷，文杰说："因为我是做企业内部管理软件的，2002年在用友做企业内部管理软件，2004年在SAP开始做SaaS，一直做了12年，在这个过程中我发现，企业管理软件可以给公司提高效率，可能带来组织效率的改变，如变成阿米巴模式，但是不能做商业模式的改变，商业模式的改变需要对企业营销、经营客户和业务交易进行赋能，而经营客户现在从技术角度就一个词——互联网。因此，我产生了开发一款通过互联网和移动互联网管理和经营客户的社会化协同管理软件，这就是我最开始成立研发团队开发大家社区产品的初衷。"

文杰在致远公司的同事、现任致远互联股份有限公司副总裁刘总认为，社区的协同是一个未来趋势，现在社会化协同的概念已经很热了。文杰当时的想法至少提前了三年，很有前瞻性。所以他那时候不仅仅是具备技术思维，而是具备创业思维，既有技术背景，又有商业想法。

2. 从主导产品研发团队到公司创始人：慧友云商的掌舵人

（1）大家社区产品的独立运作

2014年12月，大家社区产品逐渐完善，获得了二六三、用友网络、华软等公司的A轮融资，成立了北京慧友云商科技有限公司。

在从研发产品到注册成立公司这段时间，文杰说："大家社区最初的想法与实际产品，在方向上保持了一致性，在落地细节上已经是面目全非了，但是很多好朋友看好，十分感谢致远、用友、华软、华盛一泓、赢创这样的投资人，在我们还很粗糙的时候就获得了资金和认可，创办了慧友云商这个企业。"

在创立慧友云商之前，慧友云商创始人文杰的个人职业经历如图2所示。

1973年	1992年	1997年	2000年	2002年	2004年	2007年	2009年	2011年	2014年
出生于四川自贡	求学于北京大学	求学于北京邮电大学	就职于贝尔实验室	就职于用友	就职于SAP	就职于微软	就职于用友	就职于致远	创立慧友云商

图2　慧友云商创始人文杰的个人职业经历

（2）慧友云商崭露头角

由于有第一笔融资的支撑，而且当时的创业团队以技术研发团队为主，对大家社区产品的定位就是做一个企业社交平台，一方面帮助企业管理和运营客户，另一方面帮助企业建立与其他企业之间的链接。由于做企业社交软件需要企业用户的数量支撑，慧友云商在2015年快速地实施了销售团队的扩张，在全国20个省招聘了40个销售团队，希望快速地实现企业用户的爆炸性增长。

到2015年年底的时候，慧友云商一度出现了经营上的困境，主要原因在两个方面：一是全国的40个销售团队在耗费了大量的运营费用之后并没有达到预期的销售目标，销售收入和企业用户数量均远低于预期；二是在运营成本上现金支出很大，由于组建大量的销售团队，在2015年下半年就花掉了当初预计要一年或者一年半才花的现金。同时，2015年年底的融资环境也不是特别好，慧友云商在公司运营的现金流上出现了问题，需要做出重大的改变。而且，在这次慧友云商最为关键的阶段，创业团队的人员也出现了较大的动荡。

关于这次困境，慧友云商创始团队成员、股东、现任副总裁杨总说："在快速扩张的时候，其实公司的产品成熟度是不够的，这就造成销售人员不能依据成熟的产品迅速产生收入。而在不能产生收入的情况下，大家当时都被一些创业公司的神话所裹挟，认为找风险投资就可以了。在寻求风险投资的支持时，可以通过较为容易的流量指标、活跃度指标等提升公司的估值与资本吸引力。其实在那个时间段公司的产品和运营是没有真正的商业模式作为保障的，所以风险很大。"

在公司的运营上，这段时间内也有一个关键的过渡期，即整个创业团队尤其是管理者从主导并管理产品研发团队到变为一个公司的CEO，这种挑战是全方位的。

第一个挑战就是管理方式的转变。在创立公司之前，文杰的职业经历是从技术研发转型产品经理，再到研发管理、战略规划的副总裁。无论是之前在德国的SAP还是在微软亚洲工程研究院，抑或是在用友公司，这些规模较大、体制较健全的公司，主要考验并需要的是执行力，而且一个庞大的企业的内部沟通也会非常复杂。个人在这个正式的体系流程里能够自由发挥的余地有限，所以个人只是发挥自身的价值，贡献自己的能力，为整个企业带来价值。而在创业公司，则完全不一样，"从遵循一套规则到创造一套规则，这是完全不一样的，如他（文杰）在致远负责整个研发体系，整个研发体系规则的制订，从开发、测试到最后的产品推出、客户反馈，跟在德国SAP管理一个部门、遵循一套体系是完全不同的管理方式。在一个民营企业的竞争压力会比外企大很多。一个人在SAP这样的大公司里面做到很好不是因为个人的缘故，是因为这个平台很好，离开平台后才发现其实自己远没有预期那么好。但在民企，如在致远公司，那他（文杰）个人的能力就会得到淋漓尽致的展现。致远公司董事长对他的信任和支持是一方面，另一方面是他（文杰）能带领整个研发团队独当一面。"慧友云商现任副总裁杨总说。

第二个挑战就是从技术思维向成本和收益思维的转变。原来担任产品经理或者分管技术的副总裁时，文杰主要的工作和目标是打造出一个好产品，对成本虽然也有意识，但是并没有特别关注；在企业里，作为研发和技术部门，只要把完整的产品和交互做好，收入会专门有营销部门来负责。而作为创业公司的CEO，对成本的控制就需要特别关注。作为企业管理软件公司，最大的成本是人，人的效率决定组织的效率。原来主要是关注产品，现在拿到投资作为创业者和企业家就要关注成本和收益。慧友云商现任副总裁杨总非常细致地描述了这个阶段公司创业团队特别是文杰个人的转变："我觉得文杰在这段时间的转变非常大。从管理能力上来说，在致远公司如果他发挥100%的话，那在创办慧友云商的过程当中就要是之前的两倍，因为作为企业的创始人和CEO，除了产品之外，融资、组建团队及与投资人的沟通等都是必须要做的。这就要求他离开舒适区，而不是单纯地关注产品研发。他的舒适区可能是研发，但他需要离开舒适区。在这段时间，由于关注的事情很多、很杂，文杰也陷入一种周期性的情绪和行为波动，例如月初时会在公司谈梦想、谈愿景和文化；月末则只关注数字，谈收入和成本；月初精神百倍，关注如何快速占领市场，做品牌；月末则关注具体的财务指标，如客户回款，我认为这对一个企业家的考验是全方位的。所以对文杰来说，这是他的一个非常大的转变，当然压力也非常大。"

（3）从扩张到收缩：慧友云商渡过资本寒冬

为了渡过2015年年底的这次困境，慧友云商在文杰的主导下，在2015年年底到2016年年底的半年至一年时间做了全方位的调整。

① 公司规模的调整。

文杰和创始团队高管成员果断决定在人员规模方面进行大幅的优化。通过优化，在半年之内，公司人员从100多人直接缩减到50多人，那段时间对公司的高管团队和文杰来说都是刻骨铭心的。慧友云商现任副总裁杨总分享了一个典型的例子："比如当时我们在整个华中的负责人，加入公司之前是一家中型企业管理软件公司的区域总经理，业务做得很好，带着销售团队加入公司。但是半年以后，他主动提出华东的业务进展很慢，可能两年之后再做更好。所以建议把华东的销售团队优化，他自己也离开了。我对他是很信任的，他认为拿着公司的工资，但是业务做不上去，心里无法接受。后来我们就将华东区的整个销售团队优化了。那一段时间我们差不多每个月优化一个小组，半年的时间把大部分的团队调整完毕，那段经历对我们来说是刻骨铭心的。但是，通过公司规模的调整，整个公司也逐渐变得简洁而有效率，从而迈上了稳步发展的轨道。"

② 产品定位的调整。

因为慧友云商是一个产品型公司，产品是最核心的资产，包括依托产品和平台打造的客户等，所以研发团队必须保证相对的稳定。而关于产品的定位，文杰主导的主要战略就是聚焦。慧友云商最开始的产品的名字叫"大家社区"，其实很想做一个企业社交平台，后来过渡到做客户经营和数字化营销，是在逐步放弃"大家社区"这个品牌。文杰谈到慧友云商的产品时说："现在的产品首先是做了一个针对企业外部经营业务的轻量级的 PaaS 平台，是对外的，而不是针对企业内部 ERP 的，本质上可以认为是一个可以自己数字化创新创业的平台；第二个部分是在 PaaS 平台上做了一款切入企业痛点的 SaaS 产品——营销云，这个产品就是帮企业进行数字化客户经营，核心就是为企业引入客户流量，经营客户流量，客户流量变现。通过这样的调整和聚焦，公司的产品功能和目标客户都变得比较清晰。" 慧友云商现任副总裁杨总说："如果用一句话来概括，我认为公司的产品战略就是从大体到聚焦。其实刚开始我们是做基于社交的企业经营，但后来发现销售成本太高，因为要帮助企业厘清它的商业模式，把社交机制提炼出来，这非常困难；后来我们觉得产品必须简单化、清晰化和聚焦。经过 2016 年的调整之后，聚焦就变得很快了。只有聚焦成产品，客户很精准，成单周期也能控制，更容易销售和变现。"

③ 营销渠道与行业聚焦的调整。

由于慧友云商本身就是几家上市公司投资的企业，具有天生的互补关系，这种关系也传承到了慧友云商营销渠道的建立中，而在这个阶段，随着产品聚焦和行业的聚焦，能很快地打开市场。同时，慧友云商在对营销团队进行优化和构建新的营销渠道时，吸收了一批原来从事企业管理软件销售的资深管理人员，对整个国内的企业管理软件销售和渠道非常熟悉，因此能够非常快速地实现产品与行业的转换。

④ 运营理念的调整。

在公司的运营理念上，在把产品分为两个系列的基础上，进一步找到精准客户。针对轻量级的 PaaS 平台，他们的目标顾客主要是一个基于社群客户经营的平台型企业。在垂直的 SaaS 产品方面，公司形成的运营理念是用互联网工具赋能传统企业数字化商业模式转型。它的内涵其实从本质上讲，就是用互联网的技术改造传统企业的商业模式。传统行业互联网转型的特点是自带 IP 和流量。现在互联网企业都是依托于线上平台的流量,而线上的流量已经被垄断。传统行业自带线下流量,这些企业的客户群已经具备,但是需要用互联网的手段经营客户群,如淘宝平台上的某毛线编织店,线下也有实体店,但是要逃离淘宝,因为淘宝直通车的成本很高,无法承担。这时慧友云商就帮助他们做客户运营,做客户导流。这样通过自建 APP 和小程序做客户运营,老顾客购买商品和淘宝平台一模一样,但是在 APP 购买享受七折优惠,把新老客户导流。通过对运营理念的梳理,公司的产品优势比较明显,可以以比较好的产品、性价比较高的模式,帮助传统企业完成数字化客户经营转型。用新型数字化工具赋能传统企业客户经营就成为慧友云商在这个产品系列上的商业模式。

通过对运营理念的梳理和调整,公司非常精准地提炼了传统客户互联网转型的痛点:一是有向企业互联网等新型模式转型的需求;二是有需求的传统企业更倾向于采购,因为自建团队成本高且技术难以实现。而慧友云商恰恰可以帮助传统企业解决这两个痛点。

同时,在公司运营最困难的阶段,创业团队形成的最重要的一个经营理念就是:一定要做盈利的公司。做公司的目的什么,是为了可以持续发展的商业模式,如果不能盈利,那就活不下去。

经过对公司人员规模、产品定位、营销渠道与行业聚焦、经营理念等方面的大幅调整,慧友云商在 2016 年的公司发展上踩了一脚刹车,行业更聚焦精准、产品系列和定位更清晰、运营理念更科学。同时在 2016 年,公司拿到了用友公司和华盛一泓等公司的 Pre-B 轮融资,资金压力大大缓解,逐渐渡过了公司最艰难的时期。

(4) 冬去春来:慧友云商的平稳发展

自 2017 年开始,慧友云商逐渐进入了平稳发展期,2017 年年初,慧友云商科技有限公司依托自己具备独立优势的卓越 SaaS 平台,打造出了两款 SaaS 云平台:慧友客户经营云平台、慧友党建云平台。截至 2018 年 8 月,慧友云商已拥有 3000 多家企事业用户,渠道伙伴 300 余家、千万个终端用户,客户遍及教育培训、加盟连锁、社区 O2O、园区、农业、基层政务等领域,现已成为国内企业互联网转型服务体系中名列前茅的领航企业。

六、尾声

在提及慧友云商的未来规划时，文杰自信地说："中国的消费互联网正在倒逼产业互联网的升级，我要争取把针对实体企业数字化客户经营的轻量级代码 PaaS 平台和 SaaS 应用做到全球第一，让慧友云商成为该领域的'独角兽'企业。"

无论是在工作中，还是在工作之余的闲聊中，都能够很明显地感觉到文杰对自己公司产品的热爱和那种从骨子里透出的对技术的自信，而这种热爱由内到外迸发出文杰蓬勃的创业激情。他说，他还会继续创业，而且他正在筹划做互联网人工智能相关的技术创业。

对创业这件事，他乐此不疲……

以点带链，全面升级

——闽发铝业的二次创业[①]

郭惠玲

摘要：本案例描述了一个铝型材生产加工企业——闽发铝业股份有限公司如何顺应经济发展潮流，开启转型升级之路的二次创业故事，主要聚焦以下内容：一是公司创始人及管理团队展现出的不断进取、开拓创新的企业家精神；二是闽发铝业股份有限公司通过搭建产业链整合平台，向产业链下游延伸，并以此为基点对整个产业链资源进行高效整合，打通产业链纵向及横向各环节；三是搭建产业链整合平台，基于价值共创和利益共享理念，运用交叉持股、平台定价等方式将产业链各环节的企业利益捆绑在一起，以激发产业链各环节企业的积极性，同时，闽发铝业股份有限公司也将由此从"重资产"转型为"轻资产"公司。本案例详细讲述了闽发铝业股份有限公司进行转型升级的全过程，从公司高层做出战略决策到寻找合作伙伴，从确定商业模式的战略方向到商业模式的具体细化，从招兵买马、引入人才到第一批产品上市……

关键词：企业转型升级；产业链整合；商业模式；企业家精神

一、引言

2017年12月28日，和煦的阳光洒在福建省南安市的大地上。这天，福建省闽发铝业股份有限公司（以下简称闽发铝业）2017年度全国经销商年会暨闽

---
① 本案例已被中国管理案例共享中心收录，并得到授权引用。

发智铝科技有限公司创始人股东签约仪式在福建省南安市隆重举行。闽发铝业借全国经销商年会这一场合，向在场的众多合作伙伴和新闻媒体隆重宣布，闽发铝业已经成立了控股子公司闽发智铝科技有限公司（以下简称闽发智铝）。闽发铝业邀请学者在现场做了"闽发铝业产业链整合计划"的主题演讲，向现场参会人员介绍了闽发铝业产业链整合规划及闽发智铝前期的工作进展，精彩的演讲引起了在座经销商的共鸣，进一步深化了全国经销商对闽发铝业产业链整合和转型升级计划的理解。闽发智铝是一家什么样的公司，闽发铝业又为何要成立这家公司，这家公司又承担着什么样的特殊使命呢？这还得从闽发铝业面临的经营形势说起。

二、公司简介

福建省闽发铝业股份有限公司是海西板块的铝加工龙头企业，是深圳证券交易所中小企业板的上市公司。该公司是国家标准GB5237《铝合金建筑型材》、GB/T6892《铝合金工业型材》和国际标准ISO28340《铝及铝合金复合膜》的主编单位和研制创新示范基地，拥有国家级中心实验室、福建省铝型材星火行业技术创新中心、福建省级企业技术中心，在技术研发、产品质量、生产工艺等方面均处于行业领先水平，生产和试验检测设备均代表了国内及世界的先进技术水平。

闽发铝业的主要产品有铝合金门窗、幕墙建筑型材、工业型材、建筑铝模板和铝单板四大类，并可根据客户需求承接各种铝型材的深（精）加工业务。产品主要品种和表面处理方式有氧化着色、电泳涂装、粉末喷涂、氟碳喷漆、断桥隔热、木纹转印、高档外观拉丝、抛光染色、钢丸喷砂等。公司产品已覆盖全国大中型城市并出口到世界40多个国家和地区。

三、未觉池塘春草梦，阶前梧叶已秋声——面临挑战

谁也不能忽视经济周期的客观存在。人们往往还沉浸在上一个繁荣期的喜悦之中，就不得不面临进入下一个衰退期的风险。自2012年开始，我国就面临着较大的经济下行压力，GDP增速持续下滑，"新常态"成为这一时期的社会热词。在新常态下，伴随着经济增长放缓的还有环保监管措施日趋严厉、供给侧结构性

改革。在这种经济社会剧烈变革的新时代背景下，我国传统制造企业的生存与发展面临极大的困境。

1. 行业挑战渐显

不可否认，铝型材行业的发展现状具有乐观的一面。就应用领域来看，建筑行业仍然是铝型材应用的主要领域，建筑用铝型材远远超过其他领域铝型材的消费量，同时，随着中国工业水平和工业化程度的不断提高，工业型材的产量也在逐年攀升。例如，轨道交通、机械装备制造业、汽车制造、电力、家电等行业，对铝型材的需求也是水涨船高，"三新"铝型材（新产品、新工艺、新用途）不断出现，推动了技术进步和行业升级。

然而，在铝型材行业整体繁荣的背后，其蕴藏的危机也日渐显现，其中最突出的问题是：人力成本上升，企业盈利能力下降；产能无序扩大，供应大于需求，行业整体利润微薄；行业自主研发能力薄弱；大规模消费需求导致企业竞争意识薄弱，陷入低成本战略陷阱等。相关数据显示，国内现在的铝合金型材生产厂家数已从顶峰时期的 1200 多家减少至不到 700 家[1]，一大批产品技术水平低、质量差、档次低的小型铝型材加工厂已逐渐被淘汰。许多行业权威人士认为，在未来，铝型材行业的重组整合将成为大的趋势。

具体来看，2012 年，伴随着我国经济发展正处于重要的增长拐点，铝业，这一中国有色金属领域的最大行业，也正遭遇着史上少见的行业发展危机。铝业巨头中国铝业在其 2012 年度财务报告中披露，公司 2012 年度归属于上市公司股东的净利润将出现大幅亏损；另一方面，常铝股份也交出了自 2007 年上市以来的首份亏损年报。在公布 2012 年年报或业绩预告的铝业上市公司中，除了部分下游铝材加工企业情况稍好之外，其他公司普遍出现业绩大幅下滑甚至亏损的窘境，在电解铝领域中表现尤甚。再如山东省大型民营企业南山铝业，虽然拥有"热电—氧化铝—电解铝—铝型材/熔铸—热轧—冷轧—箔轧"的完整铝产业链，但其披露的 2012 年年报仍显示，公司虽营业收入同比增加 11.57%，但全年仅实现净利润 6.9 亿元，同比下降 32.39%，且这一数值为近四年来的最低[2]。

自 2005 年以来，我国就是世界产能第一的工业铝型材生产和加工大国，而

---

[1] 数据来源：中国建材网《中国铝型材行业发展现状及存在的问题》。
[2] 数据来源：新浪财经《行业危机来袭，铝企被逼减产》。

铝型材行业为中国的经济发展做出了巨大的贡献,推动了我国建筑、装备制造等行业的繁荣发展。但从整个行业来看,我们的铝型材产业生产工艺还是比较落后,对生态环境有着较大的污染。以我国现在的生产工艺,从氧化工业铝型材到电解工业铝型材到出品 1 吨的工业铝型材锭,工业铝型材会产生大量的大气污染物:2.9 千克的一氧化碳,111 千克的二氧化硫,0.2 千克的氟化物,78 千克的氮氧化物,18 千克的灰尘物,1.3 千克的沥青烟雾及大量二氧化碳,还包括 2 吨煤灰、3.5 吨赤泥、10 吨废阴极碳等固体废物和 14 立方米废水。面对污染如此严重的行业,环保部出台了一系列监管措施要求企业降低、防止环境污染,行业环保政策的收紧无疑加重了这一行业的负担。

2. 公司业绩下滑

在经济下行压力加大、行业挑战渐显的背景下,闽发铝业也势必难以独善其身,财务报表把公司近些年来面临的经营挑战大致呈现了出来。闽发铝业 2012—2016 年主要财务指标数据如表 1 所示。从表 1 可以清晰地看到,闽发铝业在 2012 年的营业收入较上一年增长超过 45%,净利润却出现负增长,不难知道,公司在 2012 年发生的成本及费用增长远超过收入增长,高企的成本费用吞噬了很大一部分的利润。这五年间,销售毛利率从未超过 10%,甚至在 2015 年一度跌落至 6.74%。销售净利率就更加不乐观了,每年都低于 4%,2015 年和 2016 年不足 2%。较低的盈利能力让闽发铝业的管理层感受到很大的经营压力。[①]

表 1　闽发铝业 2012—2016 年主要财务指标数据

	2012 年	2013 年	2014 年	2015 年	2016 年
营业收入(亿元)	10.32	11.56	13.17	11.44	10.42
营收增长率(%)	45.09	12.03	13.89	-13.15	-8.87
净利润(万元)	4039.35	4610.14	3527.83	1907.34	1767.26
净利润增长率(%)	-29.95	14.13	-23.48	-45.93	-7.34
销售毛利率(%)	7.04	7.46	7.93	6.74	9.33
销售净利率(%)	3.91	3.98	2.66	1.60	1.60

公司总经理黄长远表示:"这段时期确实是艰难的时期,我常常感到阵阵压力,有种'黑云压城'的感觉。2013 年年初,公司财务部门对公司 2012 年度

---

① 数据来源:巨潮资讯《闽发铝业财务报告》。

的经营业绩进行了内部预估，数据报给我的时候不乐观，比上一年的经营业绩差了不少。虽然销售增长得不错，但利润出现了负增长，当时我就预感到未来几年公司经营会困难许多。"企业家对市场变化是敏感的，对企业发展形势的判断比一般人要准确得多。黄长远的预感没有错，公司接下来几年的经营状况印证了他的判断。"近几年，铝业加工费不断降低，而其他成本急剧上升，加上设备折旧，利润微薄。针对这几年不利的经营情况，公司董事会讨论了很多应对方案，包括公司的内部改革。我们做了一些降低管理成本、提高生产效率的内部改革，2017年公司在生产经营管理上引入了'阿米巴'模式，争取让每个员工都有老板意识，培养敬岗爱企的主人翁意识，形成赛马效应。"经过改革后，闽发铝业2017年的经营业绩确实有了一定的改善，黄长远如是说："不过，我们也很清醒，2017年的盈利有相当一部分不是主营业务收入，如由于铝价上涨导致的销售收入增加，还有套期保值项目的收入。"

企业家不会因为暂时的危机缓解而放松警惕、怡然自得，黄长远深知危机始终相伴左右，整个行业的形势没有得到根本性的改善。他用了一句很形象的话来比喻公司的处境："企业是要在一定的条件下才能生存和发展的，就像玫瑰花需要很好的环境才能生长，贫瘠的黄土只能种高粱、玉米，漂亮的花朵需要有合适的温度和水分。所以，利润不高的状况在短期内可能不会有很大的改善。"

四、忆往昔，峥嵘岁月稠——创业历程

1. 闽南人的拼劲

"三分天注定，七分靠打拼。"爱拼才会赢的奋斗精神融入了闽南人的每一滴血液，早在明清时期闽商就是中国十大商帮之一，主导中国海外贸易达400年之久。改革开放以后闽南商人再次崛起，厦漳泉组成的闽南金三角一直是福建经济发展的龙头。在这片充满活力的沿海大地上，踊跃着许多民营企业家，民营企业撑起了闽南经济发展的一片天。这些民营企业大多集中在传统制造业领域，闽发铝业就是一家位于福建省南安市的专业生产建筑和工业铝型材及从事各种铝型材精加工的工业制造型企业。闽发铝业虽然位于一个不大的县级市（南安市是由福建省泉州市代管的县级市），却是海西板块的铝型材龙头企业，是中国铝型材

国家标准的主编单位之一,是《轨道列车车辆结构用铝合金挤压型材》国家标准起草单位之一,是全国仅有的四家国标建筑铝型材试验研制基地之一和国家火炬计划重点高新技术企业。闽发铝业从一个铝材加工厂发展成为如今的行业领军企业,得益于我国改革开放以来尤其是社会主义市场经济体制确立以来的宏观经济发展,也离不开公司创始人黄天火艰苦奋斗、踏实肯干的企业家精神和放眼未来的战略眼光。

闽发铝业这几年虽然面临不太乐观的经济形势和行业环境,但在公司创始人、董事长黄天火的带领下,在以黄长远为核心的管理团队的经营管理下,公司还算得上是经营稳健,加上黄天火踏实稳重的性格,公司没有什么负债,比起一些负债累累、杠杆很高的企业,闽发铝业的日子过得倒不算差。

公司创始人黄天火是一位极具个性的企业家。初见他时,会被他强大的气场所吸引。他虽然个子不高,但步履稳健,说话铿锵有力,带有浓浓的闽南口音,目光如炬。他是土生土长的南安人,是民族英雄郑成功的老乡,骨子里透着闽南人爱拼才会赢的精神。

黄天火在年少时就一直是"别人家的"好学生,老师对其赞赏有加。1974年,他结束校园的学习生活,开始了自谋生路的创业生涯。他当过生产队的农技员、拖拉机驾驶员,后来做生意,卖过水果蔬菜,也由此走上了经营生意的道路。一开始,他骑着自行车到南安、厦门等地收买水果蔬菜,然后拿到市场上卖。为了赶得上早市,黄天火驮着几百斤重的水果和蔬菜,天还没亮就要出发。"有一年冬天,我只穿了一条裤衩,都能全身热气腾腾。"他回忆道,"为什么不呢?好的时候,一天能赚五元钱,但是做工分一天就只有八毛钱。"那时候,黑市上的大米一斤要五毛钱,"干体力活的人,吃一斤米是小意思。"乘着改革开放的春风,到20世纪80年代中后期,他先后开办了编织厂和塑料发泡厂,没想到一举成功,他也从中掘到了真正意义上的人生第一桶金,并积累了不少企业管理经验。

2. 闽发铝厂的诞生

转眼就进入了20世纪90年代,虽然塑料发泡厂和编织厂经营得顺风顺水,日子过得滋润,但黄天火敏锐地意识到小厂的技术含量低,发展缺乏后劲,经营前景并不容乐观。所以,他毅然决然地将这两个技术含量低的小厂卖掉,用一年多的时间,跑到省内外的一些城市和企业,了解市场需求信息,然后请教有关专家，征求亲友意见。黄天火以其特有的敏锐洞察力，决定创办一家科技含量高、应用新技术，能跟得上经济发展步伐、满足市场需求，有较大发展前景的民营企业。

1993年，随着中央确立了中国特色社会主义市场经济体制，市场经济的第一波浪潮已经席卷到全国各地。凭借之前经商积累下来的资本金，黄天火投入1000万元在南安市创办了闽发铝厂，从事铝型材的加工制造。他回忆道："从1974年高中毕业到创办闽发铝厂，我用了将近20年的积累。说实在的，我们真的没有一夜暴富、挖到第一桶金这种运气，赚的都是血汗钱，所以用起来也会更心疼，自然就更谨慎。当时到处都在办厂，但做一些鞋子、服装的加工非常多。我之前走过很多地方，发现做金属这行的人不多，市场上对铝的需求又很大，进口货不是谁都能买得起，我跟家里人商量之后，决定办一个铝厂。"遗憾的是，由于经济体制改革还没有完全放开，闽发铝厂只能挂靠在村集体名下，企业性质属于集体所有制，但心胸开阔的黄天火当时并没有把它当作一块疙瘩揣在怀里。在他看来，这是国家的大环境使然，每个人都是这样，自己当然也不能例外。"当时我在外面都不敢说自己是厂子的'老板'，但这个厂确实是我们一家人投钱办起来的，可能赚了不一定都自己受益，但亏了就一定是亏自己的钱，这样还真得把自己当老板，厂子才能越做越大，越做越好——当时表面上说注资1000万元，但实际投进去的钱远不止这个数，我当时几乎是把全部家当都押在这个厂子了。"让黄天火始料未及的是，后来国家政策有了变化，南安市也于1998年开始了企业改制。得益于有高中文化水平，黄天火对政策的变化非常敏感，为了使铝厂不再挂靠村集体，他到处跑，最终企业回到了他家族的手里，这时候，他才觉得"确实是自己的厂子"。

为了让铝厂正常生产，能适应瞬息万变的市场竞争，黄天火决定寻求南安市有关领导和主管部门的大力支持，南安市人事局还指派专人同铝厂高层管理人员在福建省内和其他省市招聘人才，这是闽发铝业发展史上跨出的重要一步。黄天火认识到，在21世纪，企业的竞争归根到底是人才的竞争，人才是企业成败的关键，因此，他坚持"尊重知识、尊重人才、多方招聘、大胆使用、留人留心"的用人原则。在企业的经营管理中，他高度重视并践行以人为本的管理理念和人力资源的开发，努力做到人尽其才、才尽其用，并建立一套有利于提高员工素质和人才成长的激励机制，努力为他们排忧解难，最大限度地发挥人才的潜力和效能，使之更好地为企业服务。在他看来，铝行业还是面临着技术上的短板，中国铝制品有价格上的优势，但问题在于档次不够，这需要整个行业一起努力。

在不懈努力和不断实践下，黄天火积累了丰富的管理经验，取得了很大的成功。但此后他始终保持着清醒的头脑和强烈的忧患意识，为了确保企业长久发展和产品的高、中档配套生产，以满足不同层次用户多样化的需求，他大胆决策，于2000年年底，成功收购连发铝业有限公司。他雷厉风行地投资近2000万元，派出技术团队到该公司进行技术改进和升级，下半年就正式投产。2003年，为了让闽发铝厂的管理跟上时代发展，让员工全心全意为企业奋斗，黄天火推动闽发铝厂改制为有限责任公司，引入了另外三名自然人股东；2007年，闽发铝业启动上市战略，并于年底改制为股份有限公司。

办厂伊始，黄天火就把创出名牌产品作为自己梦寐以求的奋斗目标。他强调，要成为一个成功的企业家，首先应是一名战略家，因为市场如战场，所以一个真正成功的企业家就应坚决地实施名牌战略，努力创立名牌产品，提高名牌信誉，保护名牌品位，创造名牌效应，从而提高名牌产品的市场占有率，使自己的名牌产品走向全国、走向世界。为了使企业更快地发展，在市场竞争中稳操胜券，黄天火不仅要求企业产品定位要高、前瞻性强，而且要不断创新、独树一帜、争创名牌。只有这样，才不会被淘汰出局。几年下来，企业规模不断扩大，产品种类不断增加，产品质量不断提高，闽发铝厂的宣传广告也力求做到产品销售到哪里，电视、报纸、灯箱、路牌、行业刊物的广告就做到哪里。

3. 登陆资本市场

2011年4月28日，注定是闽发铝业发展历程中具有浓墨重彩的一天。闽发铝业在深圳证券交易所中小板实现IPO，新股上市，以每股15.18元的价格开盘，并一度冲上19.95元，最终以18.40元收盘。从启动上市战略到成功登陆深交所，闽发铝业用了四年的时间，但黄天火为之奋斗了18年，深深刻上了鲜明的时代特色和个人烙印。按照原来的计划，2008年年末至2009年年初是其谋求上市的时间窗口，但2008年的国际金融危机开始蔓延，中国资本市场也受到重大影响，闽发铝业也主动放缓了上市的步伐。直至2011年，闽发铝业才再度对资本市场进行冲刺，并成功引入战略投资者。随着新股的发行，闽发铝业成了中国铝行业的第四家上市公司。

在闽发铝业之前，这个行业已经有了三家上市公司。上市后，闽发铝业借助资本的力量补齐产能短板，黄天火当时接受记者采访时这样表述道："三年后我们的产能将达到7万吨，这将极大提升行业地位。如果没有2008年的全球金融危机，我们应该是第二家上市公司。这也有一些好处，就是更坚定了从家族企业向公众企业转变的决心，这样企业才能做大、做强，非常明显的对比就是，率先上市的同行公司，在产能方面已经远远地跑在我们前面了。"上市意味着闽发铝业将面临更多的机遇及更大的挑战。黄天火喜欢往积极的一面看，他说："闽发的上市让企业形象得到大力宣传，对我们来说，这是源源不断的动力。"

　　闽发铝业的业务主要集中在出口、建筑行业及工业用材上。公司上市之后，恰逢国内房地产政策不断收紧，建材行业受此影响，订单比往年略有减少，加之受国际金融危机影响，国外反倾销风潮日盛，也大大影响了出口订单。不过，闽发铝业在工业用材上的收益却同比增长了20%左右。这些成绩得益于上市带来的无形效益。

　　虽然上市为企业带来了积极的变化，但黄天火依旧保持清醒，"闽发虽有突出的竞争优势和良好的发展前景，但当时世界经济形势尚未企稳，公司在经营上还面临许多挑战。我们要利用自身优势，制订相应的应变策略，力求多元化发展，变被动为主动，逐步形成自有品牌，不断开拓创新，在不平静的大环境中平稳运转"。

　　为此，闽发铝业更加重视人才储备，通过引进高层次技术人才和管理人才，加大力度研发自有规格产品，将产业链逐步向下延伸。同时，公司对铝材进行精深加工，通过提高产品附加值，提高了产品市场竞争力。因此，闽发铝业重视与水暖、高铁、家电等领域企业开展合作，进行产品配套生产，这一招果然大大拓宽了产品的市场销售渠道。"我们要引导市场消费观念，由原有的主要面向工程销售扩大到个体消费，这样不仅拥有了更为广大的消费群体，同时也让企业拥有自主产品，做出自己的品牌，进而为企业创造更大的效益。"谈及于此，黄天火这样解释道。

4. 拼搏之下，硕果累累

　　经过23年的发展，闽发铝业已成为"福建省高新技术企业""福建省创新型企业""福建省科技型企业"，拥有"福建省省级企业技术中心""福建省铝型材行业星火技术创新中心"和国家认定的中心实验室，是国家标准GB5237《铝合金建筑型材》和铝合金工业型材的主编单位和研制创新示范基地、国际标准 ISO28430 研制创新示范基地，先后参加国际、国家、行业标准制修订 38 项，拥有发明、实用新型、外观等有效专利 88 项，其中发明专利 7 项。

闽发铝业现已开发出 100 多个系列、10000 多种规格的铝型材产品，可根据客户要求，承接各种合金牌号和特异型材的研发、设计和生产业务，以及各种颜色铝型材的表面处理等业务；公司的铝制品事业部和精工车间可承接各种铝材的深加工业务。2015 年，闽发铝业在国内率先开发研制节能环保高性能铝合金成套建筑模板，该产品可替代传统的木模板、钢模板和塑料模板，市场前景广阔。"闽发牌"被有关部门认定为"中国驰名商标""福建省著名商标""福建省企业知名字号""福建省重点培育和发展的国际知名品牌"，其产品先后被评为"国家免检产品""福建名牌产品""福建省用户满意产品"，荣获"中国有色金属产品实物质量金杯奖"等；产品已覆盖全国及世界 40 余个国家和地区。表 2 为闽发铝业的发展历程及成果。

表 2 闽发铝业的发展历程及成果

年份	发展历程
1993	闽发铝厂正式创建
1994	获得全国工业企业生产许可证
1996	被评为"福建省知名品牌"
1997	通过产品质量和 ISO9001 质量体系双认证
1998	建成年产万吨铝型材加工能力的大型企业
1999	获得"自营进出口企业"资格
2003	荣获国家质检总局"国家免检产品"荣誉称号
2004	成为国家标准 GB5237《铝合金建筑型材》主编单位
2007	改制为股份有限公司
2009	成为福建省高新技术企业
2010	被科技部认定为"国家火炬计划重点高新技术企业"
2011	在深交所中小板上市，获"中国有色金属工业实物质量金杯奖"
2013	成为国家标准 GB5237《铝合金建筑型材》研制创新示范基地和国际标准 ISO28340 研制创新示范基地
2017	被评为"中国建筑铝型材十强企业"第七名
2018	被评为国家技术创新示范企业
2019	成为国家企业技术中心

五、雄关漫道真如铁，而今迈步从头越——二次创业

1. 灵光闪现

闽发铝业的总经理黄长远恰如其名，有着长远的战略眼光。他一直默默关注着国家的经济形势和行业的发展动态，关注着前沿商业模式创新，经常读书、思考，与高校学者交流并向他们请教。坐落于泉州市的国立华侨大学是黄长远时常到访的地方，这个始建于1960年的中央部属高校，为许多泉州市企业输送了大量人才，华侨大学的学者也为星罗棋布的泉州市的企业出谋划策。黄长远喜欢与高校学者探讨企业管理和公司战略，在闽发铝业发展方向的问题上与学者们进行了多次深入探讨。当下，轻资产模式、全产业链整合是学界的热门研究课题，黄长远在耳濡目染之下，灵光闪现，对公司的发展有了新的思路，"我当时就想，闽发是否可以通过成立一个独立的平台公司进行产业链整合，推动闽发从重资产经营转型为轻资产经营，这也许是一个很有前景的做法，虽然风险不小，面临的变革阻力挺大，但或许值得一试。"于是，他向华侨大学陈教授提出华侨大学方面是否可以成立一个专家组指导闽发铝业的转型升级。"陈教授刚好在研究供应链金融和全产业链整合，主张企业根据自身发展阶段和实力进行全产业链整合、实现轻资产运营模式，闽发刚好是传统制造企业，重资产，又是上市公司，在行业内颇具实力，具备主导产业链整合的基本条件，所以我向陈教授提出这个想法，让理论与实践结合，帮助企业转型升级。"在他看来，闽发铝业的转型升级是要实现轻资产运营，成立平台公司，而平台公司自己不生产，不开办新厂，不增加工厂存量，只是整合现有工厂，让别的工厂加入这个体系，工厂负责生产，平台就负责品牌推广、市场营销、供应链管理、产品研发设计，后期再建立供应链金融体系，帮助解决产业链条上中小企业短期的资金问题。

黄长远的这个想法是有着深层次考虑的。2008年金融危机后国家推出了"四万亿计划"，这个政策在当时确实起到了"挽狂澜于既倒，扶大厦于将倾"的作用，但副作用也是很明显的。依靠发行货币刺激经济，造成了某些领域的产能过剩，尤其是钢铁、煤炭等产业，GDP增速也从2012年开始放缓。所以，中央不失时机地提出了供给侧结构性改革，强调从生产领域加强优质供给，减少无效供给，扩大有效供给，提高供给结构的适应性和灵活性，提高全要素生产率，使供给体系更好适应需求结构变化。在很多行业，由于企业资源约束的客观存在，

几乎没有一个企业能够仅依靠自身的资源和能力实现外部机会所带来的价值和降低迎接挑战所带来的成本,而通过产业链各环节全要素资源的有效协同,实现产业链条上企业间高效的价值共创,是提高整体产业全要素生产率的重要出路。用一句大家耳熟能详的话来说,就是当今时代的竞争不再单纯是企业与企业的竞争,而是产业链之间的竞争。

谈及闽发铝业的转型思路,黄长远如此解释道:"闽发铝业是做铝型材加工的,资产多,销售额也不少,但受累于整体经济形势和产业环境,利润却不多,和销售业绩不成比例。我们这些做实业的企业经营者有时真的会感到难过,宵衣旰食,风里来雨里去,一天里有半天多时间要下车间,但到头来比起搞虚拟经济的人钱挣得少多了。所以说,像闽发这种传统制造企业,要想有更长远的发展,就要转变经营思路。这个行业竞争非常激烈,整个产业的利润就摆在那,这么多人分,每个人能分到多少?这个产业的整合是绕不过的槛,势在必行,谁先抢占先机进行整合,谁就处在了竞争的制高点。但我不认为用传统的同行业并购能解决问题,这个方式投入大、风险大,效果也不见得好。闽发要整合,就走轻资产模式,利用自己上市公司的资金优势、品牌优势、渠道优势,成立一家控股平台公司,通过这家平台公司进行跨产业资源整合,进入高利润产业,同时带动原有业务的发展。"

黄长远深知,如果项目启动,便需要引进顾问团队进行理论上的指导。在他的推动下,陈教授与华侨大学工商管理学院的其他两位老师探讨了这个想法。两位老师通过多方沟通,对这个项目有了较为深刻的了解,心里也有了加入的意向。但由于种种原因,这个想法没有马上落地实施,直到2016年年底。

2.时不我待,主动变革

2016年临近年末之际,伴随着两声"咚咚"的敲门声,闽发铝业的会计经理向总经理黄长远的案头递上了一份公司年度业绩内部预测报告。黄长远翻开报告,凝视着上面的财务数据,眉头紧锁,刚才平静的心情瞬间被打破。原来,这份报告显示,公司今年的业绩继续延续去年的下滑趋势,营收和净利润都同比下降了不少。黄长远管理着公司,对公司的经营状况了如指掌,虽然心里早已对公司年度经营业绩的下滑有了谱,但财务部门的书面报告还是让他大吃一惊。黄长远虽然身体素质很好,事必躬亲,在别人看来永远是精力充沛的样子,但普通人没亲身试过，哪里又知道管理一家企业有多疲倦呢？他是企业家，是职业经理人，也是未知世界的求知者，有时也会有高处不胜寒的压力，他也享受宁静的夜色，正如他说的："夜幕降下，周围一切都归于宁静，一边望着窗外的霓虹，一边静静地思考自己和世界。"这天晚上，他下班回到家中，拖着略微疲倦的身躯径直走到书房，随手拿起书架上的一本书，那是外交部原部长乔冠华的文集，里面有一篇他写过的时评《克里米亚的道路》。他恰好随手翻到其中一页，上面的一段话让黄长远停下指尖，"谁也不能预言这闸后的洪水什么时候泛滥，更不能预言那泛滥的洪水究竟会夺取哪一个闸门而出？这是一道历史的水闸，闸的这一面是人民的力量，闸的那一面是人类的死敌，闸的上空闪耀着人民的世纪，这是一幅壮绝古今的国画，这是一幕决定命运的斗争，那么，这斗争何时展开呢？"这段文字让他陷入了沉思：公司现在所处的形势不正是这样吗？人们知道背后潜伏、蓄积着危机，但谁也不知道这危机有多大，什么时候爆发。危机，既是危险，也是机遇，决定公司未来的战略决策应该是怎样的？"不谋万世者不足谋一时，不谋全局者不足谋一域。"黄长远正是一个谋万世、谋全局的人，他不愿再等了。"我很钦佩朱镕基总理，他'不管前面是地雷阵还是万丈深渊，我都将勇往直前，义无反顾'的改革精神一直深深激励着我，我也确实感觉到公司需要变革。与其到时候被形势逼着变革，不如先人一步，主动变革。"

　　黄长远将自己的想法告诉了董事长黄天火，并得到了黄天火的支持，他心里的底气更足了。不久，公司召开了董事会，在董事长的支持下，黄长远向在座的各个董事正式提出了成立控股平台公司的议案。之前的一段时期，黄长远就时不时向各个公司董事及高层管理人员谈过这个想法，所以这些董事并不会对议案感到突兀。黄长远在会上详细介绍了这个方案的目的、思路，在座的董事听后有支持者，也有反对者，反对的理由是：闽发铝业现在虽然遇到了一点困难，但比起同行业其他企业来说，过得还不差，又有上市公司这个融资平台，没必要去折腾，投资成立一个新的公司，踏入一个新的产业，要是失败了，没准还会拖累公司的经营和股价。这些反对者都在铝型材行业打拼了多年，希望公司在铝型材行业精耕细作，"老老实实过日子"，他们的思想有点局限在了传统制造业领域，似乎跟不上时代潮流了。关键时刻，董事长发表了意见，他表示支持黄长远的议案。最后，在董事长的支持下，董事会通过了决议，同意成立控股平台公司进行产业链整合。董事长黄天火也不是仅凭黄长远的一股满腔热血就被感召得支持他了，黄天火有着自己的思虑："我当初创办闽发，就是想让家里人过得更好，凭的是一股干劲。现在时代不同了，制造业难做了，我们的下一代是不是还愿意做这行呢？"他觉得如果自己的孩子有能力接班是最好不过了，但新时代下，下一代人其实内心是不太愿意做这行的，毕竟他们的偶像是马云、马化腾、雷军这些新时代企业家，他们更愿意从事一些看起来不像传统制造业那么"脏、乱、差"的行业。为了下一代考虑，黄天火也要对公司进行转型升级。

六、因势而谋，谋定而后动——战略规划

2017 年 12 月，随着博士后工作站正式在闽发铝业挂牌成立，顾问团队开始辅导闽发铝业转型升级。顾问团队以学术界的前沿理论研究成果为基础，借鉴产业界已有的实践经验，通过对闽发铝业的经营现状、治理状况和行业环境的考察，并对市场进行了多次实地访谈调研，经过与黄长远等公司高管密切交流和沟通，最终设计出一套全面的契合公司自身发展需要的新型商业模式及公司转型战略规划。这套方案获得了公司高层的认同。

1. 踏足高端门窗行业

公司要转型，势必不能再局限于原有的铝型材加工行业，进入一个利润率比较高的产业，才是公司未来的发展方向。那么，进入那个产业好呢？或者说哪个产业最适合公司进入？经过市场调研和分析，闽发铝业最后决定以高端门窗市场作为切入点。

首先，闽发铝业本身从事铝型材的加工制造，而门窗制造与铝型材制造密切相关，门窗的质量很大程度上取决于其所使用的铝型材的质量。闽发铝业是行业内的技术领先企业，其铝型材生产加工工艺在国内处于领先地位，质量过硬，产品甚至远销欧洲，把闽发铝型材应用到门窗制造上，门窗的质量保障就成功了一半。同时，若门窗产品使用闽发铝型材，那么门窗的销售也可以带动闽发铝型材的销售，最终达到两个业务板块互促共进的效果。

其次，公司调研团队经过对行业公开信息的搜集和对泉州市场的走访调研后，认为高端门窗市场的确是一块利润十分可观的"香饽饽"。正如黄长远说：

"我们访问了许多门窗行业内的经销商和其他专业人士,他们都说高端门窗市场的利润率很高。有一次,我们向一个关系挺好的门窗经销商询问,他说,很多别墅的门窗毛利率可以达到一倍多,有的甚至可以达到两倍。这个利润率着实很吓人,我们做型材的想都不敢想。"不过,并不是所有门窗的利润率都有这么高,门窗市场也分三六九等,低端的门窗市场利润率同样不高,甚至很低。相对于其他建材产品,门窗行业深层次的矛盾很多,也很明显,产业链较短,同质化现象充斥于产品、品牌运营等方方面面,是行业根深蒂固的顽疾。因为产品同质化的原因,导致整个行业的利润率其实是偏低的,不仅企业感叹钱越来越难赚,连经销商也不例外,在门店租金高涨、经销商被迫扩张的背景下,许多门窗从业者也度日艰难。黄长远如此说:"所以,我们不能去做低端的门窗,否则我们进入门窗市场不就是舍本逐末、竹篮打水一场空了吗?"因此,闽发铝业进入门窗市场,定位在高端市场,目标消费者是高收入群体,并不是什么门窗都做。

此外,闽发之前其实已经涉足了门窗产业。泉州市的门窗市场上有一个名叫"闽发门窗"的品牌,在泉州市市场上的销售业绩还不错,具备一定的区域品牌知名度,也储备了一些渠道资源。只是"闽发门窗"定位在中低端消费群体,在这块细分市场上,各个品牌厮杀异常激烈,利润率较低,正因如此,"闽发门窗"赚得的利润并不多。"闽发门窗"的经营模式走的依旧是传统的路子,即通过招募经销商,将产品卖给经销商,再由经销商卖给终端客户,自己也要负责产品生产。这种模式,在"闽发门窗"负责人黄秋水看来,就是:"生产端自己要做,经销商也要一个一个去招,经营得累,扩张得慢。在现有品牌林立的门窗市场上,我们用这种模式去做,很难杀出一条血路,既没有'钱途',也没有'前途'。"

考虑到以上几点,以高端门窗市场作为转型升级的切入点是合适的,其本质上是公司所涉及产业链的延伸,可充分发挥产业链上下游一体化协作的效用。

2. 新型商业模式

企业转型升级往往存在较大的阻力,突出表现为"经济好的时候不愿意转型,经济不好的时候转型困难"。针对这种现象,华侨大学顾问团队为闽发铝业设计出一套有别于传统制造业运营的新型商业模式。铝制品行业存在"门槛低,大多还停留在手工制作阶段,自动化程度低;招工难,特别是熟练工,一旦熟练就转向单干；品牌杂，市场上缺乏大品牌；转型难，从工装到家装，表面一样，本质上差异大"的问题，如何做到从满足个性化需求到标准化生产，需要构建产业链，核心企业整合资源，小企业做精做专，共同面对市场，将市场的个性化需求转化为各个生产单位的标准化生产，是新型商业模式的核心所在。在这种模式下，整个产业只做存量升级，并进行"战略联盟＋股权"式的产业链整合。整合后的产业链以平台公司为核心，由平台公司进行全产业链管理，从供应链的信息流、物流到资金流，都由平台公司掌控，平台公司的本质是全产业链的信息平台、资金结算平台及金融平台，其职能在于品牌推广、产品研发、市场管控、供应链管理，而供应链上下游的其他环节企业只需做好自己"专业的事"，如门窗生产工厂就负责门窗制造生产，销售门店就负责引导终端客户购买产品并做好消费者服务。如此一来，这些企业的经营就更为轻松，也能有效遏制供应链上下游环节企业之间相互逐利的行为，实现"大家共同向终端市场索取利润"。

具体到门窗行业，其产业链的上游是原材料供应商，负责提供铝型材、玻璃、五金配件等原材料，中游是门窗生产制造工厂，负责将原材料加工制造成门窗产品，下游是销售门店，负责招揽终端客户及做好终端服务。图1展示了平台公司与全产业链的关系。

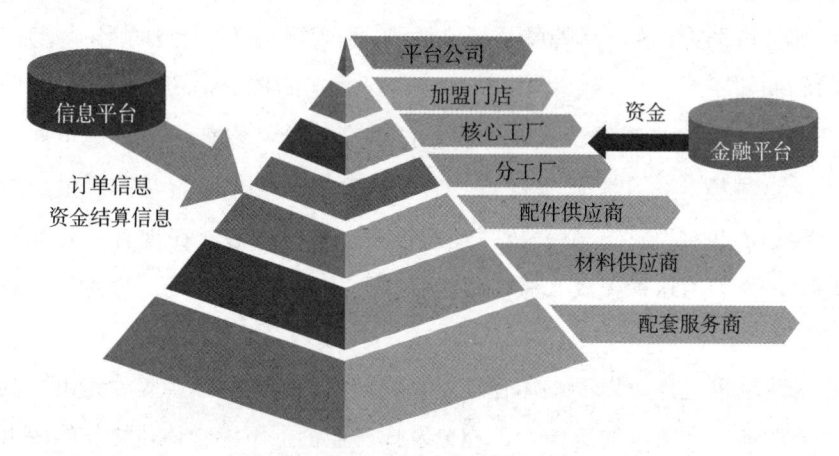

图1 平台公司与全产业链的关系

在这种商业模式里，门窗生产工厂划分为两类，分别是核心工厂和分工厂。核心工厂的生产能力要强于分工厂，能够生产绝大部分产品，产能也超出分工厂许多，而分工厂的规模、现代化程度、技术水平、产能则相对弱些。一般情况下，一个地级市会设立一个核心工厂和若干个分工厂。不过，无论是核心工厂还是分工厂，都不是由平台公司直接投资新建，而是考察当地已有工厂的各项指标后向其发出合作意向，若其愿意加入平台管控下的供应链体系，则平台公司会投入少量资金参股该工厂，并规定在关乎供应链运行的重大事项上，平台公司对工厂的决策具有最终决定权。销售门店也分为两类，即旗舰店和加盟店。旗舰店是"大而全"的门店，在门店面积、装修等级、投资金额等方面高出加盟店一个等级，主要起产品展示、形象示范作用，也负责区域市场内的安装、售后服务等。此外，旗舰店还是这个区域市场的总经销，不仅自己卖产品，还可以开发、招募加盟店，对区域内的加盟店进行管控，平台公司也会投入一笔资金参股旗舰店。供应链构筑起来后，整个供应链运营模式如图2和图3所示：客户前往销售门店购买，门店根据客户需求信息生成产品订单，并传输至平台公司，平台公司根据订单信息选择原材料供应商及生产工厂并安排生产，产品制成后由工厂发货至门店，再由门店交付安装。与传统运营模式最大的不同之处还在于资金结算流程。在传统模式下，厂家从原材料供应商处采购原材料生产产品，经销商向厂家进货并支付进货款，卖给终端客户时收取销售款，各个环节的买卖双方均钱货两清，而在这种模式下，客户并不是支付货款给门店，而是直接通过线上支付手段付款至平台公司，平台公司再根据订单信息及与原材料供应商、工厂、门店的内部协议进行货款的分配，做到四方利益的公平分配。整个供应链的运行依托由平台公司打造的供应链信息管理系统，从终端客户下单到生产流程的跟踪，从客户付款到货款分配，都离不开这个信息管理系统。在互联网时代，信息技术为商业模式创新插上了腾飞的翅膀。

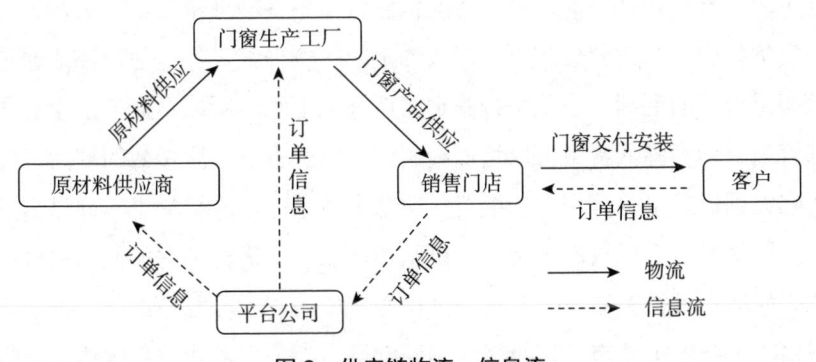

图2 供应链物流、信息流

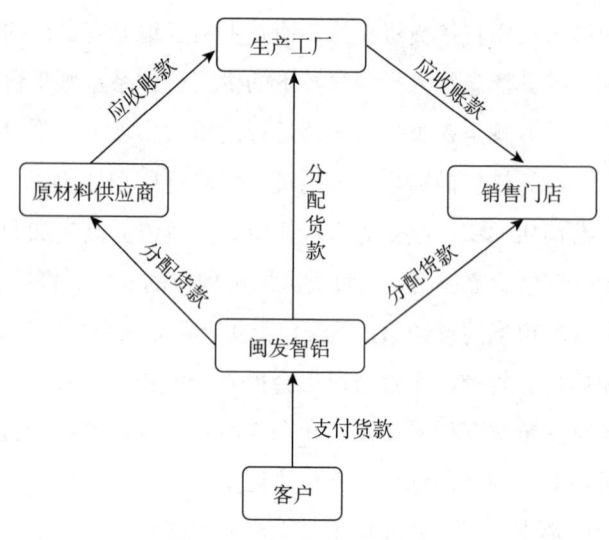

```
            生产工厂
         ↗    ↑    ↘
    应收账款 分配  应收账款
       ↙    货款   ↘
  原材料供应商      销售门店
       ↖    ↓    ↗
    分配货款  分配货款
         ↘    ↓    ↙
            闽发智铝
              ↑
           支付货款
              │
             客户
```

图 3　供应链资金结算流程

讲到这里，许多人不禁会心生疑惑：平台公司在这个供应链体系里掌握了绝对权力，掌控了物流、信息流和最重要的资金流，生产端和销售端会有人愿意加入这个供应链体系，陪这个平台"玩"吗？陈教授对此解释道："其实，这正是这个模式的精妙所在。这个模式以供应链核心企业为主导，可以有效降低供应链其他节点企业中，小企业的经营负担和解决其融资难题。"在这个供应链体系中，平台公司是上市公司的子公司，具备资金优势、品牌优势，处于主导地位，其他节点企业则服从平台的管控，平台输出品牌和管理，根据门店的订单信息进行信息化处理，合理、高效地安排任务给原材料供应商和工厂，他们则根据平台的订单展开生产（若有剩余产能，也可接此供应链体系外的订单）。最后，平台再对终端销售货款进行"按劳分配"，即按约定的比例分配，保证他们都能通过自己的贡献获得合理的毛利。由于是按既定比例分配毛利，所以这些节点企业通过加强内部管理、合理降低费用可以增加纯利润，也就有了提质增效的动力，并不会出现"吃大锅饭、坐等分配"的情况。在这个体系中，原材料供应商只需负责按订单生产原材料，工厂只需负责按订单制造产品，不需再考虑如何发展自己的下游客户、如何"维护关系"了。第一家核心工厂的老板陈总是这样说的："我之前做门窗，主要做工装市场，投资大，回款慢，都是先发货，再收钱，应收账款周转期基本上都在半年以上，还经常出现坏账，维护客户关系的隐形成本也很高，不仅赚的钱少，做的也累。现在加入这个供应链体系，我就不要再考虑这些事了，经营得轻松了,财务风险也小了,这对我们做实业的人来说真的有很大的吸引力。"

此外,由于平台公司掌控了信息流和资金流,对每个节点企业的收入及信用状况等都有详细的了解,再借助上市公司背景,引入金融机构,就可以构建供应链金融体系了。供应链金融可以有效解决中小企业融资难、融资贵的问题,中小企业仅靠自身向银行贷款,难度非常大,因为中小企业的资金及信用状况相对隐蔽,银行向其贷款需承担更大的风险,结果是银行要么不贷,要么就提高利率,而在供应链金融模式下,供应链合作平台充分协调供应链节点企业的资金流、信息流和物流,将中小节点企业与核心企业信用进行捆绑,银行借助供应链合作平台,根据某条供应链上企业间的真实交易记录和合作关系,利用核心企业高信用资质优势,用真实交易生成的融资项目配合银行的短期金融产品和封闭贷款操作,开发出以未来明确的现金收入为直接还款来源的金融产品,从而帮助中小企业解决融资难题。至于平台公司的收益来源,主要有两处:从供应链整体收入获得的分配收益;后期登陆资本市场的资本收益。因此,平台公司的收益是建立在供应链整体业务量足够大的基础之上。

3. "五步走"战略

根据设计方案,闽发铝业的转型之路将分五步走。简单来说:第一步,成立平台公司;第二步,在泉州地区寻找上下游合作伙伴加入,打开泉州地区的市场,构筑区域性供应链链条,建立首个示范基地;第三步,在福建省内其他地区招募上下游合作伙伴,将新型供应链运营管理模式推广复制到全省,再推广复制到全国,实现裂变式发展,快速抢占全国市场;第四步,在供应链网络中建立供应链金融体系;第五步,通过资本市场实现产业资本向金融资本的转化。

第一步,成立控股子公司。这家控股子公司作为产业链整合平台,是整个计划的支点,将撬动全产业链整合。为了吸引合作者,鼓励合作者的参与热情,调动其参与积极性,闽发铝业并不持有平台公司所有股份,而是只持有略微超过总股本一半的股份,其他股份让给合作者认购,同时预留一些股份用作未来对管理层的股权激励,平台公司的股权结构如图4所示。这样做的好处还在于闽发铝业的投资额相应减少了,承担的投资风险也减少了,其他股东也能享受到产业链整体收益增长之后的利润,因为平台公司的收益是建立在全产业链的收益之上的,只有产业链整体有收益了,平台才有收益,而平台的收益也将随着全产业链收益的增长而"水涨船高"。通俗地讲,这种股权结构设计的目的就是让大家都赢,也使大家拧成一股绳,尽心尽力,精诚合作,共创未来。

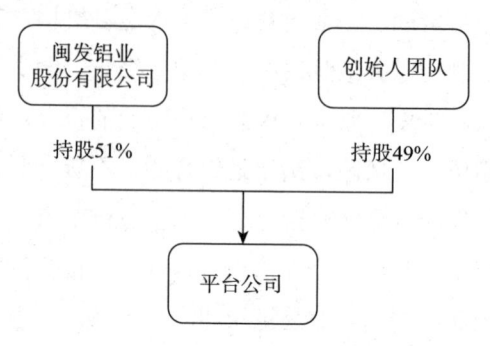

```
    闽发铝业                      创始人团队
  股份有限公司
       │                             │
     持股51%                       持股49%
       │                             │
       └──────────┬──────────────────┘
                  ▼
                平台公司
```

图4　平台公司的股权结构

第二步,在泉州地区招募终端代理服务商及生产工厂,构建地区供应链运营体系。引入投资者投资开设终端销售门店,在泉州地区开设一家旗舰店,再由这家旗舰店进行招商,开发拓展加盟店,搭建地区销售网络;寻找上游合作伙伴,考察工厂的各方面指标是否符合要求,在泉州地区设立一家核心工厂,再视市场发展情况设立若干家分工厂,搭建与产能需求相匹配的上游生产体系。平台公司会对工厂和旗舰店投资参股,参股情况如图5所示。同时,平台公司投入资金开展品牌运作及市场推广活动,扩大在泉州地区的市场知名度。地区供应链运营体系构建完成后,便按照商业模式设计的流程进行运营,并在实际运营中根据遇到的问题进行修正、完善,泉州地区的供应链系统实现流畅运营,打造出样板工程,使其成为后期向全国扩张的孵化基地。

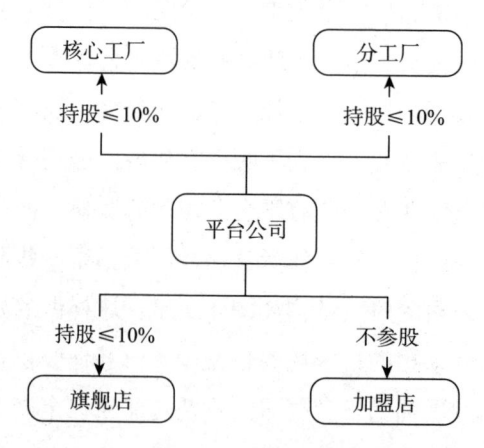

```
     核心工厂                  分工厂
        ▲                       ▲
        │                       │
     持股≤10%                持股≤10%
        │                       │
        └───────────┬───────────┘
                    │
                 平台公司
                    │
        ┌───────────┴───────────┐
        │                       │
     持股≤10%                  不参股
        ▼                       ▼
      旗舰店                   加盟店
```

图5　平台公司对工厂和门店的参股情况

第三步，向福建省内其他地区扩张，并逐步向全国范围内扩张。依托泉州地区的实践经验和示范效应，迅速将这一模式向全省、全国复制扩张，在全省、全国范围内招募合作伙伴，抢占全国市场，打造全国性知名品牌和供应链运营网络。这一阶段，平台公司的收益将随着全产业链整体业务量的快速增长而呈指数式增长。

第四步，与商业银行等金融机构合作，向供应链体系植入供应链金融。平台公司管控了大规模供应链网络之后，就相当于掌握了大量银行客户资源，可凭借对供应链数据的储存及分析，对这些银行客户资源的资信状况进行评估、筛选及分类，保证银行客户资源的优质性。平台公司直接与银行合作，以掌握的供应链数据为基础，以自身信用作担保，为银行推介优质客户，一方面，可降低银行放贷风险，从而降低贷款利率；另一方面，为供应链中小企业提供短期资金，保障其生产经营活动，既解决了银行风险，又解决了中小企业融资难、融资贵的困难，达到"皆大欢喜"的效果。平台公司也可以从中收取合理的服务费以增加自身收益。

第五步，拥抱资本市场，实现产业资本向金融资本的转化。当业务规模发展得足够大时，平台公司将对其母公司闽发铝业进行反向并购，平台公司成为上市主体，接着再将铝型材业务资产剥离出去，原先的闽发铝业成为上市平台公司旗下的非上市子公司。平台公司将借助资本市场进行相关行业并购，公司价值将呈指数式增长。

七、千里之行始于足下，九层之台起于累土——落地实施

1. "闽发智铝科技"的诞生

黄长远总经理对筹建平台公司这个项目十分关切，尽管公司有许多大大小小的事务等着他处理，但他依旧会腾出大量时间参与这个项目的实施，他视这个项目为他的"孩子"。在筹建平台公司的过程中，黄总与几位潜在合作伙伴进行了许多次交流沟通。对于找谁作为平台的创始股东这个问题，黄总有独到的想法："我们是新公司、新模式，很多人可能不会认可，或者之前没有合作经历，信任度不足。所以，我要找闽发铝业现有的合作伙伴作为平台公司的创始股东，这些

创始股东和我们已经有了长期的合作默契,而且他们的工厂、门店就可以改造成核心工厂、旗舰店,同时就解决了招募上下游合作伙伴的问题,缩短了创业时间。他们既是平台公司的股东,又是上下游的经营者,便会全心全力地为整体利益谋想。"就这样,经过数轮谈判磋商,最终几位投资者(李总、苏总及两位陈总)加入这个项目成了平台公司的创始股东。李总是一位事业型女性,之前就是闽发铝业的经销商,她销售闽发铝型材,也经营着自己的门窗加工厂;苏总、陈林杰各自开办一家门窗制造工厂,规模都比较大;陈荣华是闽发铝型材的经销商,自己也做门窗制造销售。经过协商,最终确定李总为泉州地区终端销售总代理并由其开设第一家旗舰店,陈林杰陈总的工厂改造为第一家核心工厂,其他两位股东的工厂将视需求情况决定是否改造为分工厂。就这样,平台公司成立了,工厂和门店也有了着落。2017年12月26日,平台公司"福建省闽发智铝科技有限公司"在福建省泉州市南安市注册成立,注册资金1000万元整。考虑到公司初期的职能主要在品牌推广、招商、供应链管理、产品设计、标准输出等,公司按"各司其职"的原则成立了相应的职能部门,公司初期组织架构如图6所示。

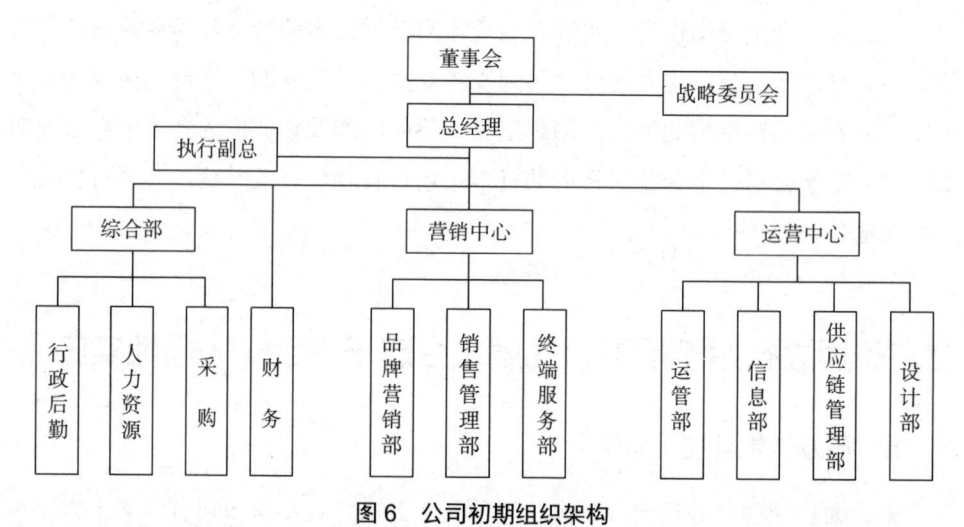

图6 公司初期组织架构

平台公司为什么叫闽发智铝科技呢?这里面是有讲究的。黄长远解释道:"闽发在福建乃至全国行业内都颇具知名度,若平台公司借助闽发的品牌资源,那么今后招商时就会容易得多。我们定位在高端门窗市场,经过了解,智能家居是今后家居市场的发展方向,门窗也不例外。所以我们要打造一个'智能化铝制门窗'的概念,并延伸出'智能全铝家具'的内涵。至于为什么后缀是'科技'而不是'门窗'，这就涉及远期战略规划了。我们的最终目标是成为一家全产业链管理的轻资产运营公司，并不局限于门窗行业，现在选择门窗行业只是作为最开始的切入点，以后做大了、有足够实力了，平台公司要登陆资本市场，并在其他行业进行并购，将这个模式复制到其他产业，形成多元化的全产业链管理公司。而且，'科技'这个词有很大的想象和发展空间，对品牌塑造有很大的促进作用。"

2017年12月28日，闽发铝业借助2017年度全国经销商年会向在场的众多合作伙伴和新闻媒体隆重宣布，闽发铝业已经成立了控股子公司闽发智铝科技有限公司。不知是巧合还是真有奇效，就在这天上午，闽发铝业的股价嗖嗖地上涨了不少，看来资本市场投资者对闽发铝业的这一战略举措颇有认同和信心。

要让公司具备执行力，就得招募员工。创业型公司初期不会一下子把所有岗位都招满，而是根据业务发展需要陆续招人，所以，在初始阶段，管理人员自己也是一线执行人员，既是将，也是兵。通过猎头公司的介绍，公司陆续招募了执行副总、销售管理部经理、设计部经理兼首席设计师、供应链管理部经理，而营销总监和运营总监则由顾问团队的两位博士老师挂职，母公司闽发铝业将一位资深老员工调到公司担任综合部经理，负责后勤支持。再加上几个一线员工，就这样，由十几个人组成的执行团队开始了创业之旅。

2. 品牌策划

打造品牌是平台公司最重要的职能之一，也是决定成败的关键因素，做好品牌策划和推广是公司前期工作的重中之重。选择一家好的广告公司能达到事半功倍的效果，广告公司选得不好，会把公司品牌扼杀在摇篮中。为此，公司与多家广告公司进行了合作探讨。广东佛山是我国著名的门窗制造基地，许多广告公司具有丰富的门窗行业品牌推广经验，闽发铝业与两家来自佛山的广告公司进行过探讨，听取了他们的大致意见，但最后没有选择这两家广告公司进行合作，黄长远觉得，"这两家公司长期以来都是做门窗行业的品牌策划及推广，我担心他们一方面跳不出原有思路，毕竟我们这个模式跟传统模式不一样，在打造品牌时要考虑到自身的特性，另一方面怕做出来的方案和他们以前帮广东那边的门窗品牌做的方案一样千篇一律。"经过对多家广告公司的比较，闽发铝业最终确定了一家泉州本地的广告公司为合作方。这家广告公司之前没有从事过门窗品牌策划，只做过家居类和其他行业的品牌策划，"但他们的创意很好，不会受原有思维的束缚，很可能做出令人眼前一亮的品牌策划及广告方案。"大家一致这样认为。

在品牌名称及 LOGO 设计上，广告公司给出了几个方案，闽发铝业内部讨论后确定了其中两个作为备选方案。

备选方案一：品牌中文名称为"智铝·知家"，英文名为"Alux-home"。此命名相较而言更富有中国情怀，但同时又有一定的国际感，同时将企业品牌与产品品牌较好地结合一起。Alux 英文为 Aluminum 和 Luxury 的组合词，为了更好地定位，后缀上加一个 Home。

备选方案二：品牌中文名称为"道赢"，英文名为"Dorwin"，为 Door 和 Window 的结合，同时 Win 又有"赢、胜利"之意，寓意美好。中文以一半音译一半意译，突出"胜利"之意。

除了这两个备选方案，广告公司还给出了其他方案，如"豪斯丽景""豪斯格雅""好博思"等，但这些品牌命名都没有新意，与门窗界流行的用英文音译名作品牌名别无二致，很容易被淹没在浩如烟海的现有门窗品牌中，更别提"侵占消费者心智"了。最后，由于在注册品牌名称时，"道赢"无法注册，所以就注册了"智铝·知家"作为品牌名称。

3. 首批产品的设计及定价

按照细分市场定位，公司将致力于向市场提供高端铝制门窗，但由于公司刚起步，在门窗行业没有深厚的品牌和技术沉淀，直接走高端定位过于激进，在无法确保质量和确定消费者是否愿意为新的品牌支付高品牌溢价的情况下，死死咬住"高端"两个字不放可能会成为一桩折本买卖，并影响后期发展。黄长远有鉴于此，决定初期产品有弹性地定位在中高端市场。

商场如战场，"知己知彼，方能百战不殆"。闽发铝业设计生产的产品要满足什么样的性能、定什么样的售价，都要参考、对比竞争对手，经过公司执行团队的调研分析，认为皇派是中高端市场的主流品牌之一，以它作为比较竞争对手。产品设计师及销售负责人选取了几款皇派产品作为对标产品，并对其性能、价格进行了深入分析，结合泉州地区的消费者偏好，设计出了几款在性能和价格上能够与皇派对标产品相抗衡的产品。产品定价也是经过了一个不断修正的过程，其中有一款产品属于中低端（考虑到产品价格组合，所以加入了一款中低端产品），公司内部讨论时认为应该把其价格定得比对标产品高一些，这样才能凸显己方品牌的强势，以期不会"自掉身价"，但在与经销商李总的沟通后，还是把这款产品的价格降下来了。李总是这样说的："这款产品价格本身就不高，利润不多，外形和功能与对标产品十分接近，如果把它的价格定得比对标产品高，那么顾客很容易通过对比发现，此时顾客会认为公司的产品价格虚高，从而拖累其他产品的销售。不如把这款产品的价格定得比对标产品略低，从而达到引流的作用，带动利润款产品的销售。"

4. 闽发智铝再启航

2019年4月17日，这是闽发智铝发展历程上又一个值得纪念的日子。这一天，闽发铝业在泉州南安举办"闽发铝业2019经销商年会暨智铝·知家合伙人招募会"，来自全国各地几百位闽发铝业的经销商汇聚在大酒店的讲堂，聆听了闽发智铝团队对公司运营模式、营销战略规划、产品研发进展的详细介绍。"智铝·知家"这一家装中高端门窗品牌将定位于"美好在家，智铝知家"，品类定位则在主打安全性能的系统门窗和主打健康的全铝家居。公司目前已经研发出"摩登印象平开窗""柏林时代窗纱一体平开窗""挪威掠影窗纱一体系列"等德式工艺高端门窗系列产品，并制订了工厂建设标准、经销商开业活动标准、产品检验标准等在内的一系列标准，确保了对产业链上下游进行标准化运营管理。最后，公司负责人向在座的经销商们介绍了可供选择的投资组合，包括同时投资"平台+门店""平台+工厂""工厂+门店""平台+门店+工厂"或单独投资工厂、门店、平台中的一种。大会结束后，公司组织经销商分批到"智铝·知家"产品展厅和泉州首家旗舰店观看，丰富的产品品种、精致的产品工艺让大家赞赏有加，投资欲望高涨。大会结束后没几天，就有几十位经销商陆续向公司进一步咨询合作细节，表达投资意愿，取得了良好的效果。

八、路漫漫其修远兮，吾将上下而求索——尾声

截至2019年12月，闽发智铝的首批产品已经小批量生产，首家旗舰店已经改建完成，首家核心工厂亦签约完成投入运营，并投资更新了高端生产设备，就等着生产订单纷至沓来，可谓是"万事俱备，只待东风"。公司目前还在讨论投资建设共享仓库事宜，帮助核心工厂和分工厂减轻库存压力，降低库存成本。在

被问到"您对智铝公司目前的进展满意吗？对公司未来发展有何打算"时，黄长远目光坚定，胸有成竹，笑着说："公司目前的进展不算快，但是走得稳，稳中求胜是我的经营理念，公司既不能执行效率低下，更不能忽视现状、盲目求进，对公司目前的进展我是满意的。至于未来的发展，我们的战略规划已经很清晰了，就是立足泉州、走向全国，做新型经营模式的先驱者，以闽发智铝推动闽发铝业转型，让我们这一辈人的创业成果不被时代淘汰，让'闽发'这个品牌存活几十年、上百年。我想，这也是我人生最有意义的事情之一了。"高瞻远瞩，勇于变革，时代在呼唤这种企业家精神，我们国家的经济发展离不开这样的企业家。2014年11月，习近平主席在亚太经合组织工商领导人峰会上说："我们全面深化改革，就要激发市场蕴藏的活力。市场活力来自于人，特别是来自于企业家，来自于企业家精神。"让我们期待闽发智铝的成功，期待闽发铝业二次创业、转型升级成功，让我们为黄天火、黄长远等人的企业家精神点赞！

第三篇　财务与绩效

JX公司房产剥离业务的纳税筹划[1]

曾繁英　孙占辉

摘要：JX拍卖公司的王总意欲专注经营拍卖业务，将原本与其并行的不动产租赁业务剥离出公司。不动产业务剥离方式不同将导致不同的税负。各部门经理从资产处置的常见方式出发，综合考虑处置过程可能涉及的增值税、企业所得税、土地增值税、契税、印花税五大税种，提出四种不同的不动产剥离模式，即不动产出售、不动产投资关联企业、不动产投资新设子公司及不动产增资子公司。这四种方式孰优孰劣还需要进一步思考和讨论其税负成本、时间成本、补税风险，甚至应该考虑不动产剥离成功后租赁业务的税务管理问题，找出适合公司利益最大化的最优模式是本案例的最终目标。

关键词：不动产；剥离；税负

一、引言

淡去了春暖花开的明媚，褪去了夏日炎炎的热烈，秋日的泉州迎来一场又一场的秋雨。天色灰蒙蒙的，JX拍卖有限公司（以下简称JX公司）的王总却来到了海边，面朝大海，坠入时光的海洋，思绪也随着潮涨潮落。如今的王总在商海的起伏中，跨过了网络拍卖的惊涛骇浪，一跃将他的公司打造成了泉州唯一一家拥有不良资产一条龙全产业链经营服务的拍卖企业，也是唯一一家通过淘宝、中国拍卖行业协会网络拍卖平台等互联网信息平台，实现网上与现场同步拍卖的企

---

[1] 本案例已被中国工商管理案例库收录，并得到清华大学经济管理学院授权引用。

业。但只有他自己知道，他的目标不止于此，成为全国拍卖龙头企业才是他的梦想。但一直有一个困扰王总的问题，就是JX公司的拍卖业务与租赁业务混业经营，租金收入甚至超过了佣金收入，这显然无法使公司的资源着重调配给主业，拍卖业务如果不突出，又怎能成为拍卖企业的领军者？所以，他暗暗下定决心要把租赁业务剥离出来，将JX大厦剥离出JX公司，这样公司就可以专注拍卖业务的经营，将其做大做强，实现心中的梦想。

正当王总展望着明媚的未来，纷繁的业务模式却让他再度陷入了困境。剥离JX大厦，谈何容易！凭着多年的商海实践，他知道不论是将JX大厦出售还是对外投资都面临着巨额的税收成本，包括增值税、土地增值税、契税、房产税及所得税等，如果税负过大，剥离资产未必合算。想到这里，王总下决心立即召集各部门经理，听听他们的意见。

二、公司简介

JX拍卖公司（以下简称JX公司）成立于2003年，是由王总出资91%，与JX海峡投资管理有限责任公司共同组建的存续有效的法人单位，经福建省经济贸易委员会批准、泉州市工商行政管理局登记注册成立。JX公司是一家围绕不良资产处置市场逐渐延伸发展成为以不良资产处置管理为一体的服务机构，公司旗下拥有一支专业的管理团队，是该地区目前唯一一家拥有不良资产一条龙全产业链经营服务的企业。公司现有员工40多人，国家注册拍卖师4人，过半人员获得拍卖从业资格。现为中国拍卖行业协会常务理事、省拍卖行业协会副会长，泉州市唯一一家中国AAA级拍卖企业；区域重点总部楼宇企业；公司已通过ISO质量管理体系认证，被当地税务部门授予"纳税大户"称号；是省、市人民政府指定公物拍卖的企业。

JX公司当前从事的主要业务为不良资产拍卖、物业出租、商业服务、物业管理及对外投资。不良资产拍卖业务是公司的主营业务，该公司拥有丰富的拍卖经验、客户和资源优势。物业出租也是公司的一大收入来源，上文提到的JX大厦归属于JX公司，其评估值约6000万元，15层，出租率达到70%，经评估约有200万元的租约，形成债权，并且JX大厦没有抵押贷款，即无债务。这座大楼的一层是由JX公司自己经营的一处商业会所，现仅提供公司内部的商业服务；

物业管理服务则由JX海峡的全资子公司卓信物业提供。最后，JX公司还投资了JX海峡投资管理有限责任公司，占9%的股份。图1为JX拍卖公司组织结构。

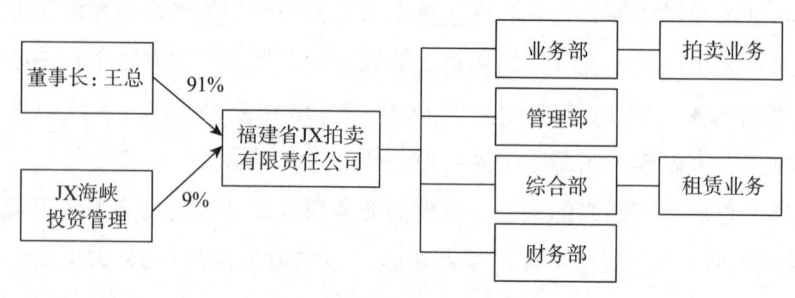

```
董事长：王总 ──91%──┐
                    ├──→ 福建省JX拍卖 ──┬── 业务部 ── 拍卖业务
JX海峡投资管理 ─9%──┘   有限责任公司    ├── 管理部
                                         ├── 综合部 ── 租赁业务
                                         └── 财务部
```

图1　JX拍卖公司组织结构

另外，JX公司也是该地区唯一一家通过淘宝、中国拍卖行业协会网络拍卖平台等互联网信息平台，配备电脑、投影仪、电子监控、网络终端等设备，实现网上与现场同步拍卖的企业，使全国乃至全球均可以通过网络实现网络报名、网上竞价，做到客户足不出户即可参与拍卖和现场的竞价，使拍卖过程公开、竞价充分，可有效地防止恶意串通、暗箱操作，真正体现了拍卖的公开、公平、公正。同时，委托方也可以通过网络实现对拍卖现场的远程监督、监管。

近年来，JX公司的规模不断扩大，公司的软、硬件设施都达同行业先进水平。JX公司在丰泽区繁华的附中路自建一幢17层、面积达13000平方米的JX大厦，拥有一个面积达350平方米、可容纳200多人、满足各种需求的多功能会议、拍卖大厅。JX大厦造价约3000万元（含土地），2016年固定资产原值约为4000万元，评估值约6000万元，JX公司总资产评估价则为12870.85万元。表1为2016年JX拍卖公司部分财务资料。

表1　2016年JX拍卖公司部分财务资料　　　　　　　　　　（单位：元）

收入结构		资产结构	
主营业务收入—拍卖佣金	1608303.01	固定资产	40000000
其他业务收入—租金	1907272.89	非固定资产	68708523
总收入	3515575.9	总资产	108708523

三、行业背景

在互联网时代的今天，公司外部竞争环境发生了巨大的变化，全球网民近

30 亿之多，网络竞拍正趋于常态。通过互联网进行资产转让处置的营销推介，可以突破传统不良资产处置时受制于信息不对称、资讯传播率不高等种种局限。同时，网上拍卖实现资产处置，过程更加公开、透明，并可召集最多的参与者，实现资产价值最大化。

所以，随着网络电商平台的兴起，跨界竞争者增多，使拍卖企业作为司法受托主体的法律地位遭受严重冲击，对困境中求发展的拍卖行业无疑是雪上加霜。

此外，不同拍卖业务类别间的盈利能力也存在问题。其中，土地使用权拍卖业务成交额巨大，但"赚数字不赚佣金"的状况明显，其 2017 年平均佣金率仅为 0.23%。总体而言，以佣金为主要收入来源、以拍卖服务为单一服务方式的拍卖经营模式已经面临较大挑战。

四、王总其人

王总于 2003 年出资成立了福建省 JX 拍卖有限公司，是公司的发起人，也是最大股东，王总现为中国拍卖行业协会常务理事、福建省拍卖行业协会副会长。十几年来，他把公司发展为福建省拍卖行业的龙头企业，但其目标不止于此，争当中国拍卖行业的领头羊才是他的理想，所以，王总想要调整自己的业务范围，专注经营拍卖业务，将不动产租赁业务剥离出去，做到分业经营。

五、面临的问题

由于网络电商平台的兴起，新兴的线上拍卖全面启动，使 JX 公司的线下服务受到严重冲击，传统的政府、司法委托业务日渐萎缩，JX 公司想要在逆境中求发展，影响升级，成为全国拍卖行业线下公司的领头羊，必须把主业打造得更有竞争力，于是从公司的前景方向与战略规划来看，王总意欲将 JX 大厦剥离出公司，专注经营拍卖业务。

表 1 显示，JX 公司的租金收入超过了拍卖佣金收入，JX 大厦的租赁业务反而是 JX 公司的第一收入来源；同时，拍卖公司本应当是轻资产型公司，而 JX 公司的固定资产占总资产的比重非常大，当去掉固定资产原值后，JX 公司的总资产只剩下 6000 多万元。当前的资产结构显然不能体现拍卖公司的经营特点，

因此公司财务部经理老许说，剥离租赁业务才能凸显拍卖主业的特色。

将 JX 大厦剥离不仅可以拓展拍卖市场，还可以加强公司内部拍卖团队的建设，细化分工，培养最专业的人才，提高效率，避免资源浪费，从而更具有竞争力。

JX 公司于 2017 年 9 月 12 日召开的董事会通过了王总的提议，决定剥离不动产。JX 大厦地处繁华地段，地产交易成熟，评估价值非常透明。但是剥离交易可能产生巨额税负，选择不同的剥离方式并实现最低税负目标是公司目标，王总要求各部门提出相应的剥离建议。但几个月过去了，各部门提交的方案莫衷一是。王总责令财务部经理在年终工作会议拿出一份最优方案。

六、建议

业务部经理刘先生提议出售不动产是实现业务剥离的最佳方式。他认为，JX 大厦地理位置好、需求者众多，当前 6000 万元的价格相比较于当初的造价已增值一倍。出售所获得的一大笔现金可以用于拍卖业务的线上推广，使公司的经营范围不再拘泥于泉州本地，这是实现公司拍卖业务扩张、增强同业竞争力的关键举措。尽管在这个过程中需要缴纳不动产销售增值税、土地增值税、契税、印花税及企业所得税。但不论哪一种处置方式都是要交税的，公司也有义务和能力交税。

综合部经理贾先生主张将 JX 大厦投资关联企业。贾经理认为，刘经理的提议过于"粗暴"，JX 厦租赁业务运营良好，拥有一批稳定的客户，每年可为公司带来近 200 万元的收入，而且因地理位置优越，未来的租金看涨不看跌，将这样盈利丰厚的业务卖掉，实属"败家行为"。将 JX 大厦投资到公司的关联企业卓信物业有限公司就要好得多，JX 集团的股权关系如图 2 所示。一是可以将租赁资产及其未来收益留在集团内部，使股东利益最大化。二是免交土地增值税，因为《财政部 国家税务总局关于土地增值税一些具体问题规定的通知》（财税字〔1995〕48 号）第一条规定，企业以房地产作价入股进行投资或作为联营条件，将房地产转让到所投资、联营的企业中时，暂免征收土地增值税，借此可以至少节省 1050 万元。三是把不动产投资到关联方会计和税法上都视同销售，需要缴纳增值税，但被投资方可做进项税处理，最终得以抵扣，从集团整体看，没有增加税负。因此，贾经理极力反对出售大厦。

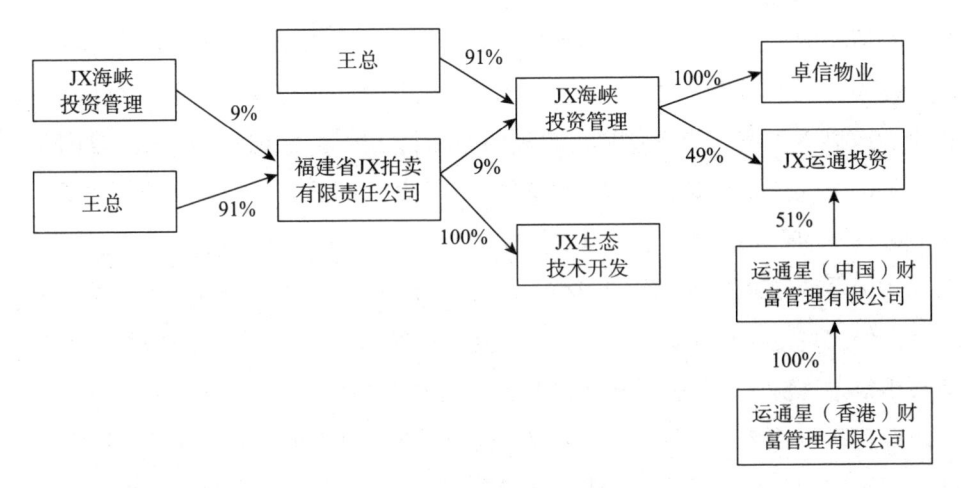

图2　JX集团的股权关系

财务部经理老郑认为，将JX大厦投资子公司更合适，具体包括投资新设子公司和增资原有子公司两种，但从税收成本和纳税风险两方面考虑，增资全资子公司——JX生态技术开发公司是最优选择。具体理由如下。

首先，不动产增资或投资设立公司符合《中华人民共和国公司法》要求。《中华人民共和国公司法》第二十七条第一款规定，股东可以用货币出资，也可以用实物、知识产权、土地使用权等，可以用货币估价并依法转让的非货币财产作价出资，且对货币出资比例暂无要求。也就是说，JX公司全部以JX大厦作为出资成立新的全资子公司在法律上是可行的，但投资过程需要聘请具有评估资格的资产评估机构，评估会产生一定的成本。根据增值税条例以不动产业务投资子公司又可以分为两种形式，一种以不动产单独出资，一种以不动产及其相关的债权、债务和劳动力一并转让。两种方式下，前者视同销售缴纳300万元增值税，尽管此时缴纳的增值税可以在子公司作为进项抵扣，但要在交易时一次性缴纳300万元的增值税。对公司而言，将会失去使用这300万元的机会成本，而后者则无须缴纳增值税。由于此处投资的是子公司，显然不动产的控制权还在母公司JX手上，所以若以第一种方式投资，将会使公司失去300万元的获利机会，因此郑经理认为，剥离大厦的过程不必考虑单独投资情况，只需关注连同大厦一起的债权债务及劳动力一起投资，这也能保障公司员工、债权人等利益相关者的利益。

其次，如果以不动产业务新设子公司，依据《营业税改征增值税试点实施办法》（财税〔2016〕36号文件附件二）的第一条规定：在资产重组过程中，通过合并、分立、出售、置换等方式，将全部或者部分实物资产及与其相关联的债权、负债和劳动力一并转让给其他单位和个人，其中涉及的不动产、土地使用权转让行为，属于不征收增值税项目。因此，无须缴纳增值税。依照《关于继续实施企业改制重组有关土地增值税政策的通知》（财税〔2018〕57号）第四条，"单位、个人在改制重组时以房地产作价入股进行投资，对其将房地产转移、变更到被投资的企业，暂不征土地增值税。"由此可以免征土地增值税。这样一来，公司实际需要缴纳的就只有印花税、契税及所得税。其中，契税计税依据《契税暂行条例》规定，视同房屋买卖、土地使用权转让中"以房产作价投资或入股，应按规定办理房屋产权交易和产权变更登记手续，视同房屋买卖，由产权承受方按入股房产现值缴纳契税"，税率为3%，预计180万元税款。印花税则源自财政部、国家税务总局《关于印花税若干政策的通知》（财税〔2006〕162号）规定，对土地使用权出让合同、土地使用权转让合同、商品房销售合同均按产权转移书据征收印花税，税率为0.05%，预计2.1万元。企业所得税的计缴依据有二，一是《关于企业处置资产所得税处理问题的通知》（国税函〔2008〕828号）第二条规定："企业将资产移送他人的下列情形，因资产所有权属已发生改变而不属于内部处置资产，应按规定视同销售确定收入：用于市场推广或销售；用于交际应酬；用于职工奖励或福利；用于股息分配；用于对外捐赠；其他改变资产所有权属的用途。"以不动产对外投资属于其他改变资产所有权属的用途。二是财税〔2009〕59号文件第六条规定"资产收购，受让企业收购的资产不低于转让企业全部资产的50%"可以选择按特殊性税务进行处理。但JX公司打包转移的资产并未达到此比例（固定资产/总资产=60000000/128708522.75=46.62%），所以只能选择一般税务进行处理。因此，按照25%的所得税税率，预计应缴纳500万元的所得税。

再次，如果以不动产业务增资全资子公司，还可获得契税和企业所得税免征优惠，进而实现税负最低化。《关于继续实施企业改制重组有关土地增值税政策的通知》（财税〔2018〕57号），其中第四条规定"单位、个人在改制重组时以房地产作价入股进行投资，对其将房地产转移、变更到被投资的企业，暂不征土地增值税。"《关于继续支持企业 事业单位改制重组有关契税政策的通知》（财税〔2018〕17号）第六条规定："对承受县级以上人民政府或国有资产管理部门按规定进行行政性调整、划转国有土地、房屋权属的单位，免征契税。同一投资主体内部所属企业之间土地、房屋权属的划转，包括母公司与其全资子公司之间,同一公司所属全资子公司之间,同一自然人与其设立的个人独资企业、一人有限公司之间土地、房屋权属的划转,免征契税。母公司以土地、房屋权属向其全资子公司增资,视同划转,免征契税。"《国务院关于进一步优化企业兼并重组市场环境的意见》(国发〔2014〕14号)和《财政部 国家税务总局关于促进企业重组有关企业所得税处理问题的通知》(财税〔2014〕109号)中定义为100%直接控制的居民企业之间,以及受同一或相同多家居民企业100%直接控制的居民企业之间按账面净值划转股权或资产。限于以下情形:100%直接控制的母子公司之间,母公司向子公司按账面净值划转其持有的股权或资产,母公司获得子公司100%的股权支付。母公司按增加长期股权投资处理,子公司按接受投资(包括资本公积,下同)处理。母公司获得子公司股权的计税基础以划转股权或资产的原计税基础确定。据此,资产划转可不缴纳所得税。

综上所述,郑经理认为将JX大厦投资到JX拍卖的全资子公司——JX生态技术开发有限公司或新设一个全资子公司,然后再做资产剥离是最优的资产剥离方式。

但财务部经理的提议遭到管理部负责人张经理的反对。她认为,JX大厦投资子公司看似纳税最低,但存在重大的纳税风险。因为在税法上,用不动产资产增资子公司到底是属于内部处置资产,还是属于资产划拨并无定论。如果税务部门将此业务认定为内部处置资产,那么因资产所有权属已发生改变而无法享受任何税收减免,税负将和出售并无二致。

七、王总的担忧

面对各部门经理针锋相对的提议,王总始终没有说话。因为要考虑的因素多,既不能不考虑税收负担,也不能只考虑节税而置纳税风险于不顾;既要考虑各方案对股东利益的保护,也要考虑各方案操作时间的便利。退一步看,到底哪一种方案的税负最少呢?如果税负过大还有剥离的必要吗?

八、尾声

显然,四种方案孰优孰劣除了需要考虑税负成本外,还要考虑时间成本及风险,到底选择哪种方式呢?王总再次陷入了沉思。

路在何方：JQD的绩效管理变革缘何困难重重

马占杰

摘要：长期以来，国有企业的绩效管理一直是人力资源管理的难点。在管理实践中，有学者认为，国有企业在引入绩效管理方面可以用"认认真真走形式"来形容，很难达到预期效果。本案例描述了 JQD 企业为了激发企业活力与员工的积极性，对绩效管理进行优化的过程。作为绩效变革的动因，公司层领导充分意识到了公司已有的绩效管理体系存在诸多问题，而且已经对企业发展造成了不利影响，于是要求人力资源部对公司的绩效管理进行优化。但是，人力资源部王经理在推进绩效管理的过程中遇到了重重困难，面对绩效管理优化可能搁浅的窘况，他积极与各方沟通，采取各种措施解决重重障碍，力推企业的绩效变革，较好地达到了预期效果。本案例主要覆盖了国有企业绩效管理优化的动因、变革过程中的阻力及其克服措施、绩效指标设计和优化的技术性操作技巧等，揭示了国有企业绩效管理优化的难点，对该案例的讨论对于在其他国有企业开展绩效管理变革具有一定的借鉴价值。

关键词：绩效管理诊断；变革阻力；组织政治；绩效指标设计与优化；激励理论

一、引言

2017 年 8 月的一天，JQD 由公司中层以上领导干部参加的例会在上午如期举行。与以前的例会不同，在进行完常规事项的讨论后，叶总经理突然用措辞严厉的语言指出了公司绩效管理中存在的严重问题，"为什么近段时间员工对我们公司的绩效管理体系有那么多抱怨？说我们的绩效指标不合理、考评过程不公平等。为此甚至有人嚷嚷着要辞职，甚至还有人说要到集团公司领导那里去反映情况！出现这种局面，人力资源部有不可推卸的责任，如果这种局面不改变，就会严重影响我们公司的形象和发展……"

由于事先没有思想准备，面对总经理的严厉批评和同事们投过来的异样眼光，人力资源部王经理如坐针毡。他暗自思索，"作为在公司工作9年，担任人力资源部经理达3年的老员工，我岂能不知公司绩效管理存在的问题？作为成立于2004年9月，以天然气发电及相关产品的开发利用为主的能源型企业，虽然按照现代管理制度实行的是董事会领导下的总经理负责制，但公司的绩效管理仍具有国有企业常见的弊端，考评机制的官僚机制倾向明显，分配方式上的'大锅饭'思维严重，私下里就有很多员工和部门经理经常找我发牢骚。作为人力资源部经理的我又何尝不想进行改变？但又谈何容易？我也多次找公司领导沟通，试图开展相关的工作，但每次基本都是无果而终……"

等心情稍微平静之后，刚才心存抱怨的王经理突然转念一想，"刚才总经理的讲话很严厉，不正是充分显示了公司高层对绩效管理的重视吗？我何不以此为机会，把原来想做但一直做不了的绩效管理优化深入开展下去呢？"

于是，王经理转忧为喜，会议一结束便兴冲冲地回到了人力资源部办公室，赶紧召集部门员工，开始着手对如何进行优化公司的绩效管理展开研讨……

二、启动：做不做？谁来做？

在人力资源部召开的会议上，王经理传达了公司例会的会议精神，一字不落地把总经理对公司绩效管理的意见向部门成员进行了转述，并提出自己接下来准备着手进行绩效管理优化的想法，想听听大家的建议和想法。王经理的话刚讲完，大家随即展开了激烈的讨论，纷纷表达了自己的观点。

人力资源部副经理李华首先发言："我觉得这件事情早该做了，我们以前不也和领导沟通过吗？但基本都没有下文。另外，据我所知，有部分的部门经理对绩效管理变革好像不感兴趣，认为我们是没事瞎折腾。这次公司领导们是不是下定决心要做？我心里还是没底，没有他们的支持，我们仍然做不了。所以，我建议和有关领导进行沟通确认后再着手做也不迟……"

绩效考核专员小张接着说："我觉得李经理说的有道理，但我觉得我们最好拿个具体的方案去和领导沟通会好些，最起码得让领导知道我们的工作思路和可行性，在领导班子开会讨论确定时也有个依据……"

王经理听后想了想，说："如果我们要做的话，大家觉得有什么困难吗？"

薪酬管理专员小朱立刻表达了自己的观点："只要一涉及钱，大家都比较敏感，我们只要一调整薪酬体系和结构，势必会影响部分人的收入，他们肯定会跳出来说三道四，说我们会徇私情照顾某些部门或某些人……"

绩效考核专员小张也表达了同样的担忧："我最头痛的也是这一点，大家对绩效指标体系的设计很敏感，以前凡是有调整指标的风声，我都会接到其他部门许多员工的电话，说能不能给他们调低点。即使我说我做不了主，我要根据领导和公司的安排进行调整，他们也觉得不给面子，言语中会透露出不满……"

王经理说："这个问题我也经常遇到，如果我们只提供数据支持，找个咨询公司来做，他们意见会不会小些？"

"这样也有问题"，副经理李华接着说，"即使由独立的第三方来做，如果影响部分人的利益，他们会说我们找的咨询公司不了解公司的实际情况，定的指标和薪酬结构缺乏科学性。而且，说不定还会有人到领导面前告我们状，说我们为了不承担责任把事情推给外人来做。"

"那我们可以让核心部门的部门经理也参与，在指标设计、绩效标准优化时充分让他们发表意见，吸收其中的合理化建议，我们形成基本一致的最初方案，最后报给公司领导拍板，这样会不会好些？"一直沉默不语的招聘专员小姜表达了自己的意见后，大家纷纷点头表示赞同。

就这样，经过近两个小时的讨论后，大家基本达成了一致意见。王经理最后总结说："经过我们刚才的讨论，我们针对准备开展的绩效优化形成一个初步工作方案，在方案中我们具体说明绩效优化的目的、价值、核心内容、参与人员与时间安排等，尤其要指出这次绩效优化由我们人力资源部牵头，公司领导和各部门经理及核心成员参与，并由独立的第三方提供技术支持。这个方案由副经理李华和绩效专员小张负责，其他人员积极提供建议，本周四以前交给我，我拿给分管领导周副总审核后，争取下周一能上例会讨论！"

接下来，在人力资源部副经理李华主持下，方案经过初稿、修改、定稿后，经过王经理与分管领导及叶总的积极沟通，方案得到了认可。在例会上，叶总宣布要进行绩效优化变革，并让与会成员对方案进行讨论时，虽然最终通过了该方案，并公布了绩效管理优化领导小组与核心成员，如图1所示，但王经理看出来有两位副总和几个部门经理的抵触情绪较大。

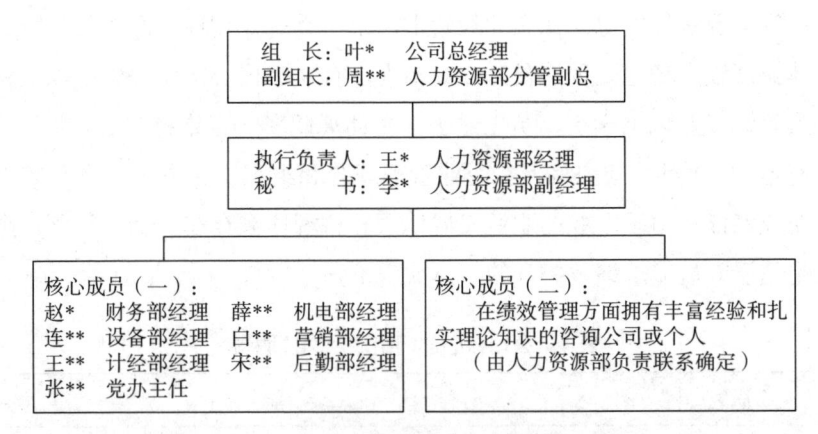

```
组  长：叶*      公司总经理
副组长：周**     人力资源部分管副总

执行负责人：王*  人力资源部经理
秘  书：李*      人力资源部副经理

核心成员（一）：                核心成员（二）：
赵*  财务部经理  薛** 机电部经理   在绩效管理方面拥有丰富经验和扎
连** 设备部经理  白** 营销部经理   实理论知识的咨询公司或个人
王** 计经部经理  宋** 后勤部经理   （由人力资源部负责联系确定）
张** 党办主任
```

图1　绩效管理优化领导小组与核心成员

面对部分参会人员的异样表情，叶总说："这次为什么要下大力气进行变革？我上次开会已经讲过了。我也知道，绩效优化必然会触及包括在座各位在内的很多人的利益，因此会给人力资源部推进这项工作制造许多障碍。我在这里重申几点：第一，这件事情必须要做，不管你理解不理解；第二，作为公司的中高层干部，大家要服从大局，积极配合人力资源部；第三，有什么建议，无论是基于个人角度还是部门角度，大家都可以充分发表意见。"

听到总经理的发言后，王经理暗暗下定决心：既然领导这么支持，我一定要千方百计把这件事做好。接下来，人力资源部积极联系有丰富经验的机构和个人，最终选定了由省内某著名高校黄教授牵头的项目组作为独立的第三方提供技术支持，由于要在11月底做出方案，于是在2017年9月，这项绩效优化工作就在JQD紧锣密鼓地开始了。

三、现状：公司的绩效管理究竟怎么了

1. 黄教授团队与王经理的初步绩效沟通

在人力资源部的办公室，黄教授团队与王经理进行了初步沟通。为了使黄教授和其他三名项目组成员了解公司的绩效管理情况，王经理首先提供了公司核心部门组成及岗位职责表，如表1所示。

通过王经理的描述，黄教授对公司概况有了基本的了解。JQD公司成立于2006年5月，隶属于本省能源集团，属于国有控股公司，主营业务是利用天然气和风能等能源进行发电。在企业经营上，由于具有计划性生产的部分特征，公司的总体业绩较为稳定。现有员工260多人，有9个核心部门，中层以上管理人员全部具有大专及以上学历，员工过去的主动离职率一直维持在5%左右，2017年稍微有增加，达到了近8%。在企业管理理念和组织文化方面，具有较为典型的国有企业特征，由于企业的职业发展体系和薪酬体系存在的部分问题，企业员工尤其是基层人员追求绩效提升的整体欲望不强。

表1 公司核心部门组成及岗位职责

名称	一级职能	二级职能
行政事务管理部	文秘工作	（1）牵头负责年度工作总结、工作报告、领导讲话等综合性材料的起草工作；负责董事会、监事会的召开及材料起草筹备工作 （2）负责文件管理工作，对以公司名义发出的文件文稿审核把关及文字修改并报送公司领导会签、签发
	办公事务及会务工作	（1）负责办公及会议设备使用、公司会议的协调管理 （2）负责办公电话、办公楼门禁的安排与审批、公司报纸、杂志订阅的管理
	督办管理	（1）负责督办公司各类文件通知精神的贯彻落实 （2）负责监督并贯彻公司各类制度的执行情况 （3）总经理直接批示或在文件等材料上批示事项的督促落实
后勤事务管理部	办公用品管理	（1）负责公司办公家用器具的管理及建立健全台账 （2）负责办公用品的计划、采购，零星行政物资的紧急采购和发放工作
	生活后勤服务	（1）负责公司食堂、招待所、员工公寓楼、生活区管理 （2）负责其他生活后勤服务工作
	后勤水电及车辆管理	（1）负责公司非生产区域照明设备（包括生产区域室外路灯）和生活水电设备、空调、通风设备维修及日常管理工作 （2）负责公司车辆使用、调度、维护保养、保险、安全等管理

续表

名称	一级职能	二级职能
人力资源管理部	人力资源规划管理	(1) 编制人力资源长期规划、年度工作计划，并组织实施 (2) 负责公司管理机构设置、管理职能分配 (3) 负责制订定编、定员方案，组织编写职位描述表（岗位说明书）
	人力资源配置及劳动合同管理	(1) 科学、合理调配公司人力资源，组织人员招聘，做好员工聘用工作 (2) 负责办理员工劳动合同的签订、变更、解除、仲裁等事宜，处理劳动纠纷
	绩效管理	(1) 负责制订公司绩效管理办法，并组织实施 (2) 负责中层管理人员年度业绩考核 (3) 组织落实员工奖惩等绩效管理工作 (4) 建立员工绩效管理档案，组织各部门做好员工年度岗位业绩考核工作
	薪酬管理	(1) 制订公司薪酬（指工资、奖金、福利、保险等，下同）方案，及分配办法报批，并组织实施 (2) 编制、上报薪酬计划及统计、分析报表，提出改进意见，供领导决策参考
财务管理部	制度建设	负责公司财务制度建设，完善财务内部控制制度
	财务预算	负责编制财务计划、财务预算，并组织实施
	资金管理	(1) 负责公司资金筹措及资金调度安排 (2) 负责编制公司资金使用计划，并组织实施
	资产管理	(1) 牵头负责固定资产管理，公司资产、资本运作方案的制订，提交董事会决策参考 (2) 负责公司出租资产归口管理和出租资产预算归口管理
	决算管理	负责组织项目的财务竣工决算，配合包括竣工决算的审计工作
营销管理部	营销策略管理	(1) 收集、分析、整理电力市场信息，提出电力营销策略并实施 (2) 负责电价政策分析、跟踪、落实，并提出公司加强电价管理的方法、措施
	电量销售	负责与电网公司有关部门沟通联系，落实电量计划分配，跟踪、落实电量政策
	合同管理	牵头负责购售电合同的谈判、签订、履行等管理工作

续表

名称	一级职能	二级职能
物资采购管理部	物资采购需求及库存平衡管理	(1) 负责设备、物资市场调研，及时分析有关信息 (2) 负责物资需求综合平衡，研究分析并制订合理的库存量
	采购计划管理	(1) 根据物资需求计划，综合平衡安全库存和最低库存后编制物资采购计划 (2) 根据生产经营需要和审批后的采购计划，及时进行招标比价
	采购合同管理	(1) 负责除办公用品外的所有物资采购的招标比价，及时完成标书编写、公告、开标、评标、定标，主持商务谈判，办理相关文件报批手续 (2) 办理物资采购合同，负责物资入库前的催交、提货工作 (3) 负责物资的商务验收，负责办理质量验收合格后的付款审批手续和不合格物资处理
生产管理部	生产协调	(1) 负责生产的总体协调，为运行提供机组最佳运行方式的方案 (2) 负责组织召开月度生产协调会议，通报月度生产情况，撰写月度生产报告 (3) 负责与省电力调度部门关于通信、继电保护及自动化等专业技术工作的沟通联系
	计划管理	(1) 组织制订公司年度生产目标及各项生产计划，并检查落实情况 (2) 负责备品备件计划的审核、事故备件计划和轮换备件计划的审核、设备返修件审核管理工作
	生产管理考核	负责公司生产管理的考核工作
	节能降耗管理	(1) 负责建立节能管理细则，督促落实执行 (2) 牵头组织按规定对机组进行性能试验
设备管理部	生产日常维护	(1) 负责各类发电设备商业运行期的日常维护和消缺工作 (2) 负责备品备件定额管理、备品备件的编制和生产性固定资产管理，参与相关设备备品、备件材料的入库质量验收，跟踪并反馈产品质量信息
	外包维护设备的管理	(1) 参与签订设备外包维护项目技术协议，参与商务谈判、合同签订，并对外委托项目全过程监督检修质量及检修工艺，同时做好验收管理工作 (2) 负责设备返修管理，组织签订返修技术协议及维修合同
	设备检修管理	(1) 负责编制设备检修计划和费用预算 (2) 负责设备检修全过程管理
	维修制度管理	(1) 负责制订维修管理制度并执行 (2) 负责起草公司维修管理、安全管理有关制度

续表

名称	一级职能	二级职能
安全监督管理部	安全制度管理	(1) 负责建立健全公司安全管理制度 (2) 负责组织建立健全公司安全生产保证体系和监督体系
	安全教育培训管理	(1) 负责公司安全教育培训工作。组织公司级安全教育培训和安全规程、安全技能、消防等考试工作 (2) 负责监督公司及各部门制订安全教育培训计划，并进行监督管理
	安全检查监督	(1) 负责制订公司安全措施计划并监督执行，监督反措的落实执行 (2) 负责制订公司级安全检查整改措施计划并监督落实
	事故调查及统计分析	(1) 组织、协调和指导公司各部门障碍、异常的调查分析和处理工作 (2) 负责公司安全事故、障碍的统计、分析、汇总和上报工作

"从人力资源部的角度，您觉得目前公司绩效管理主要存在哪些问题呢？"黄教授直接问道，因为他知道企业里面对绩效管理水平最有发言权的就是人力资源部。

"哈哈，黄教授，我就知道您会问我这个问题，我提前做了下功课。"说着，王经理从办公桌抽屉里拿出了第二张表格，如表2所示。围绕这份表格，王经理较为详细地介绍了公司的绩效管理体系，包括绩效管理理念，绩效指标体系中的一级指标（公司层）、二级指标（部门层）和三级指标（个人层）构成，绩效沟通和绩效反馈的落实和执行情况等，并从他个人及部门的角度阐述了员工的态度与能力、绩效方案的制订体系和执行监督体系存在的问题。

听完王经理的介绍之后，黄教授对JQD公司及其绩效管理有了初步了解。与此同时，拥有多家国有企业绩效管理咨询经验的黄教授也感到了身上的责任与压力，他明白，由于体制的原因，在影响国有企业绩效管理变革的障碍中，组织政治因素的影响往往会大于技术方面，自己的团队如何基于企业的实际，从技术角度提出绩效变革方案，并说服员工和管理层认可自己的方案，可能是接下来团队要面临的严峻挑战。

表2 JQD绩效管理存在的主要问题（人力资源部的视角）

	问题要点	具体表现
员工态度与能力问题	绩效管理对公司和个人发展的价值存在分歧	部分员工质疑在国有企业是否有必要进行绩效管理
	对绩效管理及绩效薪酬的认知存在偏差	认为员工的绩效薪酬就是工资，绩效管理力度小，驱动性不强，存在大锅饭现象
	各管理人员对绩效管理与指标提取能力欠缺	绩效指标未随工作目标的变化而进行相应调整，各岗位绩效指标也不能支撑部门指标。经常出现指标的本末倒置，效能考核甚至比核心指标考核还重

续表

	问题要点	具体表现
方案制订体系	基层员工缺乏目标体系	生产部门的员工采用积分或行为体系代替绩效管理，专业技术员工缺少目标激励体系
	配套基础工作薄弱	计划管理、目标管理较弱，流程不完善，效果较差，计划管理与责任状考核走形式
	绩效考核过多侧重短期绩效，未关注企业的长远发展	从上到下围绕KPI与计划目标管理开展绩效管理，对员工成长培训与能力提升、内部运营流程方面缺少管控
	绩效考核周期不科学	无部门差别地施行"月度、季度、年度"考核会使部分部门感觉到绩效管理是一种负担
	绩效管理价值取向不清晰	各管理层与员工对公司产生价值的区域与工作模糊不清，以行为代替绩效
执行监督体系	激励体系碎片化	公司各种补贴、小奖金项目多且未聚焦，中层绩效考核所占比重较小（甚至比民主评议还低）
	企业执行文化薄弱	绩效内部检视监督体系较弱，各项绩效管理力度小，企业"老好人"思想严重，执行力低下
	绩效管理缺乏强有力的执行与监督机构	出现各层级压力传递或责任传递不畅或断层现象。公司责任状、计划项目、部门与岗位指标没有层层传递，也做不到资源匹配与对下级的指导，造成管理脱节
	绩效面谈未达到效果	部分部门为应对检查，所提交材料与实际工作不完全相符

2. 黄教授团队的绩效管理调研

为了更清晰地了解公司绩效管理中存在的问题，黄教授召集团队成员，耗时半个月开展了绩效管理调查。

一方面，黄教授亲自对公司的中层以上的领导进行了绩效访谈，核心内容主要是从管理者的角度，让他们谈谈对公司绩效管理的现状、问题和建议。但正如黄教授预料的那样，刚开始他们言语很谨慎，不愿表达自己真实的想法。当黄教授通过沟通打消他们的顾虑后，大部分中层管理者都能够与黄教授就这些问题开展深入沟通。从沟通中，黄教授从部门经理的角度，了解了他们在本部门绩效管理中的尴尬与无奈，部分人员有牢骚，甚至还有人根本不看好这次绩效管理变革，最终还会不了了之。

另一方面，项目组的研究生小李和小张负责对基层员工的访谈与问卷调查。调研结束后，他们向黄教授汇报了基层员工的访谈与问卷调查情况：第一，这次访谈涉及公司所有的部门，他们随机选择2～3名员工进行访谈，一共访谈了

21 名员工，访谈的内容也是基于他们的角度，谈谈对公司和部门绩效管理中存在的问题和建议，大部门员工的问卷和建议具有一定的建设性，但也有部分员工过多强调自己的利益，甚至还会给他们讲在新方案中能不能降低自己的绩效指标。第二，调查问卷是他们事前确定的结构化问卷，而且由他们到各部门亲自发放并现场回收，整个过程公司管理人员没有参与，虽然问卷对员工个人是匿名的，但他们在每个部门的问卷上做了特殊标记，一共回收了 92 份问卷，最终确定有效问卷 75 份。第三，针对基层员工的调研和访谈，小李和小张汇总和分析了基层员工对绩效管理的观点。

经过对调研情况的梳理与归纳，从企业管理层和基层员工的视角，黄教授团队归纳出了公司绩效管理中存在的问题，如表 3 所示。

表 3 JQD 绩效管理存在的主要问题（中层管理者和基层员工的视角）

管理层	基层员工
（1）发电量作为全公司指标，前半年不理想，薪点基数变小，没完成指标，导致年底突击发钱，给人的感觉是上半年少一点没关系，全年大家是平衡的，无法达到预期效果 （2）发电量、气耗率等指标等受外界环境的影响较大，而绩效管理的一些指标与人为努力脱节，即某些指标不达标不是我们工作不努力，而是受环境影响 （3）某些指标不是单独某个部门的责任，指标如果能够在相关部门之间科学分配，更能体现责任与义务的统一 （4）现有考核体系太复杂，内容过细，导致实际考核无法完全按现有指标实施 （5）绩效考核中每个月评选 A、B 员工，且奖金来自部门绩效，过于频繁，会导致人心不稳 （6）二级指标中的部门"连带责任"问题，导致部门领导在严格管理时会有顾忌 （7）小激励游离于核心指标之外，且激励力度不大，即奖励和惩罚都没有让员工感到"痛" （8）考核指标未突出核心业务，且缺乏统一规划，政出多门。典型代表为，宣传稿等非核心业务会影响绩效考核的结果，不能突出中心工作	（1）在对目前公司实行的绩效管理制度和考核制度的认可度和满意度调查中，有 55.4% 的员工认为该制度基本上是公平公正的，虽然在一些考核项目上优势偏颇，但是总体上是可以接受的 （2）现行的绩效考核周期为一个月一次，56.9% 的员工认为这样的周期太频繁，虽然工作量在可以接受的范围之内，但是相同的工作还是会对本职工作造成一定程度上的影响 （3）现行的绩效考评指标，包括公司基本的行为管理规范和工作成绩等方面的内容，内容繁多，与取得工作成效的关键因素相关性并不强。有 80.6% 的员工认为，在该指标体系中，仅有部分指标符合工作要素，有部分重要因素并没有囊括在内，对不同岗位的评价体系类似，并不能产生差异化，会导致考核产生偏差，有失公平 （4）在这样的考评体系下，员工的个人工作目标与组织的目标之间无法产生强关系。在调查中，仅有 55.2% 的员工认为两个目标之间存在一定的联系，但是这样的关系并没有给自身工作的指导和推进提供非常大的帮助 （5）与考核指标相适应的奖惩制度本身能够产生积极的促进作用，但是，由于奖励的份额较小，来源和分配方式不恰当，产生的激励作用有限，没能在一定程度上提高员工的积极性

续表

管理层	基层员工
(9) 由于工作性质的差异,有些岗位很难出现亮点,导致在员工没有差错的情况下,如何定A类员工是一个难点,在某些部门出现了大家轮流坐庄的现象 (10) 绩效面谈与反馈已经成为一种形式,在实际工作中基本没有落实	(6) 在考核结果与实际表现是否相符的调查中,虽然有43.2%的人感觉考核结果体现了自己的实际表现,但是依然有56.8%的人认为,自己的某些工作成绩并没有得到认可和体现,没有得到相应的回报和反馈 (7) 在绩效考核结束之后,61.6%的员工并没有收到及时的反馈和指导意见,也没有根据考核的结果和问题进行下一步的绩效计划和改进计划,考核的结果并没有得到充分的运用

例如,关于有关一级指标"发电量"和"气耗电耗"反映的突出问题包括:①发电量和气耗电耗作为全公司一级指标,"天塌下来砸大家"的思想较为普遍。②即使员工前半年的考核情况不理想,薪点基数变小,没完成指标,导致年底突击发钱,给人的感觉是上半年少一点没关系,全年大家是平衡的,无法达到用该指标激励全体员工的预期效果。③发电量受外界环境的影响较大,与员工的人为努力程度脱节,即发电量没完成不仅是由于员工工作不努力,而是受环境影响,如气候、其他外部关联单位的影响等。

关于这方面的典型说法:"由于总体薪酬预算与体制的原因,公司的薪酬预算总额相对固定,如果总体预算没花完,第二年的预算就会受影响,员工都明白这个道理。因此,如果上半年的发电量不理想,每月的钱会少一点,但下半年公司一定会想办法补齐的,后半年会多一点,所以我们一点都不担心。唯一难受的就是大家交的个人所得税会多一点……"

再如,有关部门二级指标体系反映的突出问题是:①公司的某些核心指标(如综合气耗率、财务费用控制率等)不是单独某个部门的责任,但具体考核指标只针对某个部门考核,有失公平。②二级指标中的部门"连带责任"问题,导致部门领导在严格管理时会有顾虑。③考核指标未突出核心业务,且缺乏统一规划,政出多门。

其典型说法:"作为管理者,我们的考核结果和部门分数有很大关系,严格管理员工是我们的责任,我们应该对部分员工的行为严加管理,但在考核算部门分时,部分员工违反纪律的行为会影响部门的考核结果,也会影响管理者个人的利益，因此会导致一些管理者不愿严格管理，甚至隐瞒一些东西……"

"有些东西确实不是我们擅长的，而且也不是我们的核心业务，如写宣传稿，如果让我们提供相关素材、材料是没有问题的，但现在是给我们考核指标让我们写，会出现主次不分，就好像让前线扛枪的士兵去搞宣传，而且还要考核他，甚至写一篇稿子的功劳要大于打死一个敌人，这有没有问题呢……"

3. 黄教授团队对绩效问题的原因分析

调研结束后，针对调研结果，黄教授团队又与人力资源部王经理及其他人员进行了深入沟通，逐条分析产生上述问题的原因。在此基础上，结合人力资源部的观点、访谈调研的结果和项目组成员的研讨，最终形成了绩效产生原因的"鱼骨图"，如图2所示。

根据该"鱼骨图"，JQD公司绩效管理存在的问题包括体制因素、文化因素、管理制度、技术因素、管理者及员工的因素等，并撰写了《JQD公司绩效管理存在的问题及分析报告》提交给王经理，作为阶段性成果。

针对绩效管理存在的问题，黄教授明白，自己团队所能解决的技术问题仅是其中之一，而自己设计的方案能否被企业管理层和员工接纳，还取决于其他复杂因素的综合作用。

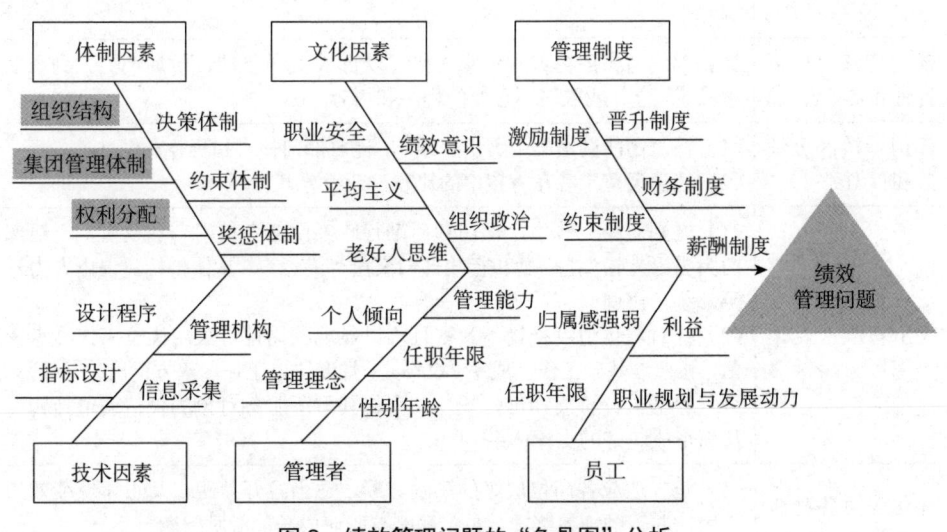

图2 绩效管理问题的"鱼骨图"分析

四、绩效管理体系的优化方案设计

完成前期的绩效问题调研后，黄教授团队便紧锣密鼓地开始着手绩效管理体系的优化方案设计，充分利用自己团队的咨询经验和扎实的理论基础，对JQD公司的绩效管理体系进行了优化，内容包括整体优化思路、绩效管理原则的修订、组织结构体系的调整和考核指标与权重的修订四个方面。

1. 整体优化思路

第二天一上班，黄教授就到王经理办公室，拿出了自己的整体优化思路，并逐条对王经理进行了深入讲解，如表4所示。

表4　JQD公司绩效管理的整体优化思路

核心方面	主要内容
以价值和效率导向进行"剥离"	（1）"价值+人效"的思维统领公司绩效管理体系，剥离现有体系中与企业核心价值关联不大的内容，突出企业的核心业务 （2）由公司层主导，认真梳理企业重点价值领域与价值点，从收入、成本、安全、生产经济指标（气耗、电耗、水耗）、费用等方面，将公司各领域及各项价值点进行挖掘和分解，引领员工以创造价值为导向
核心业务部门间责任共担	（1）从各部门责任和权利相统一的角度，将企业的核心业务指标，采用目标管理的思想和程序，在部门间进行分解 （2）执行过程中根据历史数据和行业数据，按照程序进行"适当的动态调整"
部门考核突出可行性和实效性	调整部门考核的内容和频率（如可以将A类员工的评价周期扩大到季度考核），合并或取消不必要的程序和内容
部门考核区分绩效和行为	（1）在"德能勤绩"中突出"绩"，提取部门核心指标作为绩效 （2）适当调整二者在考核中的比重，或者分开管理
突出差异	（1）区别对待一线生产部门和后勤行政部门的考核内容和权重，一线部门突出"差错"，后勤和行政部门突出"满意"，具体指标建议由人力资源部统一协调 （2）针对与价值度挂钩不紧密且难以显现的岗位可采用岗位工作亮点评估，按照"基础工作完成率（60%）+月度协议工作（双方提出）完成率"进行评估，评价周期可延长，并可将其与所服务对象的价值创造挂钩，从而形成较好的支撑体系
优化公司各种激励清单	（1）建立适应各岗位层级的激励套餐，适当拉开差距，真正体现绩效的作用，并理顺绩效奖励、员工薪酬与职业成长的激励问题 （2）调整奖励性薪酬的资金来源出口，如可设立经理基金等

续表

核心方面	主要内容
落实绩效考核中的责任主体	（1）减轻工作负担的同时要强化监督，采用"公司领导＋部门负责人＋员工代表"的模式 （2）规范考核的程序，从制度上理顺绩效管理的执行体系
偶然事项的处理	（1）"百年一遇"的问题或事故采用问责制 （2）公司确定的问责事项，不计入相关部门的绩效指标体系

王经理认真听了黄教授的介绍，并对某些不太理解的地方进行了详细询问，最后说："您提的意见非常好，我也觉得思路很清晰，我基本赞同。不过，您也知道，我们国企的决策体制一般是自上而下的，而且管理比较复杂，可能我们在做具体方案之前，需要先征求分管领导的意见，这样我们才不至于走弯路。"

于是，黄教授和王经理一起到了周副总办公室，首先对项目的前期情况进行了说明，并简要介绍了《JQD 公司绩效管理存在的问题及分析报告》的核心内容，最后就整体优化思路进行了汇报。

周副总听完后对黄教授团队前期的工作给予了高度评价："黄教授，您不愧为专家，在这么短的时间内能找出我们公司绩效管理中存在的问题，并有针对性地提出了清晰的思路，这个思路整体上我是认可的。不过，在具体优化时，考虑到公司其他领导和员工的接受程度，有些内容不能调整幅度过大，比如，您提出的第 5 条'突出差异'，这完全符合绩效管理的原则和目的，但在我们企业，由于是集体决策，幅度过大可能会影响我们方案的最终通过。"

接下来，黄教授和周副总及王经理一起，对上述思路的细节进行了一些调整。另外，为了便于黄教授团队接下来的工作，周副总又介绍了公司未来的发展思路，并从他个人的角度，对各部门经理的性格及个人倾向进行了大致说明。

2. 绩效管理原则的修订

按照公司绩效管理程序，公司绩效管理必须符合《JQD 公司绩效管理规定》的基本思想。为了给后续的组织结构设计和绩效指标优化提供依据，黄教授团队基于前期调研和绩效管理的基本理论，对公司的绩效管理规定提出修改建议，撰写了《JQD 公司绩效管理规定（建议稿）》。

在公司例会上，黄教授受邀对修改部分及修改依据进行了说明，如表 5 所示。尽管有人有异议，但由于未涉及具体指标，反对声音不是特别大，公司会议最终通过了调整后的绩效管理规定。听到这个结果后，黄教授和王经理都松了一口气。

表5 《JQD公司绩效管理规定》拟重点修订部分及依据

序号	原有表述	拟修订后	修改说明或依据
1	**1. 目的** 为了建立和完善以正向激励和关键业绩指标为核心的绩效管理体系，促进员工行动与整体公司目标相一致，全面评估部门及员工的工作绩效，并持续提升员工素质能力，特制订本规定	**1. 目的** 以降本增效为抓手，努力提升企业的核心竞争力，通过全面评估部门及员工的工作绩效，促进员工个人目标与公司整体目标相一致、员工工作重心与公司核心业务相一致、员工个人收益和企业效益相一致，实现公司和个人的共同发展	突出公司绩效管理的三大立足点： （1）提升核心竞争力，促进企业发展，以此升华绩效管理的价值 （2）通过三个"相一致"引导员工行为，以此细化绩效管理实现的途径 （3）突出强调公司绩效管理的根本目的不仅是为了公司发展，而是要通过绩效管理，让优秀员工与公司发展同步
2	**4. 原则** （1）聚焦目标、层层分解 （2）突出价值、强化责任 （3）分级考评、分级管理 （4）科学评价、公正待遇 （5）改善为先、共同发展	**4. 指导思想和原则** （1）科学性原则 指标设定突出"价值+人效"，即指标体系以公司核心价值为核心，兼顾客观环境 （2）可行性原则 指标的制订要易于衡量和操作 （3）效率性原则 精选考核内容、突出考核重点、简化考核程序 （4）差异性原则 考核内容、考核周期要体现部门间的差异	一方面，基于现有绩效管理理论公认的指导原则，另一方面，基于前期绩效诊断发现现有绩效管理存在的问题，如"某些指标不达标不是我们工作不努力，而是受环境影响""某些指标不是单独某个部门的责任，指标如果能够在相关部门之间科学分配，更能体现责任与义务的统一""现有考核体系太复杂，内容过细，导致在实际考核中无法完全按现有指标实施"等
3	**8. 考核内容** 公司绩效一级指标、部门关键业绩指标、工作计划、工作质量等	**8. 考核内容** （1）对公司意义重大但非部门核心价值点的内容，设专项进行管理或放在二级公共指标，由组织薪酬绩效管理委员会讨论确定 （2）由各部门各自考核的三级指标不纳入部门绩效，即三级指标不影响部门负责人的绩效考核结果	基于前期绩效诊断： （1）考核指标未突出核心业务，且缺乏统一规划，政出多门。典型代表为，宣传稿等非核心业务会影响绩效考核的结果，不能突出中心工作 （2）二级指标中的部门"连带责任"问题导致部门领导在严格管理时会有顾虑，多数中层干部反响强烈

续表

序号	原有表述	拟修订后	修改说明或依据
4	16.考核形式 经直接上级审核评价项目及评价标准并确认后作为月度绩效合约，月末个人自评后经直接上级审核或考评。评价结果结合员工行为规范进行评价，评价结果分为五个等级，即A、B、C、D、E	16.考核形式 依据月度评价结果，每季度把员工分为五个等级，即A、B、C、D、E，A、B为优良级，C为称职，D为基本称职，E为不称职，要求各部门优良比例不超过20%（即A、B各不超过10%），基本称职和不称职比例不高于10%	基于前期绩效诊断： （1）由于工作性质的差异，有些岗位很难出现亮点，导致在员工没有差错的情况下，如何定A类员工是一个难点，出现了大家轮流坐庄的现象 （2）每月确定员工的分级周期过短，一方面导致结果不科学，另一方面会分散中层管理者的工作重心
5	17.奖惩办法 （1）考核为A奖励500元；考核为B奖励300元；考核为C不奖不扣；考核为D扣200元；考核为E扣300元（奖励费用从部门绩效奖金总额中支出） （2）考核为A、B的奖励标准可根据部门绩效奖金总额上浮比例提高标准，要求最少不低于以上规定（考核为A奖励500元，考核为B奖励300元）奖励标准	17.奖惩办法 考核为A奖励1500元；考核为B奖励900元；考核为C不奖不扣；考核为D扣600元；考核为E扣900元（奖励费用和所扣费用由公司设立的专项基金管理）	基于前期绩效诊断： （1）管理层。小激励游离于核心指标之外，且激励力度不大，即奖励和惩罚都没有让员工感到"痛" （2）员工。绩效奖金的来源不合理，额度也比较小，没能起到激励和促进作用；大多数员工认为"A、B凭什么拿我们的钱"，在主观感觉上出现偏差 （3）在管理学上，设立"专项激励基金"有利于提升中层管理者对本团队的领导力和控制力
6	20.绩效面谈 考评结束后5日内，部门负责人反馈考评结果，听取员工对考评的意见，并填写《绩效面谈记录表》，交绩效办备案	20.绩效面谈 （1）绩效面谈考核只针对部门主管以上的管理人员 （2）各部门收集并整理绩效辅导和面谈材料，每季度将其提交给"岗位绩效管理委员会"	基于前期绩效诊断： （1）中层管理者。绩效面谈与反馈已经成为一种形式，在实际工作中基本没有落实 （2）员工。绩效反馈普遍没有进行，考核结果的应用不明显

3. 组织结构体系的调整

为了强化员工对绩效管理的重视，加强公司对绩效管理的领导，黄教授团队建议公司设立组织薪酬绩效管理委员会和岗位绩效管理委员会，并制订了《组织绩效与薪酬管理委员会工作细则（征求意见稿）》，内容包括部门职责、人员构成与岗位职责、议事规则，如表6所示。

表6 《组织绩效与薪酬管理委员会工作细则（征求意见稿）》

	组织薪酬绩效管理委员会	岗位绩效管理委员会
部门职责	（1）讨论确定公司重点价值领域与价值点 （2）讨论确定集团薪酬总额、薪酬管理体系、年度奖金政策、经营目标、考核指标 （3）依据公司总目标和部门价值点，讨论确定公司一级指标和部门二级指标 （4）一级指标的动态调整和二级指标绩效申诉	（1）讨论确定分管部门的核心价值点，将其作为三级指标的主要依据 （2）讨论确定岗位绩效考核办法及实施细则，并报人力资源部审核通过 （3）岗位绩效三级指标的执行与申诉
人员构成与岗位职责	■负责人：总经理 岗位职责： （1）负责公司绩效管理原则的确定，批准公司组织绩效管理办法 （2）主持或授权其他公司领导主持绩效管理的非常规性工作 （3）主持或授权对绩效考核结果的确认和申诉 ■成员：班子成员 岗位职责： （1）参与讨论确定公司薪酬绩效方案 （2）讨论确定公司二级指标在部门之间的分配	■负责人：分管副总 岗位职责： （1）批准分管部门的岗位绩效管理办法 （2）对业务分管领域各部门相关工作的绩效成果进行审核评价 （3）三级指标绩效申诉的最终裁定 ■成员：分管部门正、副职 岗位职责： （1）制订并修正本部门绩效管理办法 （2）负责本部门绩效管理的实施
议事规则	（1）例会：每年三次的岗位绩效管理委员会例会 ①年初组织并确定分管部门的指标制订或修订 ②年中对各部门岗位绩效管理情况进行分析，讨论年初的指标体系是否需要修正 ③年终对各部门岗位绩效管理情况进行总结，听取部门负责人对本部门绩效考核执行情况的年终述职报告 （2）临时会议：不受时间限制，根据各委员会的实际情况组织召开临时会议，主要针对各部门岗位绩效执行过程中的共性问题，以及员工对绩效考核产生的较大争议，相关议题提交至委员会秘书，经审核后可召开临时会议 （3）会议对所议事项采取一事一议原则，每一议案审议完毕后即对议案进行表决 （4）出席会议的委员对会议所议论事项有保密义务，不得擅自披露有关信息	

其中，"组织薪酬绩效管理委员会"是总经理下设的管理机构，主要负责公司薪酬制度的制订，公司一级指标和部门二级指标的制订与审核，并对总经理负责。"岗位绩效管理委员会"是副总经理下设的管理机构，主要负责针对各部门员工的三级指标体系的制订与审核，对执行情况进行监督，并对分管副总负责。

4. 考核指标与权重的修订

接下来，黄教授团队与王经理一起，开始对考核指标与权重进行调整，这是最敏感，也是最核心的内容之一。临出门时，王经理笑着说："黄教授，您可能会接到部分人的电话，想让您设计指标时照顾他们，您可要顶住压力哦！"

听完王经理的话，黄教授笑着点点了头。但他也非常清楚，自己团队所修订的指标体系势必会导致公司部分人员的质疑与不满，因此必须提前做足功课。于是，带领团队根据前期的工作基础，确定了《绩效指标库修订思路及说明》，包括一级公司级指标、部门核心价值点指标、二级部门指标、三级工作效能指标、明年绩效考核管理思路和绩效奖金计划规则，用于向公司领导和员工解释绩效指标调整的依据，如表7所示。

表7 《绩效指标库修订思路及说明》

序号	指标分类	修订思路	设计说明
1	一级公司级指标	建议在"其他指标考核"项中加入对月度安全、重点工作、党风责任的考核，如发生考核事件时，对相关责任部门加重考核	原一级公司级指标考核是针对公司所有部门的，给部门和员工"吃大锅饭"的感觉，在"其他指标考核"项中增加对责任部门进行翻倍考核的标准，可让各部门对公司这三大块工作更重视
		建议在"其他指标考核"项中增加一个考核标准，即"月度发电量与莆田电厂实际发电量对比考核点值"，对计经部、生策部、发电部、设备部四个部门进行奖惩	核心部门的工作都和当月公司发电量息息相关，通过该项指标考核，可鼓励相关部门加强沟通，关注发电设备的使用情况，并推动集中发电，减少冷态启动次数
2	部门核心价值点指标	根据创一流总体规划、责任状指标，每个部门提取1～3个部门核心价值点指标。考核标准分为A、B两档，A档（-1分、-2分、-3分、0分、+2分、+4分、+6分）；B档（-0.5分、-1分、-1.5分、0分、+1分、+2分、+3分）	引导和推进绩效工作和各部门核心工作紧密结合，使各部门在工作中善于使用绩效手段进行部门管理工作。通过对核心价值点的考核，可体现部门对主要工作的理解和管理，并促进各部门将基础工作做扎实
		部门可将自己的核心价值点考核分值分配给其他责任相关部门，部门之间通过签订绩效合约对指标的考核及奖励分配标准进行约束	有的部门核心价值点并不能通过自身部门的完全努力达到目标，需要有其他部门的配合，通过对奖惩分值的分配，可激励和约束相关责任部门配合完成核心价值点工作

续表

序号	指标分类	修订思路	设计说明
2	部门核心价值点指标	在原绩效考核中，发电部、设备部、风电部三个执行部门无执考权，拟通过本次修订，设计三个执行部门的考核权通道（非直接考核权），如三个执行部门提出考核建议，经生策部确认，分管领导同意	增加三个执行部门的考核权，实现执行部门落实指标的反控制管理
		核心价值点指标考核实现动态调整，建议今年每个月可调整一次，自明年起每年调整2～3次，时间为年初、年中、年底	2017年为首次实行核心价值点考核，通过每月调整的方式让各部门核心价值点得到完善，明年起对周期进行调整
3	二级部门指标	对原绩效二级指标暂时先不取消，待明年逐步取消原二级指标考核，改为部门核心价值点考核。其他非部门核心价值点考核标准转入二级公共指标或三级工作效能指标考核	原绩效二级指标并非部门的核心价值点考核，有些指标无法体现部门的主要工作，待核心价值点考核机制成熟后，将原二级指标进行重新整理并将其纳入公共指标和三级工作效能指标，促进各部门在管理过程中紧盯核心工作
		在二级指标库中提取公共指标，主要从以下几方面进行提取：①计划类；②预算；③创一流；④生产经营；⑤安全，考核分值范围1～5分	二级公共指标的提取主要从考核方向方面进行设计，主要是对公司重点关注工作的考核
4	三级工作效能指标	由各部门根据部门职能职责及管理要求重新提取考核指标	目前公司三级效能指标共有条款171条，其中，有半数以上指标从未运用过，究其原因，一是三级效能条款中的部分考核标准和公司下发的制度、文件规定中的考核标准不统一，要执行考核的时候会有争执；二是条款设置未明确规定执考部门，没有约束性，导致出现问题是否考核较随性；三是条款数量过多，分类较乱，有些条款表述较模糊或出现重复内容，导致有时要运用时无从下手
		三级工作效能指标只考核金额，不考核分	三级工作效能指标考核主要是对部门和员工的工作效率、工作态度等的考核，通常部门最终都是要落实到直接责任人，直接考核金额更容易量化分解，考核部门分的话涉及面广，分解不易，且各部门绩效薪点数差距大，不好平衡

续表

序号	指标分类	修订思路	设计说明
5	明年绩效考核管理思路	建议一级绩效指标月度落实，二级绩效指标月度公示，每季度汇总落实	考虑到现在每个月绩效考核要先经过初评会讨论，再上班子会，然后到部门分配奖金，最后在每月15日前发放工资，时间紧且每月做重复性工作无法提高效率。因此建议改为一级绩效指标月度落实，各部门月度绩效奖金按一级绩效考核点值先发，二级绩效指标各部门初考情况月度公示，每季度第一个月汇总上季度考核情况提交班子会评定后落实绩效奖惩
		部门员工绩效考核评级由月度评级改为季度评级	（1）由于工作性质的差异，有些岗位很难出现亮点，导致在员工没有差错的情况下，在每月定A类员工是一个难点，某些部门出现了大家轮流坐庄的现象 （2）每月确定员工的分级周期过短，一方面导致结果不科学，另一方面分散中层管理者的工作重心
6	绩效奖金计划规则	核心价值点指标的加减分计算规则参照现二级指标加减分计算规则，统一纳入部门总分管理，当月奖惩分值基数根据当月一级指标最终计算点值确定	核心价值点指标设计除了能引导和逐步推进绩效工作和各部门核心工作紧密结合，并能在考核过程中拉大各部门绩效分值，有利于年度中层考核应用
		员工季度评级奖励奖金（A、B级）由公司设立专项基金支出，考核奖金（D、E级）留在部门绩效奖金库中由部门自主管理	在公司工资总额筹划时直接从公司绩效奖金中提取一小部分作为公司的专项基金，其他部分再用于计算当年度的绩效点值基数（即其实绩效奖金总额未改变）

根据调整思路，并基于指标制订的SMART原则（目标管理原则），在原有指标体系的基础上，最终重新制定了《公司一级关键绩效指标考核标准（征求意见稿）》《二级公共指标（征求意见稿）》《三级工作效能指标（征求意见稿）》。

其中，具体修改内容包括：①公司一级指标的内容和考核方式修订了6处，突出了公司指标的引领性；②二级指标修订了19处，按照"相关性原则"删掉了与部门核心业务无关的指标，突出了部门核心价值点的权重指标，并在绩效结果应用方面体现了较大的差异性，规范了对绩效面谈和反馈的考核标准与程序；③三级指标修订了11处，强化了公司效能管理的针对性，对影响厂容厂貌和组织形象的行为加大了奖惩力度，对后勤、办公室等公司行政部门的服务水平的考核指标具体化，并加大了考核权重。

做完以后，黄教授将最终的《JQD公司考核指标体系（征求意见稿）》交给了王经理，并说："从技术层面，我们做了全面修订，但这只是万里长征走出了第一步，接下来要靠您的沟通和协调了，估计执行的阻力会不小。"

"是啊，我昨天还接到不少求情的电话，还有表示担忧的。可能还要麻烦您和我一起去说服领导，并与员工进行沟通。"王经理面色凝重地说。

于是，王经理和黄教授一起准备了详细的资料，并对如何在例会上进行阐述讨论了很久，以应对可能出现的各种问题。

五、会上和场下的碰撞

在仅有中层以上管理者参加的"公司绩效管理优化"专题会议上，人力资源部副经理李华首先向参会人员发放了绩效优化的各种材料，包括《组织结构调整建议》《绩效指标库修订思路及说明》《公司一级关键绩效指标考核标准（征求意见稿）》《二级公共指标（征求意见稿）》《三级工作效能指标（征求意见稿）》等。

接着，王经理对拟进行的绩效管理方案和指标体系进行了说明，黄教授对各项指标的修订从技术层面进行了解释。当他们讲完后，叶总对该方案进行了简短的总结，肯定了王经理和黄教授的工作，并就绩效管理优化的思路和具体指标体系请大家提提意见和建议。不出所料，叶总刚说完，与会人员纷纷表达了自己的想法。

公司党委张副书记首先发言，"首先我也对黄教授团队和王经理近段的工作表示肯定。不过，我觉得在组织结构方面增加两个委员会没有必要，可能会使员工觉得我们是在搞官僚主义。另外，绩效考核总的指导思想是没问题的，但如果由此导致员工的收入差距过大，会导致部分员工出现不满的情绪，万一有人到集团去说三道四，会影响我们公司的形象。另外，就具体指标而言，让大家写新闻稿虽然意见很大，但我们也是迫不得已，我觉得还是要保留。"

"是啊，"公司常务齐副总接着说，"在考核过程中突出体现'核心价值点'也没错，但各部门的'核心价值点'如何确定，这个有难度，如果让各部门来定，他们可能会避重就轻，如果让领导班子来定，他们又会觉得我们做得不够公平。"

坐在旁边的周副总一看形势，为了防止反对的声音扩大，赶紧接着说，"张副书记和齐副总说的有一定道理，确实在后续可能会存在这样的问题。不过，我原来和黄教授及王经理已经就此进行了沟通。针对员工可能存在的不满，他们在调研时发现，大部分员工还是觉得'大锅饭'会影响大家的积极性，针对部分员工的不理解，我们会在绩效规定公布后，由黄教授进行一次培训，重点解决大家的态度问题。另外，对于'核心价值点'的确定，我们准备采取三方共同参与，即首先各部门自己提出，由独立第三方黄教授团队和领导班子进行综合评估，这也是我们设立两个委员会的原因。"

"但是，我从头看到尾，我们部门的绩效指标也没降啊，"营销部吕经理不满地说，"我们负责向上级争取发电指标，但这不是我们说了算啊，我们能做的真是十分有限，但如果完不成指标，就要扣我们的绩效。本来希望这次能调整一下，但都没动。"

"我们部门也是一样啊，"生产管理部费经理也说，"我们也想每月都完成任务，但设备出问题导致生产不能进行时，责任又都在我们身上，我一直觉得这样不公平。本来也是希望这次能得到调整，但我看了想，也没怎么动。"

"怎么没有动啊，"设备部于经理看了一眼费经理说，"你没看到，设备出现故障时，我们的设备维修时间指标调整了，而且设备检修的时间期限也调整了呀！我现在倒是觉得部门的压力增大了，如果真的实施的话，我还要回去做一下我部门员工的思想工作。"

接下来，大家稍微有点火药味的发言一直持续了近一个小时。黄教授和王经理一直没说什么，只是认真记下了每个人的发言要点，看接下来能否根据大家的意见再综合、平衡一下。

最后，叶总听完大家的发言后进行了总结："启动这个项目的时候，我曾经说过，我们公司的绩效管理到了不改不可的地步了，但凡是改革必然会影响到某些人的利益，几家欢喜几家愁。我听了刚才大家的发言，觉得部分同志要有大局意识，能够尽量抛开部门主义。当然，我也建议黄教授和王经理再辛苦下，虽然已经考虑到我们企业的具体情况，但还是不够。现在离年底还有一段时间，这个方案再完善后，抽时间大家再讨论一下。"

会议结束后，王经理和黄教授一起找到周副总，想听听他的意见和想法。面对有些沮丧和无奈的王经理，周副总面色凝重地说："虽然何总原来对绩效管理优化的决心很大，但前两天我们聊天，其实他也有顾虑，虽然大家都觉得国企追求'和谐'的基因有问题，但短期内很难得到改变。所以他私下里跟我说，还是要循序渐进，以前不能解决的问题这次也不可能全部解决，最好采用'小步慢跑'的方式。另外，我还听说，叶总的工作明年可能会有所变动，所以我们要尽快拿出一个大家基本都能接受的方案，最好能在12月先模拟考核一次，也算是给我们这项工作有个交代。"

听完周副总的介绍后，王经理和黄教授若有所思地点了点头，赶紧回去与各部门经理进行充分沟通，对原有绩效管理优化的方案又进行了修订，总的优化思想仍然没变，但对具体指标又进行了调整。

六、尾声

在2017年11月中旬的一天，公司再一次召开了"绩效管理优化"专题会议，鉴于上次大家提的建议都或多或少被采纳，该方案最终得以顺利通过，并决定在12月先进行模拟考核后，2018年正式施行。当然，王经理和黄教授也顺利完成了这项任务，并得到了公司的认可与奖励。

回到人力资源部办公室，黄教授笑着对王经理说："尽管我们的任务最终完成了，但是从技术的角度，我还是有点遗憾，我们最初的设想只有60%左右得到了实现。"

"是啊，"王经理无奈地说，"不过这已经不错了，如果没有领导大力度的支持，恐怕连这个也很难达到。但是，方案虽然通过了，但在执行过程中，肯定还会有很多问题，接下来希望继续与黄教授合作。"

从王经理办公室出来，黄教授更加体会到了绩效管理变革的复杂性与难度，尤其是在国有企业，同时也对自己最初的思路进行了反思……

科研地产证券化融资之"技"[①]

曾繁英　杨晨昊　李相霖

摘要：房地产市场的繁荣催生了民营 HS 投资公司。兴建于科研用地之上的"现代 HS 科研大楼"项目因产权不可分割、投资者偏好、担保公司拒绝合作及工程款催付而陷入财务困境。房地产权益证券化帮助 HS 公司盘活了资产、解了燃眉之困，也帮助投资者实现置业与创业并举的梦想。HS 公司没有选择租金债权为基础资产并通过发行债券融资，而是以商业地产为基础资产通过股份化进行融资，其在资产池构造、SPV 设立、信用增级、证券发行等环节和常见的债权资产债券化融资模式有所不同。HS 公司先将每单元的地产折算为公司股份，然后公司赴海交所挂牌上市，实现股份流通转让。新股东在购买股份的同时获得相应单元物业的使用权、收益权，满足房产物业投资需求；同时，通过债务隔离，降低投资者因地产所有权与使用权相分离可能产生的风险。

关键词：资产证券化融资筹资

一、寒冬来袭

2016 年春节刚过，南方的天气阴冷潮湿，正如 HS 公司王总低沉的心情。手上拿着助理刚转来的工程尾款催付通知及中鼎公司的拒绝担保函，原本谈妥的建行贷款再次落空。旧债已期、新款未见，新的一年公司将何去何从，他不敢想象。站在 18 层办公室落地玻璃窗前，望着眼前拔地而起的两栋高楼，三年半的艰辛

[①] 本案例已被中国工商管理案例库收录，并得到清华大学经济管理学院授权引用。

历历在目，一亿多元的资金沉淀其中。王总和全体股东原本以为待到高楼立起时，应是公司丰收季。但他们万万没有想到的是，地处福建省泉州市洛江核心城区、设计精良、潜心打造的科研综合体，在房地产市场火爆的情况下，竟然遭遇招租失败，公司资金流几乎山穷水尽。

建设于科研用地基础上的 HS 科研综合体（下文简称 HS 项目或 HS 地产）是典型的大产权商业地产。依我国城镇土地管理规定，科研地产只有一本大产权证，该产权无法分割至各楼栋、楼层、房间及车位。科研地产属于办公地产，产权使用年限为 50 年。一般情况下，其运营模式为建设——招租——管理，以租金、商业咨询及物业管理费收入为未来的利润源，但王总发现这条路基本走不通。

二、HS 公司简介

1. 公司诞生

泉州市 HS 公司成立于 2012 年 11 月 22 日，由本地的 H 集团和 S 股份公司共同投资设立。建筑起家的 H 集团是控股股东，第一期出资 2397 万元，持股比例为 51%，其中，土地出资 1002.00 万元。该地块就是 HS 项目用地，2009 年 H 集团受让自中国台湾一个客商，原本属于工业用地，20 世纪 90 年代台商在此设厂生产服装，后因服装厂经营每况愈下，2009 年撤资回台，并将整个工厂转让给了 H 集团。后来 H 集团将这个编号为泉州市洛江中心区 B26 的地块投入 HS 公司。地块位置优越，位于洛江区政府正对面，商圈氛围和效应明显。原服装厂房容积率只有 0.3，不符合集约利用土地和区政府的城市发展规划。这种情况下，集团凭借土地使用权证向地方政府规划局申请并成功将土地性质从工业用地转为科研用地，补缴了土地出让金。与原工业用地相比，科研用地更倾向于吸纳研发、孵化、高新技术等都市型产业，物业功能及形态类似商务办公楼，同时也能实现传统商务办公物业无法满足的试验、试产、产品定制、样品制作等功能。

2010 年 12 月，H 集团董事会决议推倒原厂房，在地块上建设现代化的科研综合体，吸引科研、教育、设计、科技服务等企业主体入驻，开创适应城市发展的全新业态。但因科研综合体投资巨大，H 公司无力单独完成，股东会决议引入以施工建筑为主业的本地 S 股份公司。2012 年，双方签订合同成立 HS 投资股份有限公司，S 方一次性投入现金 2303 万元，占股 49%。H 方派出王总任公司总经理。股东投入的资金主要用于工程建设。随着项目推进，股东不断追加投资。截至 2016 年 4 月 30 日，双方共进行了 5 次增资，总股本达 1.2 亿元，如附录 1 所示。

2. 项目建筑一览

2013 年 7 月 23 日，HS 项目获得市城乡规划局颁发的《建设工程规划许可证》及红线图，用地项目名称为"现代 HS 科研大楼"，用地面积为 9797 平方米。2013 年 10 月 31 日，获得《建筑工程施工许可证》。该项目由具备建筑工程施工总承包一级资质的市二建工程有限公司负责施工。2013 年破土动工，2015 年年底完工。项目预计投资 1.8 亿元，总建筑面积为 46248.5 平方米，容积率 3.5，绿化率 32%，由 1#、2# 楼及楼裙、车库、绿地组成。1# 楼是 16 层的挑高建筑，每户平均面积约 47 平方米；2# 楼是 21 层设施齐全的现代办公楼，停车位有 344 个。项目以科技主题立项，集科技研发、高端写字楼、商务接待中心、培训展示交流、休闲广场等多功能于一体。项目附近商业配套和生活配套完备，时尚、科学的建筑风格使其成为区内核心地标建筑。

受国内房地产大环境影响，近年来泉州房价也持续走高。特别是随着保利、世茂、碧桂园等巨头进场，市场愈发火热。2016 年 6 月 25 日，开盘的刺桐 1 号楼盘，累积认购约 480 套，去化率约 96%；2016 年 7 月 9 日，开盘的百捷中央公园御府 2 期，现场千人抢房，甚至创造出"日空"神话。2016 年全市办公楼和住宅销售的量、价同步上涨，均价分别达 9344 元／平方米和 8929 元／平方米，如附录 2 所示。"现代 HS"项目附近商品房或商业楼盘的销售均火爆，如附录 3 所示。

HS 项目自 2015 年年底竣工迎租以来，前来看房、咨询的顾客不少，但成交稀少。公司调查发现，潜在投资者普遍希望置业与创业兼顾，但因项目没有独立产权证，担心权益得不到保障，单纯的租赁创业变成非最优选，阻碍了投资者的脚步。面对优质科研地产，如何找到一把打通产权和融资约束的"金钥匙"呢？王总陷入深思⋯⋯

三、项目资产证券化

1. 选定筹资方式

翻阅名片夹时，王总突然看到陈总的名字——一位市面上颇具影响力的财务咨询专家，也是惠信投资公司创始人。几个电话之后，两位老总坐到了一起。王总直奔主题讨教良方。陈总提到近年来比较新颖的一种项目融资方式——资产证券化，"将地产项目未来稳健的现金流提前变现是资产证券化的目的，投资者的购房热情是基础。"第一次听说资产证券化的王总迅速回到公司，整整一周研读各种资料、政策。

资产证券化指将缺乏流动性但能够产生可预见现金流的资产转化为在金融市场上可以出售和流通的证券。2014年我国已有中信证券发行"中信启航专项资产管理计划"的成功案例，以商业地产收益权为基础的资产管理计划，乃国内首单权益类房地产投资信托基金（REITs）产品，在深交所上市，投资者通过投资非公募基金份额间接投资于优质不动产资产，项目共融资50亿元资金。资产证券化通常包括四个关键步骤：确定基础资产、设立特殊目的实体（SPV:Special Purpose Vehicle）并进行信用增级、发行证券、偿还本息，如附录4所示。

王总认为，HS项目和中信案例中的基础资产"中信大厦"有异曲同工之处。同样位处核心商业圈、品质优秀，只不过其当前价值因产权缺陷而被低估，但商业价值和独特优势客观存在，项目前景广阔。以HS地产未来的租金收入为基础资产，借助第三方证券公司设立SPV和信用增级，公司将租金债权转让给SPV，然后在市场上发行债券融资，SPV用未来收到的租金偿还债券本息。如此，公司就能将HS项目的未来收益变现，解决当前资金困境。他认为，公司可依托科研综合体契合"大众创新、万众创业"的时代主旋律，集中力量做租赁推广，甚至可以跟区政府合作设立"创新产业园"，通过"短期免租"等方式，吸引人气、造势，把办公楼、商铺租出去，火速打造成科技创业者的"发家宝地"，也以此保障项目收益风险。

怀揣着项目蓝图，王总急匆匆地驱车前往陈总的惠信公司。通过二者的交流，王总意识到这种发行债券的方式并不适合HS项目。原因一是目前租户寥寥，第三方对租金债权资产进行价值评估时存在低估风险；二是第三方包装专项计划、信用增级等流程时间长、成本高，公司目前资源无法支撑。因此，想出了一个更适合HS项目的证券化渠道——"项目股权化、股权交易化"。

2. 确定筹资平台

当前最合适的证券化平台是海峡股权交易中心，其是经福建省政府批准设立的区域股权交易中心，是福建省唯一的多要素登记托管与交易平台，也是中小企业综合融资服务平台。企业在股权交易中心挂牌交易、股权托管，股权便可实现转让、流通。根据《海峡股权交易中心股权挂牌管理办法》，股权挂牌交易申请人应具备的主要条件有：①依法设立且持续经营一年以上的股份有限公司；②注册资本已足额缴纳，股本总额及经审计的账面净资产均不少于人民币500万元；③独立经营，依法纳税；④具有健全的公司治理结构与运行机制，控股股东、实际控制人最近一年内不存在损害投资者合法权益和社会公共利益的重大违法行为。申请海交所挂牌上市的办理时间一般为3～5个月。

地产物业股权化。在申请挂牌交易之前，先将地产物业股份化，基于面积、单价和公司股份总数折算出每单元物业对应的股份。公司挂牌交易后，股权就包含相应面积的物权，由此将物业使用权流动嵌入股权转让交易之中。一是根据项目建筑面积、物业使用权目标单价确定每单元物业或每个车位的价值，汇总计算出两栋楼和所有车位的总价值。以12000万元注册资本或12000万股份总数为基数，求出每股的物业价值，再依单元物业面积计算对应的股份数，由此将股权与物业使用权相挂钩。二是在确定每单元物业或车位的价值时综合考虑物业资产面积、楼层、朝向等因素。三是因产权不可分割的特殊性，建议实施低价策略，比相邻同类地产低30%左右。比如，2号楼每平方米均价6200元、1号楼每平方米均价为7000元。四是公司全体股东须一致同意物业与股权的对应关系，并承担股权挂牌前公司所有的债权债务，形成决议，固化于公司章程。新旧股东的股权转让与物业使用权转移同步，并经交易中心进行交割、托管，锁定交易风险。五是为了防范大产权证在公司法人主体手中可能诱发的抵押、转让等风险，上市后公司所有新增债务都由原始股东承担，所有需要使用大产权证的事务都需全体股东表决同意。

听完陈总的讲解，王总心想：果真如此设计的话，HS可通过股权转让盘活资产，公司不需举债，股东可收回原始投资并赚取收益。王总心里十分清楚，公司最近收到会计师事务所发来的2015年度审计报告，审计结论为标准无保留审计意见；多年来公司所有业务都依法合规、有序进行，没有污点。两家股东也早已无心无力于公司业务，股权转让、回款脱身也契合他们的需求。但项目资产与股权相连、申请挂牌交易等系列操作过程复杂，该如何着手呢？

3. 拟定具体细则

在陈总的策划与布局之下，王总组织公司高管草拟了项目资产证券化一揽子方案，并聘请惠信投资公司为上市辅导机构，银河律师事务所、中兴财会计事务所分别为律师服务和会计服务机构。2016年3月18日，公司召开全体股东会，通过了《关于科研综合体股份化的议案》《关于申请海交所挂牌上市的议案》《关于修改公司章程的议案》《关于物业使用权确认书的议案》等系列决议，主要内容如下。

一是确定每单元物业使用权价格。实施低价策略，比相邻的同类地产低30%左右。2号楼作为科研办公楼每平方米均价5600元，1号楼是SOHO，每平方米均价为6500元，具体每单元、每个车位的价格根据面积、楼层、朝向等因素逐一确定；计算出两栋楼和所有车位的单位价值和总价值。

二是物业使用权与公司股权对应。以12000万元注册资本为基数，确定公司总股份为12000万股；将总体物业使用权价值之和除以12000，得出每股对应的物业价值为1.98元。投资者根据选中的物业单元支付使用权的购买价格并获得相应股份，双方签订《物业使用权确认书》。

三是在公司章程中设立特别条款：明确每个股东的股权与物业的对应关系；公司股份挂牌上市前所有债务由原始股东H、S按股权比例分担，如附录5所示；各股东依股份占有、使用特定物业并享有经营成果，股东有权进行装修，但不得违反法律法规及物业管理的相关规定。同时，各股东依所占有、使用的物业，按时缴纳土地税、房产税、公共维修金、物业费及其他相关的一切费用。

四是公司申请在海交所挂牌上市，投资者以股东身份受让原股东的股权及物业使用权。各股东依照协议享有相应物业的占有、使用、收益权。

五是股东不得单独处分物业，只能通过股份转让处分所对应的物业。公司将来产生的收入、费用及负债均由发起人股东共同承担。但在涉及公司对外借款、担保及其他负债行为时，没有全体股东的一致同意，不得加盖公章及提交资料。因第三方原因造成的损失，股东有权对第三方实行追偿，公司予以配合。

以HS项目1号楼的4套单元为例，根据每单元建筑面积和单价计算其总价，然后按整个项目每股价值1.98元折算为股份，得出每单元对应的股份数，如附录6所示。假设投资者甲想要购买201单元，那么他经由股权交易中心下单接洽，然后跟股东、公司签订《股权转让协议》和《物业使用确认书》，在两份协议中标注投资人甲享有2#201使用权及应承担的相应义务，支付310166.64元购买156650股的股份，并在海交中心做交割，股权也托管登记在海交所的账户上，甲成为 HS 的股东。甲获得 201 单元的使用权后，可以进行装修、运营并承担使用后果。根据公司章程，HS 的所有债务和甲无关，如果公司日后有需要使用项目整体产权证的业务，需经甲等股东的同意。

接下来的几个月里，券商辅导企业梳理外部往来账款、规范工程款支付、对外合同签订等事务，使企业符合股权清晰、财务规范、经营合法等走向资本市场的必需条件。公司完成了制订计划、审计财务、规范法务等流程，办理各种手续，提供系列资料，如附录 7 所示。

四、结尾

2016 年 9 月 2 日，王总率队出席海峡股权交易中心举办的公司挂牌仪式。与项目物业使用权相挂钩的股权终于有机会流通转让，这能否盘活公司科研综合体资产，帮助公司突破财务困境？

附录1　公司历次出资情况

（1）2012年11月20日公司初始注资

附表 1　第一轮出资情况

股东名称	认缴出资额（万元）	实缴金额（万元）	实际出资方式	持股比例（%）
H 集团有限公司	2397.00	0	土地	51.00
S 股份有限公司	2303.00	1000.00	货币	49.00
合计	4700.00	1000.00		100.00

（2）2013年12月30日股东第二次出资

附表 2　第二轮出资情况

股东名称	认缴出资额（万元）	实缴金额（万元）	实际出资方式	持股比例（%）
H 集团有限公司	2397.00	1002.00	土地使用权	51.00
S 股份有限公司	2303.00	2303.00	货币	49.00
合计	4700.00	3305.00		100.00

（3）2014年10月23日股东第三次出资

附表3　第三轮出资情况

股东名称	认缴出资额（万元）	实缴金额（万元）	实际出资方式	持股比例（%）
H集团有限公司	2397.00	1862.00	货币、土地使用权	51.00
S股份有限公司	2303.00	2303.00	货币	49.00
合计	4700.00	4165.00		100.00

（4）2016年2月25日公司注册资本变更，股东第四次出资

附表4　第四轮出资情况

股东名称	认缴出资额（万元）	实缴金额（万元）	实际出资方式	持股比例（%）
H集团有限公司	6120.00	3991.00	货币土地使用权	51.00
S股份有限公司	5880.00	4174.00	货币	49.00
合计	12000.00	8165.00		100.00

（5）2016年4月6日股东第五次出资

附表5　第五轮出资情况

股东名称	认缴出资额（万元）	实缴金额（万元）	实际出资方式	持股比例（%）
H集团有限公司	6120.00	6120.00	货币土地使用权	51.00
S股份有限公司	5880.00	5880.00	货币	49.00
合计	12000.00	12000.00		100.00

资料来源：根据公司资料整理。

附录2　2016年泉州市办公用楼、住宅销售量和价格情况

附表6　泉州市房地产行情

年份	办公销量（万平方米）	办公价格（元/平方米）	住宅销量（万平方米）	住宅均价（元/平方米）
2015	10.04	9089	197.52	8745
2016	14.31	9344	221.62	8929

资料来源：2016年泉州房地产市场报告。

附录3　HS项目同期相邻楼盘的基本情况

附表7　HS 项目同期相邻楼盘的基本情况

序号	楼盘名称	开盘时间	地理位置	楼盘性质	平均单价（元/平方米）
1	隆恩尚城	2014年11月开盘	洛江区万荣街与安泰路交叉路口处	普通住宅	9400
2	津汇红树湾	2016年1月开盘	洛江区滨江大道与万荣街交汇处	普通住宅	9300
3	恒大翡翠龙庭	2016年1月开盘	洛江区万虹路与北迎宾大道交汇处	普通住宅	9000
4	嘉琳广场	2016年在售	洛江区万福街与福厦公路交界处	普通住宅	11000
5	铭基新天地	2016年在售	洛江区万荣街与安达北路交汇处	商住两用	9800
6	大江盛世	2016年在售	洛江区万福路与滨江大道交界处	普通住宅	9000
7	力标·东华经典	2015年8月开盘	洛江区道安吉路与万祥街交汇处	普通住宅	7600
8	三盛四季	2016年2月开盘	洛江区安吉路与万盛街交汇处	普通住宅	10000

资料来源：据市房产信息网上信息整理而得。

附录4　资产证券化流程

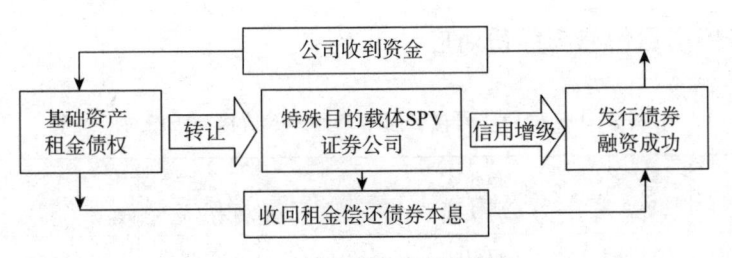

附图1　地产项目证券化流程

地产证券化可按上图流程进行操作，具体包括：①确定基础资产，一般是债权资产。如中信启航就是用北京、深圳的中信大厦未来应收租金等收益权作为基础资产。②将基础资产转入特殊目的载体（SPV:Special Purpose Vehicle），并进行信用增级。中信证券设立非公募基金全资子公司作为 SPV 主体，将北京和深圳的中信大厦转入该主体，进而锁住大厦租金收入风险，实现内部信用增级。

③由 SPV 向社会公众发行证券，实现基础资产未来现金流提前变现的融资目的。
④在证券有效期内，基础资产的现金流入支持证券投资的利息、本金等投资回报。

附录5　HS公司财务状况信息

附表8　HS 公司财务状况信息

（单位：元）

项目／时间	2016 年 4 月 30 日	2015 年 12 月 31 日
货币资金	181962.45	4043625.10
预付账款	0	2611836.00
在建工程	10020000.00	10020000.00
工程物资	110551510.99	81175485.90
资产总计	120753473.44	97850947.00
应付职工薪酬	0	17850.00
应交税费	0	6034.95
其他应付款	1800000.00	57016654.69
负债总计	1800000.00	57040539.64
股本	120000000.00	41650000.00
未分配利润	-1046526.56	-839592.64
股东权益合计	118953473.44	40810408.36
负责及股东权益合计	120753473.44	97850947.00

资料来源：根据公司资料整理。

附录6　HS项目价格与股份对应

附表9　HS 项目 1 号楼 2 层 4 单元户的价格与股份对应关系

序号	单元	建筑面积（平方米）	单价（元/平方米）	总价（元）	折股比例(%)	股份数	备注
1	201	47.88	6478.00	310166.64	1.98	156650	西边套
2	202	45.52	6168.00	280767.36	1.98	141801	中间套
3	203	45.52	6168.00	280767.36	1.98	141801	中间套
4	204	49.00	6528.00	319872.00	1.98	161551	东边套

资料来源：根据公司资料整理。

附录7　HS项目权益股份化时间线[①]

附表10　HS项目权益股份化时间线

序号	时间	内容	主要参与机构	结果或意见
1	2016年3月31日	修改公司章程	HS公司高管与股东	购房者以参股形式，受让原投资者的股权，进入股东名册等特别条款
2	2016年4月25日	地产物业股份化	HS全体股东与高管	每个单元的物业使用权都有对应的股份及股权比例
3	2016年6月15日	审计报告	中兴财事务所	标准无保留审计意见
4	2016年7月29日	法律意见书	瀛坤律师事务所	符合海交所挂牌的实质条件
5	2016年8月6日	挂牌说明书	惠信公司	提交海交所
6	2016年9月2日	股权挂牌交易	海峡股权交易中心	公司实现整体股改

---

① 冯巧根，《财务管理（第1版）》（北京：清华大学出版社，2017年1月），第66页。